2018年主题出版重点出版物	国际视野下的中国对外开放丛书
"十三五"国家重点出版物出版规划项目	张燕生 主编

国际视野下的 中国对外开放

张燕生 等著

图书在版编目（CIP）数据

国际视野下的中国对外开放/张燕生等著. —广州：广东经济出版社，2019.4
（国际视野下的中国对外开放）
ISBN 978－7－5454－6710－9

Ⅰ.①国… Ⅱ.①张… Ⅲ.①对外开放－研究－中国 Ⅳ.①F125

中国版本图书馆 CIP 数据核字（2019）第 073548 号

出 版 人：李　鹏
责任编辑：周　晶
责任技编：许伟斌

国际视野下的中国对外开放
Guoji Shiyexia De Zhongguo Duiwai Kaifang

出版发行	广东经济出版社（广州市环市东路水荫路11号11~12楼）
经销	全国新华书店
印刷	广东鹏腾宇文化创新有限公司 （广东省珠海市高新区科技九路88号七号厂房）
开本	787毫米×1092毫米　1/16
印张	20
字数	336 000字
版次	2019年4月第1版
印次	2019年4月第1次
书号	ISBN 978－7－5454－6710－9
定价	60.00元

如发现印装质量问题，影响阅读，请与承印厂联系调换。
发行部地址：广州市环市东路水荫路11号11楼
电话：（020）37601950　邮政编码：510075
邮购地址：广州市环市东路水荫路11号11楼
电话：（020）37601980　营销网址：http://www.gebook.com
广东经济出版社新浪官方微博：http://e.weibo.com/gebook
广东经济出版社常年法律顾问：胡志海律师
·版权所有　翻印必究·

前　言

本书是纪念对外开放40年的研究文集。在此前历史上，还从未有过一件事能够做到开13亿多人现代化的"窍"，但中国过去40年的对外开放做到了。无论在城市还是乡村，无论是沿海西部偏僻山村还是内陆地区，人们和世界的距离前所未有的短。出境旅游、移动支付、网上购物、跨境电商、虚拟空间、"一带一路"，真正实现了"世界是平的"的梦想。

当今，在经历百年未有之大变局，特朗普政府挑起贸易摩擦之时，却有180多家美国企业参加首届中国国际进口博览会。中国向世界展示开放胸怀，美国企业用行动支持中国对外开放。当政治家们在制定"非市场经济导向"规则，要用排他性的制度和规则把中国边缘化时，各国企业家、地方官员、普通民众却涌向中国这个大市场。

2018—2025年是中美大国战略博弈的第一个关键时期，也是我国经济社会发展进入"十四五"规划的时期。在这个时期，我国经济社会发展需要重点解决好的关键问题是发展现代金融、科技创新和现代治理。2026—2035年是中美大国战略博弈的第二个关键时期，也是我国基本实现社会主义现代化的重要时期。在这个时期，我国经济社会发展需要重点解决好的关键问题是培育和增强发展的软实力、构建更广泛的统一战线和担当与发展阶段相匹配的大国责任。2036—2050年是中美大国战略博弈的第三个关键时期，也是我国建设社会主义现代化强国的重要时期。在这个时期，我国经济社会发展需要重点解决好的关键问题是推动全球经济治理、构建中美理性合作的新型大国关系与构建人类命运共同体。在不同时期，培育和增强补短板、强弱项、解瓶颈的综合宏观战略协调能力是一个严峻的考验和挑战。

事实会证明，中国市场化改革的大方向不会变，对外开放的基本国策不会变，人心向背的公平正义不会变，全球化会继续下去。我们要重新审视对外开放40年，看看哪些事情做对了、哪些事情做错了，错在哪里？无论未来多么艰难，看看我们自己，我们的孩子、孙子，保持战略定力的信心就有了。本书有以下观点和结论：

从国际视野审视对外开放40年。一是全球化正经历百年未有之大变局。1918年也发生过逆全球化、贸易保护主义、孤立主义、地缘政治冲突等事件。今天，全球化的基本格局将不变，我国发展的重要战略机遇期将不变，全球经济治理结构将不变，对外开放站在了十字路口上。二是坚定不移地推进全球化。历史上还没有出现过在逆全球化时期推动全球化的成功案例。三是中美唯一正确的选择是合作。这将经历一个较长时期的非理性对抗。

从历史视野审视对外开放40年。习近平总书记指出："历史上的兴盛期和开放期往往是重合的。"这意味着搭上开放期就进入增长的快车道。同时，开放期也是风险和矛盾突显期。开放带来进步、封闭必然落后是对历史教训刻骨铭心的总结。推动下一步的高水平开放、高标准改革和高质量发展，实现人的全面发展、社会全面进步、经济全面繁荣，对中国经济和世界经济都具有重要意义。

从实际出发审视对外开放40年。1978—1992年，港澳台企业和海外华人企业用"三来一补"①送来了第一桶金。邓小平南方谈话的意义是世界性的体制创新。人民币从官价、调剂价和黑市价并轨成单一价，FDI（外商直接投资）突破了百亿美元，加工贸易出口额首次超过一般贸易出口额。2003—2012年，我国GDP（国内生产总值）的增量是美国的1.4倍。广东形成了以深圳为代表的特区模式、以佛山为代表的内生增长模式和以东莞为代表的代工贴牌模式。现在这三种模式都在发生巨变。

从体制视野审视对外开放40年。对外开放不会也不能开倒车；对外开放的本质是改革；设置经济特区的目的是推动体制创新；没有改革的对外开放在全球竞争中会被动挨打；对外开放是曲折反复的过程；大国博弈靠实力；危机是打破障碍的机遇；对外开放是生态体系；四川"蜀道之难，难于上青天"打造全球综合交通枢纽靠开放转变观念；扩大对外开放意味着拥抱国际

---

① "三来一补"即来料加工、来料装配、来样加工和补偿贸易的简称。

竞争；对外开放最重要的是开"窍"；对外开放最大的阻力来自贸易利己主义。

从开"窍"角度审视对外开放40年。无论是东部沿海地区，还是中西部内陆地区，发展差距都取决于对外开放持续到开"窍"的质量和效益。同时，对外开放总会面对一个基本问题——"诺思之问"[①]，即：推动改革开放的动力是什么[②]？自主进行改革开放总会遇到既得利益方的阻碍而借助外力。无论是外来竞争压力、世贸组织，还是美国挑起的贸易摩擦，都可以看作推动改革开放的动力。

从贸易视野审视对外开放40年。对外贸易是计划经济通往市场经济的窗口和桥梁。从代工贴牌到拥有自主品牌和自主知识产权，再到构建共享型全球价值链，对外贸易是我国企业通往世界的通道。我国在全球货物贸易中的排名从第30位跃升至第1位，占全球进出口总额的比重由0.77%提升到10%。探索出以制度设计推动经济对外开放，释放开放与对外贸易发展的红利，构建更具活力的内外经济联动体系的路子。

从全球价值链视野审视对外开放40年。我国提升在全球价值链中的位势主要有两条路径：一是从附加值较低的最终产品生产环节向附加值较高的中间产品生产环节转移；二是从生产环节向各级产品的研发、营销环节转移。虽然第二条路径所创造的价值要高于第一条路径，但目前我国更倾向于选择第一条路径。未来的政策取向应在两条路径并重的基础上，更加强调围绕第二条路径进行制度设计。

从"引进来"视野审视对外开放40年。我国吸引外资逐渐从成本驱动型转向资源驱动型、市场驱动型、效率驱动型；从引进工业外资到引进服务业、高科技外资；外资从引进外来竞争压力发展成为扩大对外开放的助推器、稳定器和同盟军。外资为我国提升创新能力、深度融入全球合作网络做出了重要贡献，下一步更要发挥外资对推动我国高质量发展和现代化经济体

[①] 道格拉斯·C.诺思：《经济史中的结构与变迁》，陈郁、罗华平等译，上海人民出版社，1994。

[②] 弗朗西斯·福山：《政治秩序的起源：从前人类时代到法国大革命》，毛俊杰译，广西师范大学出版社，2014。

系建设的积极作用。

从"走出去"视野审视对外开放40年。"走出去"是全球化的必然要求，是我国企业参与国际竞争的重要条件。2000年以来，从"引进来"转变为"引进来"和"走出去"并重，不仅有助于本土发展，同时有利于世界经济繁荣。"一带一路"倡议为沿线国家优势互补、开放发展提供了新平台，受到沿线国家的广泛响应和支持。

从空间视野审视对外开放40年。优化沿海、沿边、内陆协调发展的区域开放格局，实施由点到线、由线到面、互动协调的梯次开放战略，形成了全面开放新格局，同时，也出现了区域开放不协调、不均衡、不可持续的矛盾。在新时代，应着眼于优化沿海、沿边、内陆协调开放格局，进一步提升中西部地区和沿边地区的开放功能，推动形成区域协调发展的新格局。

本书由国家发展改革委学术委委员、研究员，中国国际经济交流中心首席研究员张燕生以及国家发展改革委对外经济研究所副研究员陈长缨组织并编写大纲。张燕生撰写了第一章、第三章、第四章；国家发展改革委经济研究所申现杰博士，中国人民大学博士生梁婧姝撰写了第二章；国家发展改革委对外经济研究所研究室副主任、副研究员杨长湧博士，北京大学博士后申海成撰写了第五章和第八章；国家发展改革委对外经济研究所研究室副主任、副研究员李大伟撰写了第六章和第七章；申现杰博士与北京大商所期货与期权研究中心有限公司杨坤峰博士撰写了第九章；申现杰博士撰写了第十章。陈长缨为本书的组织、撰写和出版做了大量工作，对陈长缨所做出的卓越贡献，本书全体作者表示由衷的感谢并致以崇高的敬意。对广东经济出版社的领导和编辑表示衷心感谢，从本书的立项到完成，他们倾注了大量心血。各章提出的观点、分析和表述可能存在一些偏差和失误，本着文责自负的态度，我们诚恳欢迎读者给予批评指正。

我国的对外开放踏上了新征程。推动高质量发展，建设现代化经济体系，形成全面开放新格局，是新时代对外开放的新使命。把我国建设成全球负责任大国、开放大国、包容大国，推动开放型世界经济建设，构建人类命运共同体，共享未来，是推动全球化前行的实际行动。

第一章　中国对外开放的国际环境 ········· 001
第一节　国际视野下中国对外开放之变迁 ········· 002
第二节　中国视野下的经济全球化 ········· 013
第三节　当前世界经济发展的新形势和新特点 ········· 025

第二章　中国对外开放的发展历程 ········· 036
第一节　从封闭型经济到开放型经济 ········· 036
第二节　中国对外开放的基本特征 ········· 047
第三节　中国对外开放的机遇和挑战 ········· 053

第三章　我国对外开放的经验总结 ········· 067
第一节　坚持扩大对外开放的基本国策不动摇 ········· 067
第二节　对外开放中制造业发展的经验教训 ········· 075
第三节　危机改变了中国在亚洲生产网络中的作用 ········· 092
第四节　我国对外开放的发展经验 ········· 096
第五节　"一带一路"是扩大对外开放的重大战略举措 ········· 103

第四章　全球化大变局中的中美经济关系前景 ········· 111
第一节　走向世界并担当责任的中国经济 ············ 111
第二节　进入百年未有之大变局的世界经济 ········· 116
第三节　走向共享未来的世界经济：中美关系 ······ 126

第五章　中国对外贸易：从小国到大国再到强国 ····· 142
第一节　对外贸易的发展成就和特征 ················· 142
第二节　中国对外贸易战略和体制的变迁历程 ······ 147
第三节　各类外贸发展载体的发展历程和特点 ······ 156
第四节　中国外贸发展面临的新形势和新问题 ······ 164
第五节　中国迈向贸易强国的主要任务 ··············· 168

第六章　提升我国在全球价值链中的位势 ············· 175
第一节　改革开放以来我国在全球价值链中位势的变化 ········· 175
第二节　提升我国在全球价值链中位势的路径选择 ············· 192
第三节　提升我国在全球价值链中位势的重要保障措施 ········ 200
第四节　提升我国在全球价值链中位势的对策建议 ············· 203

第七章　提升利用外资水平积极引进先进要素 ········ 208
第一节　改革开放以来我国提升利用外资水平的历史进程回顾 ······ 208
第二节　招商引资促进经济发展和产业转型升级的经验和教训 ······ 224
第三节　新形势下招商引资引进优质要素面临的新情况和新问题 ··· 229
第四节　新时代我国提升利用外资水平的思路与对策 ············ 234

第八章　中国企业从开始"走出去"到全球布局 ······ 239
第一节　我国企业"走出去"的现状和特征 ·········· 239
第二节　"走出去"战略和体制机制的变迁历程 ···· 247
第三节　企业"走出去"的经验与不足 ··············· 256

第四节　我国企业"走出去"的未来方向 …………………………………… 262

第九章　形成全面开放新格局 …………………………………… 270
第一节　改革开放初期选择先扩大对发达国家开放的历史必然性…… 270
第二节　扩大对发达国家开放实现了中国经济的快速复兴 ………… 274
第三节　形成全面开放新格局是新形势下的新要求 ………………… 281
第四节　形成全面开放新格局的战略举措 …………………………… 285

第十章　优化沿海沿边内陆协调的区域开放格局 ………………… 294
第一节　沿海优先的区域开放战略具有理论与现实的必然性……… 294
第二节　沿海沿边内陆协调开放格局形成的历程 …………………… 298
第三节　沿海沿边内陆协调开放格局形成过程中的成效与问题…… 303
第四节　优化沿海沿边内陆区域开放格局是新形势下的新要求…… 307
第五节　优化沿海沿边内陆协调开放格局的战略措施 ……………… 310

第一章　中国对外开放的国际环境

从国际视野和历史视角观察中华民族的复兴之路，历史上的大多数时期中国执行的都是开放包容的政策，由此创造了人类社会唯一没有中断的灿烂的中华文明①。然而，作为历史片段的闭关锁国政策，包括内部缺少变革活力和发展动力，最终也造成了中华民族在近代被动挨打的惨痛经历。回顾总结1979年对外开放所做出的历史性贡献以及国际环境的交互影响，具有重要的历史价值和现实意义。经济合作与发展组织原秘书长安吉尔·古里亚说过，"当历史学家回顾我们所处的时代时，可能会发现几乎没有任何国家的经济发展可以像中国的崛起那样引人注目。可是，当他们进一步放开历史视野时，他们将看到那不是一个崛起，而是一个复兴"②。在历史上，明清时期采取海禁等闭关锁国的政策虽然仅仅是一个片段，然而，这个片段恰恰发生在十五六世纪，西欧酝酿第一次工业革命的前资本主义时期。而到了十七八世纪，西欧进入人类社会第一个工业化和现代化进程，世界经济政治文化格局发生前所未有的历史性大变革时，中国却缺席了。从19世纪初到中

---

①研究结果表明，中国经济在宋朝（960—1279年）就达到了鼎盛时期，18世纪中叶英国工业革命的主要基础条件，中国早在14世纪明朝初年就已经具备。然而，这个时期恰恰是中国经济从长期领先西方世界转向长期低速增长甚至停滞状态的历史转折点。其中的原因，既与对外开放相关，也与体制、法治和文化因素相关。请参阅安格斯·麦迪森：《中国经济的长期表现》，上海人民出版社，2008；林毅夫：《李约瑟之谜、韦伯疑问和中国的奇迹——自宋以来的长期经济发展》，北京大学学报（哲学社会科学版）2007第44卷第4期以及相关的学术文献；弗朗西斯·福山：《政治秩序的起源：从前人类时代到法国大革命》，广西师范大学出版社，2014。徐厚广认为，中国的落后，从明代开始。从清代中晚期开始，中国大幅度落后于西方社会。

②安格斯·麦迪森：《中国经济的长期表现》，上海人民出版社，2008。

华人民共和国建立前的100多年里，西方用鸦片和炮舰推开了中国的大门，我国被迫开启了从自我封闭到被动开放的历史进程，进入从独立自主到主动开放，最终走上建成社会主义现代化的强国之路。中国开放的大门不会关闭，只会越开越大。这是中华民族从近代历史中汲取的惨痛教训，凝练成中国人民永世难忘的集体记忆，同时，也成为推动中华儿女前赴后继扩大开放的强大动力。安格斯·麦迪森在《世界经济千年史》一书中说道，中国将会成为第一个经历从鼎盛到衰弱，再从衰弱到鼎盛的主要文明[①]。

展望未来，中华民族将进入推动更高水平的开放、更高标准的改革、更高质量的发展阶段，将分两步建成富强、民主、文明、和谐、美丽的社会主义现代化强国。在这个过程中，中国将成为全球负责任大国，在维护"和平的国际环境和稳定的国际秩序"、构建国际宏观经济政策协调机制、承担提供全球公共产品的责任等方面发挥重要作用；中国将成为全球开放型经济大国，在赢得世界经济话语权、完善国际经济规则体系、建立逆周期的经济金融稳定机制等方面扮演重要角色；中国将成为全球包容性发展大国，和国际社会一道，共同创造基于开放包容规则的人类命运共同体。

第一节　国际视野下中国对外开放之变迁

一、中国与西欧29国经济变迁之比较

作为长期拥有世界经济领先地位的中华民族为什么会错过十七八世纪世界工业化和现代化的头班车，是中华民族的有志之士坚持不懈上下求索的大问题之一。中国在历史上曾经长期是世界上最强大的国家之一，但没有留下殖民和侵略他国的记录。福山教授认为，在现代国家形式上中国比西欧领先

[①] 安格斯·麦迪森：《中国经济的长期表现》，上海人民出版社，2008。

1800年[①]。然而，为什么在1820年占世界GDP的比例仍高达32.9%的中国[②]，却在1840年第一次鸦片战争中接连输给了西方列强呢？通过中国经济和西欧29国经济的历史比较，可以看到两大经济体在几个关键性时期的位势发生了深刻变化（见表1-1）。

表1-1 中国和西欧29国经济的比较

年份	人口/百万人			人均GDP（1990年，国际元）			GDP（1990年，亿国际元）		
	中国	西欧	西欧/中国	中国	西欧	西欧/中国	中国	西欧	西欧/中国
公元1	59.6	24.7	0.414	450	450	1	268	111	0.414
1000	59	25.4	0.430	450	400	0.889	266	102	0.383
1300	100	58.4	0.584	600	593	0.988	600	346	0.577
1400	72	41.5	0.576	600	676	1.127	432	281	0.650
1500	103	57.3	0.556	600	771	1.285	618	442	0.715
1820	381	133	0.349	600	1204	2.007	2286	1601	0.700
1913	437	261	0.597	552	3458	6.264	2413	9023	3.739
1950	546.8	304.9	0.558	439	4579	10.430	2399	13962	5.820
2001	1275.4	392.1	0.307	3583	19256	5.374	45698	75503	1.652

资料来源：安格斯·麦迪森《世界经济千年统计》，北京大学出版社，2009年版。

第一个时期是十五六世纪。在历史上明清采取海禁等闭关锁国政策仅仅是一个片段。然而不幸的是，这个片段恰恰发生在西欧发生深刻的政治、经济、社会变革，为第一次工业革命奠定坚实基础的重要时期。在地理大发现和大航海时代，西欧开始进入商业资本主义社会，虽然西欧29国的GDP规模仍远落后于中国，但其人均GDP开始赶上并超过中国。林毅夫认为，中国在以经验为基础的技术发明方式上占优势，是中国经济在前现代社会中长期领

[①] 弗朗西斯·福山：《政治秩序的起源：从前人类时代到法国大革命》，广西师范大学出版社，2014。

[②] 安格斯·麦迪森：《中国经济的长期表现》，上海人民出版社，2008。

先西方的主因。当西方在十五六世纪出现了科学革命，18世纪中叶技术发明转向以科学为基础的实验时，中国未能完成这个转变，在很短时间里，和西方的技术差距迅速拉开①。

第二个时期是1820年前后。十七八世纪，西欧发生了第一次工业革命，开始了人类社会的现代化进程。在这个世界政治经济社会格局发生前所未有的历史性大变革时期，由于各种复杂的政治、经济、社会原因，中国却缺席了。对于缺席的原因，世界科技史学家李约瑟（Joseph Needham）认为，公元2世纪开始，中国科技开始领先于西欧，在2—15世纪，中国发展水平长期高于西欧（见表1-1）②。艾尔文（Mark Elvin）认为，中国在宋朝（960—1279年）取得长足进步，后来一直在一个较高的发展水平上徘徊，直到19世纪才减缓速度。1400—1820年，中国人口增长明显快于西欧。麦迪森认为，罗马帝国衰败后，西欧人均收入下降，但中国没有这种经历。西欧经历了"马尔萨斯式停滞"，直到第一次工业革命才恢复增长。林毅夫则认为是科举制度激励"学而优则仕"，而不是学习求索数学和可控实验。

第三个时期是1913年前后。1870—1913年，世界发生了两件足以改变人类历史的大事件：一是在英国的大力推动下，人类社会第一次经济全球化。1870年创立国际金本位制，建立了西欧国家主导的自由贸易政策体系，世界经济进入一个开放期。二是发生了第二次产业革命，以内燃机、电动机为代表的资本密集型技术和产业的发展，带来了世界经济的兴盛期。新崛起的美国和被称为比英国工业化落后100年的德国把握住了这个历史性机遇③，实现了经济的快速崛起。中华民族没有能够把握住这个机遇，在内外矛盾交织的冲击下，1911年爆发了辛亥革命，清王朝灭亡。在1913年前后，西欧29国的人均GDP达到中国的6.3倍，GDP总规模为中国的3.7倍。

第四个时期是1949年新中国成立后。到1950年，西欧29国的人均GDP已是中国的10.4倍，GDP总规模已达到中国的5.8倍。中国人均GDP仍停滞在

---

① 林毅夫：《李约瑟之谜、韦伯疑问和中国的奇迹——自宋以来的长期经济发展》，北京大学学报（哲学社会科学版）2007年第44卷第4期。

② 安格斯·麦迪森：《世界经济千年统计》，北京大学出版社，2009。

③ 刘易斯：《增长与波动》，华夏出版社，1987。

1890年的水平。即使在旧中国经济最稳定的20世纪30年代,如截至1936年,外资产出份额也分别占到中国生铁产量的80%、原煤产量的80%、发电量的76%、棉布产量的69%、卷烟产量的57%、航运吨位的69.5%、铁路里程的90%。外资在华银行约为32家,分支银行为141家,在华资产为19亿美元,在金融业务中占垄断地位,并控制了中国海关和财政[1]。新中国成立后的前30年,独立自主、自力更生、不依赖外援是当时发展经济的基本指导思想。在特定历史条件下,中国选择了基于计划经济、国家集中有限资源、优先发展重化工业的工业化发展战略。按照麦迪森的时间序列数据,前30年的发展业绩没有改变中国经济在世界经济中所占比重下降的趋势。

第五个时期是2001年前后。改革开放全面改变了中国的经济和社会面貌,到2001年中国加入世界贸易组织,西欧29国的人均GDP从中国的10.4倍下降到5.4倍,西欧29国的GDP从中国的5.8倍减少到1.7倍。2003—2012年,中国经济年均增长率达到10.7%。到2014年,国际货币基金组织的报告预测,按照购买力平价计算,中国经济的总规模已经超过美国,成为世界第一经济大国[2]。诺贝尔经济学奖获得者斯蒂格利茨提出,2015年将进入中国世纪元年。从这以后,中国与发达国家之间的人均GDP和经济福利差距开始持续收敛。

二、中国、日本和印度经济变迁之比较

中国和日本、印度是亚洲现代化进程中的三个代表性大国。按购买力平价计算,可以看到中国、日本和印度人均GDP发展历程的差异。

---

[1] 赵穗馨主编:《中华人民共和国经济史(1949—1966)》,河南人民出版社,1988,第67—68页。

[2] 按照市场汇率计算,2015年欧盟28国的GDP为14.72万亿欧元,中国为9.75万亿欧元,美国为16.64万亿欧元。见布鲁盖尔研究所、英国皇家国际事务研究所、中国国际经济交流中心、香港中文大学刘佐德全球经济及金融研究所:《中欧经济关系2025:共建未来》,2017。

表1-2 中国和日本、印度按购买力平价衡量的人均GDP比较

单位：国际元

时间	中国	印度	印度/中国	日本	日本/中国
1820	600	533	0.888	669	1.115
1870	530	533	1.006	737	1.391
1890	540	584	1.081	1012	1.874
1900	545	599	1.099	1180	2.165
1913	552	673	1.219	1387	2.513
1929	562	728	1.295	2026	3.605
1938	562	668	1.189	2449	4.358
1950	439	619	1.410	1921	4.376
1960	673	753	1.119	3986	5.923
1970	783	868	1.109	9714	12.406
1978	979	966	0.987	12585	12.855
1992	2098	1341	0.639	19430	9.261
2001	3583	1957	0.546	20683	5.772

资料来源：安格斯·麦迪森《世界经济千年统计》，北京大学出版社，2009年版。

一是1820年。这时西欧29国的人均GDP已达到中国的2倍，GDP规模已达到中国的70%，西欧整体已进入了现代化和工业化发展进程。而中国经济却陷入长期低速增长甚至停滞局面无法自拔[①]，中欧之间的现代化和工业化差距进一步拉大。然而，1820年，中国和日本、印度的经济基本上处在同一条起跑线上，印度和日本当时的人均GDP分别是中国的89%和111%（见表1-2）。

二是1870年。印度和日本的人均GDP分别是中国的101%和139%。当世界经济进入第二次产业革命和自由贸易时代之际，日本在1868年成功发动了明治维新，不仅在制度和技术层面上全面学习西方，而且在器物、组织和价值观等文化层面上全面学习西方，率先发展成亚洲第一现代化强国。而中国却在1840年和1856年遭受了两次鸦片战争的重创，从此开启百年苦难历程。

三是1913年。印度和日本的人均GDP分别是中国的122%和251%，三个

[①] 安格斯·麦迪森：《中国经济的长期表现》，上海人民出版社，2008。

大国之间的人均GDP差距开始拉开。到1950年，印度和日本的人均GDP分别是中国的141%和438%。由于日本经济已经进入现代化和工业化发展轨道，到新中国成立，日本人均GDP相对中国增长了3倍多。即便是在英国殖民统治下的印度，人均GDP相对中国也增长了41%。

四是1978年。印度和日本的人均GDP分别是中国的99%和13倍。从1950年至中国改革开放，正是世界经济的深度开放期，世界绝大多数地区都从中受益，尤其是日本和"亚洲四小龙"，日本的人均GDP达到了中国的13倍。然而，无论是中国还是印度都没有从中获得开放红利，"文革"结束之时，中国经济到达崩溃边缘，印度经济的表现更差。

五是2001年。印度和日本的人均GDP分别是中国的55%和5.8倍。加入WTO之后，中国对外开放进入一个加速期，大大缩小了与日本之间的发展差距，显著拉大了与印度之间的发展差距。2017年，按市场汇率计算，中国的GDP规模是印度的5倍、日本的2.5倍。中国对外开放40年，开始进入由高速增长转向高质量发展和社会主义现代化强国建设阶段。

三、中国经济陷入长期停滞

从表1-3的数据可以看到，如果按照购买力平价而不是市场汇率来计算[①]，到1820年，中国的经济总规模占世界经济总规模的比重高达32.9%，远高于同期欧洲的26.6%、印度的16.0%、日本的3.0%、美国的1.8%、俄国的5.4%。然而，清王朝和国民党政府的腐败无能造成了中国综合国力的大幅度衰落，到了1952年，中国的经济总规模虽然还高于印度和日本，但已经被欧洲、美国和苏联远远超过。到了1978年，中国的经济总规模也被日本超过。经济体制改革和对外开放从根本上解放并促进了社会生产力的快速发展，到2003年，中国的经济总规模再次超越日本和俄罗斯，继续领先于印度，逐步趋近于欧美。2010年，按照市场汇率计算，中国的经济总规模超越日本，成为世界上仅次于美国的世界第二经济大国。

从表1-4的数据可以看出，1820—1952年，中国人均收入年均增长

[①] 安格斯·麦迪森：《中国经济的长期表现》，上海人民出版社，2008。

率是-0.10%，不仅大大低于美、日、欧、俄同期的人均收入年均增长率1.61%、0.95%、1.05%、1.11%，而且低于印度同期的人均收入年均增长率0.13%和全球平均水平0.93%。1952—1978年，中国人均收入年均增长率为2.33%，虽然高于印度的1.66%，但明显低于日本的6.69%、欧洲的3.63%、苏联的3.55%、美国的2.24%、全球平均水平2.62%。1978—2003年，中国人均收入年均增长率为6.57%，不仅远高于比较样板中的发达国家和地区，也高于转型中的俄罗斯（-0.78%）和发展中的印度（3.27%），还高于全球平均水平（1.55%）。由此可见，改革开放以来的中国经济国际化进程，大大促进了中国经济的快速发展，中国的表现显著好于其他国家和地区。

表1-3 1700—2003年世界GDP分布

单位：%

国家/地区	1700年	1820年	1952年	1978年	2003年
中国	22.3	32.9	5.2	4.9	15.1
印度	24.4	16.0	4.0	3.3	5.5
日本	4.1	3.0	3.4	7.6	6.6
欧洲	24.9	26.6	29.3	27.8	21.1
美国	0.1	1.8	27.5	21.6	20.6
俄罗斯	4.4	5.4	9.2	9.0	3.8

资料来源：安格斯·麦迪森《中国经济的长期表现》，上海人民出版社，2008年版。

表1-4 1700—2003年世界人均GDP增长率

单位：%

国家/地区	1700—1820年	1820—1952年	1952—1978年	1978—2003年
中国	0.00	-0.10	2.33	6.57
印度	-0.03	0.13	1.66	3.27
日本	0.13	0.95	6.69	2.11
欧洲	0.14	1.05	3.63	1.79
美国	0.72	1.61	2.24	1.85
俄罗斯	0.10	1.11	3.55	-0.78
全球	0.07	0.93	2.62	1.55

资料来源：安格斯·麦迪森《中国经济的长期表现》，上海人民出版社，2008年版。

四、列强炮舰打开中国对外开放大门

1840年以前,中国封建经济经历了漫长的闭关锁国时期。在这个时期,虽然中国经济依然保持着增长,但与世界经济处于长期隔离的状态,这造成了中国经济发展的速度在逐步放慢。1700—1820年,中国人口从1.38亿增长到3.81亿,国土面积在1880年达到1200万平方公里。国力不断衰退,外敌就必然入侵。当时英国利用广州作为购买茶叶的口岸,为解决贸易不平衡导致的入超,其用鸦片作为贸易平衡的手段。1820—1839年,英国每年运到中国的鸦片从4000箱增长到4万箱(Greenberg,1951)。1839年,清政府实行禁烟政策,英国便发动了对华战争,最后,1842年的《南京条约》割让了香港,广州、厦门、福州、宁波、上海作为通商口岸被迫开放。英国人享有治外法权和领事裁判权。中国支付给英国600万两白银的鸦片赔款,2100万两白银的战争赔款[①]。

列强们用鸦片和大炮打破了中国经济长期自我封闭的传统,通过武力缔结了一系列不平等条约,谋取在华政治和经济特权,把中国作为商品销售市场和原料来源地,逐步控制了中国各层次主权和基本经济命脉,使得中国对外经济贸易具有典型的殖民地贸易的性质和特点,即出口初级产品和资源,进口制成品,使得中国的经济发展始终依附着帝国主义世界市场。到19世纪90年代,中国世界最大经济体的地位被美国所取代[②]。

从1840年开始,中国政府开始允许几个地方口岸与外国通商,包括澳门(对葡萄牙开放)、广州(对其他西方国家开放)、厦门(与菲律宾通商)、宁波(对日开放)、恰克图(对俄开放)。此时,英国每年购买茶叶1.4万吨,并用鸦片支付茶叶和其他进口品。到1890年,鸦片占中国进口额的1/4,在其他商品中棉织品占41%,食品占15%,羊毛制品占3%。在出口商品中,茶叶占27%,生丝占25%,丝织品占6%,原棉占3%(Hsiao,1974)。从表1-5的数据可以看出,1870年,中国虽然仍是世界上最大的经济体,但

[①] 安格斯·麦迪森:《中国经济的长期表现》,上海人民出版社,2008。
[②] 张燕生:《内向发展和对外开放》,载杨坚白等编《新中国经济的变迁和分析》,江苏人民出版社,1992。

出口依存度仅为0.6%，出口占世界出口总额的比重也仅为2.0%，依旧是一个国际化程度很低的国家。

表1-5　1870—2003年中国商品进出口贸易

年份	出口（1990年不变价格，亿美元）	出口/GDP（1990年国际货币）（%）	出口（亿美元，名义价格）	出口/世界出口总额（名义价）（%）
1870	13.98	0.6	1.02	2.0
1913	41.97	1.2	2.99	1.6
1929	62.62	2.3	6.60	2.0
1952	80.63	2.6	8.20	1.0
1978	156.39	1.7	97.50	0.8
1990	620.90	2.9	620.90	1.9
2003	4537.34	7.1	4382.30	5.8

资料来源：安格斯·麦迪森《中国经济的长期表现》，上海人民出版社，2008年版。

五、中国经济命脉被列强控制

　　历史经验证明，中国这种半殖民地性质的对外开放，不可能对中国经济和对外贸易发展起到积极的促进作用，只会使中国经济陷入长期停滞。中国GDP占世界经济总量的比重，从1820年的32.9%降到了1952年的5.2%（见表1-3）。1820—1952年，中国与西方发达国家和其他发展中国家的经济发展差距在加大（见表1-4）。特别是1937—1949年，中国经历了抗日战争、解放战争，经济陷入停滞状态。到1952年，中国的人均GDP实际上退回到了1890年的水平。

　　20世纪30年代是中国经济发展的相对稳定时期。在1935年，中、苏、美、日的生产资料生产占各自生产总值的比重分别为5.5%、58.5%、42.4%、48.3%。这一时期的中国近代工业落后，产业配套能力更弱。如中国有煤，但缺电，有生铁，但只有1/2能够炼成钢，炼成的钢，又只有不到1/2能够轧钢成材[①]。1949年与1936年相比，中国的粮、棉产量分别下降了21%和46%，

---

　　①武力：《中华人民共和国简史》，中国社会科学出版社，2008。

煤炭和水泥产量分别仅有70%和43%。当时中国的经济发展基础很差，在1912—1948年的37年间，全国高等院校毕业生仅有21万人，80%以上的人口是文盲，人均寿命为35岁。耕地面积占国土面积的比例只有10%，低于印度的52%和美国的19%。当时，城乡、区域发展严重不平衡。据统计，1947年仅上海、天津两市的工厂数就占全国工厂总数的63%，仅这两市的职工数就占全国职工总数的61%。1943年，东北地区的生铁产量占全国产量的87.7%，钢材占93%，煤占49.5%，电力占49.2%，水泥占66%。

20世纪30年代，外国资本和官僚资本实际控制着中国经济的基本命脉，大大挤压着民族资本的发展空间。长期以来，外资企业一直在投资、经营、税收等方面取得了优于中国民族企业的特权。虽然在第二次世界大战后，中国政府没收了德、意、日在华企业和资产，英、美等国也撤出了在华租界并归还中国关税自主等权力，但外资企业仍有着更多的特权和优势地位。据有关资料显示，截至1936年，外资企业投资额约为43亿美元，其中工业资本约占中国总工业资本的40%。外资企业的产出份额分别占中国生铁产量的80%，原煤产量的80%，发电量的76%，棉布产量的69%，卷烟产量的57%，航运吨位的69.5%，铁路里程的90%。外资银行有32家，分支银行有141所，在华资产有19亿美元，在金融业务中占据垄断地位，并控制了中国海关和财政[1]。在1936年，外资在华投资权益的37%在外贸和银行领域，30%在运输和通信领域，21%在工业领域，其余的则在房地产领域。在区域分布上，有46%的外资投资在上海，36%的外资投资在东北。同时，官僚资本也逐步取得国民经济重要部门的控制权。1936年，中国的民族资本和官僚资本的比例为50.7∶49.3，但到了1947—1948年，这个比例就降为27.8∶72.2，民族工业的支柱——棉纺织业基本被官僚资本所垄断[2]。

---

[1] 赵穗馨主编：《中华人民共和国经济史（1949—1966）》，河南人民出版社，1988，第67—68页。

[2] 武力：《中华人民共和国简史》，中国社会科学出版社，2008。

六、对外开放是福祸相依的双刃剑

通过上述分析,可以得出以下三个初步结论:

一是对外开放主动趋福避祸、化弊为利是赢得开放红利的基础条件。国际环境无论是全球化还是逆全球化、科技革命驱动还是劳动生产率减速、主要经济伙伴是竞争态势还是开放合作,都是福祸相依、有利有弊,关键看如何趋福避祸、化弊为利。如同样是1870—1913年经济全球化时期,英国由于忙于海外扩张忽视新产业革命机遇而由盛转衰,美国和德国则由弱转强;同样是1985年汇率升值时期,日本付出20年停滞的代价,德国则转危为安;同样是1990—2007年现代全球化时期,美国的综合国力下降,中国的综合国力则上升。国际环境总是福祸相依、有利有弊,主动开放就要做好风险防范,被动开放就要尽力转危为机。对外开放的意愿和行动与本国国情、发展阶段和承受能力相一致,对于提升对外开放效率、贸易投资便利化程度和管理能力起到了决定性作用。

二是对外开放都会经历传统与现代文明的激烈冲撞。中、日、印在成为世界经济大国的进程中,必然会经历与域内守成大国之间竞争与合作的复杂博弈关系,经历与域外守成大国之间政治、经济、文化的全面冲突和较量,经历与周边中小经济体之间的利益交换和责任担当。日本作为先行者,已经经历过成为现代化强国、雁行模式领头雁、世界工厂和创新中心的辉煌,同时也输在世界大战、美日较量、"日本第一"的大格局博弈中。中国作为复兴进程中的新兴大国,新征程充满大国战略博弈挑战的风险。逆全球化、全球劳动生产率减速、大国经济及政治冲突风险加剧的国际环境,正在孕育着国际经济新格局、新秩序、新体系形成和发展的机遇。中国能否获得发展的重要战略机遇期,关键不在于对手是否强大,而在于能否做好自己的事,转危为机。

三是中华文明能否顺应世界大势实现现代化是一场大考。改革开放40年成就了中华民族复兴大业,我们比历史上任何时期都更接近、更有信心和能力实现中华民族伟大复兴的目标。同时,也更加考验中华民族的战略定力。从新中国前30年的"站起来",到改革开放40年的"富起来",再到未来30年建成现代化强国,发展模式路径依赖的锁定效应如何取得根本性突破是一个大挑战。在成为负责任大国、开放型经济大国、包容型发展大国的进程中,如何在中美、中欧、中日、中俄、中印之间构建战略互信并形成责任、利益和命运共同体;在维护"和平的国际环境和稳定的国际秩序"的方针下,如何在"一带一路"共商共建共享过程中形成先进适用技术、先进适用标准和先进适用规则,并与西方基于规则的价值观体系对接,都考验着"中国智慧"。

第二节 中国视野下的经济全球化

一、经济全球化是我国发展的重要战略机遇期

在世界历史上,人类社会经历了从游牧到农耕、从农耕到重商、从重商到工业、从工业到服务、从分散到融合、从国家或区域到世界的漫长演进过程。新世界史观的一种代表性观点认为,世界史是一个整体的世界的历史。十五六世纪是世界走向整体发展的关键时期。西欧资本主义萌芽、地理大发现和西方的海外殖民扩张,世界市场形成,长期存在的闭关自守状态才逐步被打破,整个世界才逐步形成密切联系的、相互依存又相互矛盾的一体。世界历史的纵向发展,是指人类物质生产史上不同生产方式的演变和由此引发的不同社会形态的更迭;世界历史的横向发展,是指历史由各地区间的相互闭塞到逐步开放、由彼此分散到逐步联系,终于发展成为整体的世界历史[①]。

由此可见,经济全球化是前工业化、工业化、世界经济一体化和现代化发展到一定阶段的产物。因此,经济全球化是一个人类社会自然演进的生态体系,表现为各国之间的经济联系、跨境人员往来、商品和服务跨境提供、

[①] 吴于廑:《吴于廑学术论著自选集》,首都师范大学出版社,1995。

货币和金融跨境流动日益自由化、便利化和高端化的过程[①]。现代的经济全球化已经表现为贸易和投资全球化、生产全球化、金融全球化、科技全球化等不同层面的开放和交融的趋势。在历史上，经济全球化进程往往呈现出复杂、曲折、反复的特性，逆全球化是全球化前行必不可少的调整时期[②]。在人类社会的历史长河中，曾出现过三种类型的全球化：

第一种是基于自然的全球化。跨境交往是人类的天性，在第一次工业革命爆发以前，曾出现过不同版本的地理大发现、古代丝绸之路等标志性跨境交往活动。无论是历史还是现实，我们都能够看到人类迁移生活和工作所在地的足迹，这是人类社会的自然属性。

第二种是基于西方规则的全球化。在西方规则主导下的世界秩序曾发生过三次全球化，形成了三个开放期[③]：1870—1913年是人类社会第一个基于西方规则的开放期，在英国的推动下，1870年创立了国际金本位制度及自由贸易制度，发生了第二次产业革命，形成了创新浪潮，美国和德国成为这次开放的最大受益者；1950—1973年是第二次世界大战结束后的又一个开放期，在美国的推动下，创立了布雷顿森林体系、关税与贸易总协定、世界贸易组织，推动了贸易和投资自由化，日本和"亚洲四小龙"成为这次开放的最大受益者；1990年以来，世界格局大调整，进入第三个开放期，随着苏联解体、新自由主义在美英回归、东亚与拉美发展模式之争偏向开放的外向型经济模式，中国和印度成为这次开放的最大受益者。这三个开放期带来了三个兴盛期，谁把握住了开放期的兴盛机遇，谁就进入了增长和发展的快车道。同时，这三个开放期也带来三个风险和矛盾凸显

[①] 罗德里克提出了"全球化不可能三角"的理论，即各国不可能同时实现民主化、国家主权全球化和经济全球化。他把全球化区分为高度全球化和中度全球化，认为当世界进入高度全球化时，政府只能简单推行国际公认的贸易和金融规则。一旦政府提高税率或改革税制，则会受制于金融和企业流动。见罗德里克：《全球化悖论》。

[②] 全球化前行往往会出现逆全球化的调整时期。如20世纪二三十年代，七八十年代，2008—2028年。全球化的调整时期会伴随着经济大萧条、经济滞涨、经济危机以及由此引发的战争、石油危机和布雷顿森林体系破产等世界经济的大变局。

[③] 国内外学者比较认同的，是人类社会第一次经济全球化发生在1870—1913年。争论最大的是第二次，即1950—1973年是社会主义和资本主义两大世界经济阵营相互隔离和对立的时期。

期,防范和化解开放风险、成功消除长期积累的开放矛盾,是获取全球化红利的重要前提条件[①]。

第三种是基于包容共享的经济全球化。2008年9月国际金融危机爆发,国际社会开始反思和探索全球化发展方向和路径。其中一个努力方向是以G20为平台开始推动重塑经济全球化,完善现有国际秩序和规则体系。G20成员涵盖面广,代表性强,其GDP占全球的90%,贸易额占全球的80%。G20的成立为国际社会齐心协力应对经济危机,推动全球治理机制改革带来了新动力和新契机,全球治理开始从"西方治理"向"西方和非西方共同治理"转变[②]。

中国人把经济全球化的国际环境看作发展的重要战略机遇期。主动推动改革开放、积极参与经济全球化并全面融入世界经济体系,就是为了把握重要的战略机遇。这导致中国GDP占全球GDP的比重上升了10个百分点以上。在同样的国际环境中,昔日的英国和今日的美国都出现了寻租、逐利的倾向。如1990年以来,美国产业结构从高技术制造、科技创新和现代服务转向金融、房地产和建筑,美国GDP占全球GDP的比重从1990年至现在,总体趋势是停滞甚至下降的。开放是中国赢得巨大经济、社会和生态效益的重要原因之一,也是美国综合国力和全球影响力持续下降的主要原因之一。

二、经济全球化进入逆全球化、贸易保护和大国博弈风险上升时期

经济全球化发展的内在动力主要包括三大驱动力,即开放驱动、市场驱动、创新驱动。开放驱动是经济全球化的本质特征。传统的开放主要表现在国际通商层面上,如降低关税、取消非关税措施、推动贸易投资便利化等。

[①] 在历史上,美国和德国把握住了第一个开放期的重要机遇,日本和"亚洲四小龙"把握住了第二个开放期的重要机遇,中国和印度把握住了第三个开放期的重要机遇。根据这个事实,就更容易理解"开放带来进步,封闭必然落后",理解中国为何要坚定不移地制定和实施对外开放的基本国策,理解对外开放的历史视野和现实意义。

[②] CCIEE:《G20中国年相关问题研究》,2016年12月。

现代的开放则扩展到边境后措施，要求国内经济政策，如竞争政策、产业政策、劳工政策、环境政策等，与国际通行规则对接。市场驱动是指市场竞争机制在全球资源配置中起主导作用，进而改善和增进全球经济福利[①]。创新驱动则是全球化的第一动力和重要引擎。历史上，全球化总会伴生新科技革命，如何对待科技创新成为参与方获取全球化损益的决定性因素[②]。如曾经是经济全球化重要推手的英美忽视了科技创新，最终不得不转向贸易保护主义。这三大驱动力的共同指向是改善效率，问题是，经济全球化是如何改善公平的呢？如果经济全球化缺少改善公平和化解不平衡矛盾的体制机制，无法改变全球贫富差距日益扩大的趋势，那么它在制度层面上就存在内在的不稳定性。

由于世界经济长期存在的增长动力不足、治理严重滞后、全球发展失衡三大突出矛盾没有得到有效解决[③]，因此在历史上，经济全球化的内在矛盾最终往往会发展为世界大战或局部战争、石油或大宗商品危机、国际货币体系破产或世界贸易体系受困、地缘政治和经济冲突加剧，表现为世界性货币危机、银行危机、金融危机和经济危机高频率发生。

不容置疑，现代经济全球化的发展，无论在深度、广度还是在发展速度上，都超过了历史上的任何一个时期。然而，经济全球化造就了一个相互依赖的"地球村"，却没有建立起合理有效的全球治理机制。尤其当全球化开始步入金融市场一体化阶段时，开放的系统性金融风险、科技和产业泡沫风险迅速上升，这对我国经济产生了更大的不稳定、不确定性影响。一方面，高度一体化联系的全球化，使各地股市、期市、债市、汇市、房市以及汇率、利率、税率、资产价格、大宗商品价格之间呈现出越来越明显的相关性

---

① 1990年以来的现代经济全球化，与20世纪七八十年代兴起的全球改革浪潮相关。如美英推动的供给管理和货币学派政策，出现了从凯恩斯主义国家干预经济转向新自由主义的倾向；发展经济学的反思，促进了发展理论和政策实践从国家管制和干预转向市场化改革；东欧剧变也引发了社会主义世界经济阵营的解体，这些社会主义国家同样转向了市场化改革。

② 如第一个开放期伴生第二次产业革命，第二个开放期伴生第二次世界大战后的新科技革命，第三个开放期伴生信息技术革命和互联网革命。

③ 习近平2017年1月在达沃斯世界经济论坛上的演讲。

和趋同性，进而形成更大的内外冲击叠加的风险。另一方面，逆全球化浪潮的兴起，使各种错综复杂的风险暴露和传递渠道经由保护主义、民粹主义、孤立主义进一步放大和扩散，加大了内外冲击和系统性风险[①]。一是全球公共产品供给能力被削弱。1990年以来，全球开放尤其是金融开放、金融市场化和金融深化，导致金融业空前繁荣和实体经济逐步衰败，最终使市场经济基础最扎实的主要经济体陷入产业空心化、经济虚拟化、资本泡沫化的困境。一旦泡沫破灭，为全球创造贸易投资开放、基础设施建设、绿色低碳等公共产品的供给能力势必被大大削弱。二是全球创新推动经济增长的潜力被削弱。1990年以来，信息技术革命带来了全球综合物流革命和供应链管理浪潮。但同时，世界经济也经历了1990—2001年信息技术泡沫的兴起和破灭、2002—2008年金融和房地产泡沫的兴起和破灭。泡沫经济兴起了，创新被遗忘了，从而严重打击了积极参与建立全球工序分工体系的经济体和产业。三是全球不同宗教、不同社会制度、不同种族之间的包容性联系被削弱。从"9·11"事件、中东的"民主之春"、巴黎恐怖主义袭击事件到"去全球化""去欧洲经济一体化"浪潮，G20峰会的领导人们面对各自内部的不稳定性问题，往往无暇顾及G20肩负的全球治理、危机应对以及完善全球经济长期稳定制度建设责任。

从这个角度看，我国扩大对外开放的本质是深化高标准改革和实现高质量发展。首先是始终保持历史耐心、战略定力和底线思维，从容应对大国博弈局面；其次是始终坚持优先做好自己的事情，构建应对国际风云变幻的坚实基础；再次是始终坚持共商共建共享原则，构建全球新型合作伙伴关系；最后是始终坚持维护和平的国际环境和稳定的国际秩序，推动全球治理改革。正是由于我国把加入WTO、扩大市场准入、对外资全面实施负面清单管理和准入前国民待遇等作为积极推动全球化、融入世界的重大战略举措，作为体制机制与国际高标准规则接轨的强大推动力，作为提升产业和企业国际竞争力的外来竞争压力，才在短短40年里取得了显著的对外开放成绩。

[①] 同样，移动电话和互联网的迅猛发展，在大大改变人们的生产和生活方式的同时，也会由于技术标准一体化和同质化，增大了非传统安全风险；地震、海啸、核扩散、局部战争等不可预见性的风险也会迅速地影响到全球。然而，国际社会对日本大地震所表现出来的"一家有难，大家支援"的互助精神，却传递出"地球村"积极向上的信息。

三、经济全球化悖论：全球化推动者失去全球化红利

中华民族从自己历史的集体记忆中获得的最重要的经验教训之一，就是"开放带来进步，封闭必然落后"。然而，经济全球化的历史存在一个悖论：推动经济全球化的领导者不一定能够获得全球化的开放红利。

第一个案例是1870—1913年，英国凭借第一次工业革命的技术和产业优势，推动了人类社会第一次基于西方规则的经济全球化①。然而这个时期，曾经作为英国北美殖民地的美国和比英国晚了100年开展工业化的"野蛮的农奴国家"德国把握机遇，迅速崛起、由弱转强，而英国则由盛转衰，最终不得不从推动世界自由贸易的领导者转向保护贸易。其基本原因在于，1870—1913年英国由于过度注重海外投资和扩张，忙于构建"日不落大英帝国"，忽视了第二次产业革命带来的电动机、内燃机、电灯、电话等新兴技术和产业的发展机遇，最后陷入经济和产业空心化。

第二个案例是美国在第二次世界大战结束后，凭借世界超级大国的地位和实力推动了现代经济全球化。20世纪70年代，在经历了两次石油危机、布雷顿森林体系破产和全球经济滞涨后，美国通过里根时代的供给管理政策，推动了减税、减少政府对经济的直接干预、增加官产学研联合研发创新支出、扩大对外开放实施全球化发展战略等举措，终于迎来IT革命和新经济繁荣周期。然而自1990年以来，一方面，美国凭借IT革命和新经济繁荣之势，其综合实力和全球影响力大增，1990—2001年，美国GDP占世界经济的比重从26.1%上升到32.4%，推动了这个时期经济全球化的迅猛发展。另一方面，2001年以后，美国在政治上全球反恐，在经济上大力鼓励金融创新和房地产

---

① 英国1842年开始废除制成品出口税并降低进口税，到1860年实现了自由贸易，但1913年以后又回归贸易保护轨道。1860年《科布登-谢瓦利埃条约》签订后，欧洲国家开始相互提供最惠国待遇和进口关税减让，但1880年以后，德、法、意、俄等国对农产品和制成品实行了保护性关税。1890年以后，贸易条约体系形成双重关税，即非条约国进口征收高关税，条约国享有低关税，直到1913年整个欧洲才向贸易保护回归。在此期间，美国一直在贸易保护和自由化之间摇摆，一项研究表明，1879—1904年美国工业的保护增长低于公认水平，但1879—1889年棉纺织业受到更大保护。肯伍德等：《国际经济的成长》，经济科学出版社，1996。

繁荣，最终导致美国的综合国力和产业全球竞争力显著下降。这个时期，美国GDP占世界经济的比重从2001年的32.4%下降到2015年的24.7%。

2008年国际金融危机后，英国有52%的投票人支持"脱欧"，美国总统选举把标榜贸易保护主义政策主张的特朗普选上台，其真正的原因不是经济全球化，而是经济全球化时代英美都没有解决好本国的贫富差距持续扩大的问题，没有解决好激励长期过度偏向金融、房地产、建筑业所带来的经济虚拟化、泡沫化和空心化的问题，没有解决好全球治理结构中过度强调美国核心利益等问题。经济全球化趋势的回归，不仅要基于自由贸易、公平贸易规则的改革，更要基于开放包容规则的改革，构建人类命运共同体。

四、美国视野下的经济全球化

表1-6中的数据说明，1990年，中国GDP规模为3986亿美元，美国为59796亿美元，中国GDP和美国GDP占世界GDP的比重分别为1.7%和25.5%，中国经济规模仅相当于美国经济规模的6.7%。然而，到2017年，按汇率计算，中国GDP超过12万亿美元，美国GDP则达到19.39万亿美元，中国GDP和美国GDP占世界GDP的比重分别为15.0%和24.3%，中国经济规模已经达到美国经济规模的62%。如果按购买力平价计算，那么中国GDP在2014年超过美国，成为世界第一经济大国①。虽然购买力平价在估算一国经济规模时，就像汇率一样不可避免会存在统计偏差，但它揭示了一个基本事实，即中美经济规模的差距在过去26年里已经大幅缩小。由于中美人口规模有巨大差距，因此在人均GDP的比较上仍存在显著差距，中国要缩小人均水平的经济差距还需要几代人的努力奋斗。

美国认为，现代经济全球化时期（1990—2017年），美国GDP占世界GDP的比重从25.5%下降到24.3%，中国GDP占世界GDP的比重从1.7%上升到15.0%，中国经济规模已经达到美国经济规模的62%，要解决经济全球化失衡，就必须解决经济全球化的规则和治理体系所存在着的根本性制度缺陷。

---

①IMF（国际货币基金组织）。

美国认为，问题主要在于全球化规则和治理体系不公平，即美国作为世界上唯一拥有霸权地位的国家承担了太多公共产品供给的责任和义务。美国优先、美国再次伟大的核心，是从全球化规则和治理改革方向上维护和确保美国的核心利益。美国将采取两手策略达到这个目标，一手是尽可能把中国经济发展的未来模式纳入西方规则体系，同时确保中国永远不会成为美国的竞争对手；另一手是或全面遏制或全面推卸全球公共产品供给的责任，达到全面边缘化或拖垮中国经济的目的（见第四章的分析）。

在美国看来，它与其他发达国家和地区之间现阶段的贸易冲突是全球化的利益主导权之争，特朗普在2018年的G7会议上说："你们必须听我的，你们别无选择。"而与中国之间的贸易冲突则是全球化规则的主导权之争，美国在联合其他发达国家和地区构建一道能够把中国排除在外的新的全球化规则壁垒[①]。在我国与美、欧、日展开各种层次的对话时，最常听到的一句话就是中国在参与经济全球化，融入世界的时候，必须基于西方规则。

中国是西方规则推动的经济全球化的积极参与者、受益者和推动者；改革开放的一条重要经验是学习和借鉴西方市场经济规则，发展中国特色的社会主义经济体制；中国是推动全方位国际合作的践行者、贡献者和引领者。党的十九大报告提出，"实现中国梦离不开和平的国际环境和稳定的国际秩序"，中国要"始终做世界和平的建设者、全球发展的贡献者、国际秩序的维护者"。事实上，中国也一直这样做。"开放带来进步、封闭必然落后"，是中国历史教训中总结出来的重要经验。未来中国扩大对外开放，会继续学习西方市场经济经验和创新成果。

问题在哪里？问题在于世界历史上基于西方规则和秩序、由英美等西方大国主导的经济全球化，一次又一次地被引入战争、危机和动荡困境。其根源在于推动经济全球化向前发展的三大动力，即开放、市场、创新都指向效率，而缺少能够解决公平的治理结构。要解决和平赤字、发展赤字、治理赤字这三大赤字，就必须同时解决经济全球化存在的公平与效率严重失衡的根本性矛盾。在没有经济全球化的政府，具有世界霸权地位的大国又不愿意负责任的情况下，国际规则与秩序、国际宏观经济政策协调与合作、国际公共

[①] 参见WTO现代化改革的有关文献。

产品供给的责任和能力建设等问题无法得到解决。欧洲国家主张传统的自由贸易、美国主张公平的自由贸易、中国主张包容的自由贸易，其分歧在于人类社会究竟需要什么样的自由贸易，如何实现基于"地球村"共同利益的自由贸易，谁可以获得参与自由贸易的机会和分享自由贸易的成果。利益攸关方如果合作，就可能构建一个自由、公平、包容的自由贸易新秩序，如果冲突，则可能发生贸易摩擦、货币战、创新战、心理战甚至地缘冲突，最终造成全球局势全面失控，大家都是输家。1918年以后的全球混乱局面相信大家仍历历在目。

表1-6 中国GDP和美国GDP及占世界GDP比重

年份	中国GDP/10万亿美元	美国GDP/10万亿美元	世界GDP/10万亿美元	中国占比/%	美国占比/%	年份	中国GDP/10万亿美元	美国GDP/10万亿美元	世界GDP/10万亿美元	中国占比/%	美国占比/%
1980	305.3	2862.5	11136.3	2.7	25.7	1999	1097.1	9660.6	32782.9	3.3	29.5
1981	290.8	3211.0	11389.4	2.6	28.2	2000	1214.9	10284.8	33867.1	3.6	30.4
1982	286.7	3345.0	11178.2	2.6	29.9	2001	1344.1	10621.8	33620.0	4.0	31.6
1983	307.7	3638.1	11483.0	2.7	31.7	2002	1477.5	10977.5	34745.1	4.3	31.6
1984	316.6	4040.7	11896.8	2.7	34.0	2003	1671.1	11510.7	39015.9	4.3	29.5
1985	312.6	4346.8	12442.7	2.5	34.9	2004	1966.2	12274.9	43919.5	4.5	27.9
1986	303.3	4590.1	14664.5	2.1	31.3	2005	2308.8	13093.7	47580.9	4.9	27.5
1987	330.3	4870.2	16888.2	2.0	28.8	2006	2774.3	13855.9	51509.0	5.4	26.9
1988	411.9	5252.6	18997.3	2.2	27.6	2007	3571.5	14477.6	58115.3	6.1	24.9
1989	461.1	5657.7	19989.0	2.3	28.3	2008	4604.3	14718.6	63721.6	7.2	23.1
1990	398.6	5979.6	23453.7	1.7	25.5	2009	5121.7	14418.7	60337.2	8.5	23.9
1991	415.6	6174.1	24345.3	1.7	25.4	2010	6066.4	14964.4	65960.3	9.2	22.7
1992	495.7	6539.3	25180.2	2.0	26.0	2011	7522.1	15517.9	73165.3	10.3	21.2
1993	623.1	6878.7	25871.3	2.4	26.6	2012	8570.3	16155.3	74535.4	11.5	21.7
1994	566.5	7308.8	27818.4	2.0	26.3	2013	9635.0	16691.5	76596.1	12.6	21.8
1995	736.9	7664.1	31022.2	2.4	24.7	2014	10534.5	17427.6	78663.2	13.4	22.2
1996	867.2	8100.2	31881.6	2.7	25.4	2015	11226.2	18120.7	74429.0	15.1	24.3

（续表）

年份	中国GDP/10万亿美元	美国GDP/10万亿美元	世界GDP/10万亿美元	中国占比/%	美国占比/%	年份	中国GDP/10万亿美元	美国GDP/10万亿美元	世界GDP/10万亿美元	中国占比/%	美国占比/%
1997	965.3	8608.5	31812.7	3.0	27.1	2016	11221.8	18624.5	75485.0	14.9	24.7
1998	1032.6	9089.2	31663.5	3.3	28.7	2017	12014.6	19390.6	79865.5	15.0	24.3

资料来源：IMF（国际货币基金组织）。

五、经济全球化的未来前景

现代经济全球化已形成了各国相互依存的"地球村"，无论是贸易全球化、市场全球化、生产全球化，还是金融全球化、科技全球化、治理全球化，当前都处于历史性选择的十字路口。人类社会是继续前进还是选择倒退，世界各国对经济全球化的未来发展路径仍有很大的分歧。如欧洲大陆的政治家马克龙、默克尔等仍主张推动传统的自由贸易，如继续推动贸易投资自由化和便利化。但西欧、南欧、中东欧之间发展的不平衡日益扩大而不是缩小，也助长了民粹主义、保护主义、单边主义倾向的抬头。同样，美国总统特朗普主张推动"公平"的自由贸易。所谓"公平"，就是能够减少美国全球公共产品供给责任，同时能够维护美国优先和美国再次伟大的自由贸易。他认为，加拿大和墨西哥搭了北美自由贸易协定（NAFTA）的便车而没有维护美国优先原则，因此不公平，必须通过重新谈判加以纠正。德国对美国有巨额贸易顺差，因此不公平，德国必须对美国产品和服务全面开放市场。北约成员不愿意为获得安全保障而付钱，因此不公平，北约成员要承担超过约定2%的GDP支出比例，为美国减负。一句话，美国不愿意继续承担其霸权大国应负的责任，而是采用贸易保护主义手段，迫使其他国家进一步让渡本国的经济主权和全球化利益，以"公平"的自由贸易的名义，维护美国第一的核心利益。与此不同，中国支持以包容共享规则为基础的经济全球化，构建人类命运共同体。在推动基于传统自由贸易的经济全球化、推动基于公平自由贸易的经济全球化，以及推动基于包容共享贸易的经济全球化之间，存在着明显的价值取向和核心利益差异。

一是推动基于传统自由贸易的经济全球化政策取向存在着内在的制度缺陷，必须改革。一方面，基于传统自由贸易规则的经济全球化，形成效率指向的开放驱动、市场驱动和创新驱动的增长动能，进而带来世界经济的兴盛期和开放期重合，却无法解决经济全球化的红利如何在主要参与国家之间及内部公平分配的问题；无法解决世界经济失衡以及主要参与国家宏观经济政策调整可能带来的负外溢效应影响和冲击问题；无法解决和平与发展、合作与共享的全球治理问题，最终陷入了经济全球化的周期律，即每隔三四十年就会陷入危机、萧条、滞涨甚至地缘政治冲突引发的战争。另一方面，多边贸易规则体系是经济全球化的基石。然而，当世贸组织主导的多边贸易框架进入发展回合时，即聚焦自由贸易促进经济发展、聚焦联合国2030年可持续发展议程实施、聚焦撒哈拉以南非洲最不发达国家工业化问题时，就会陷入困境，国际社会对此也无能为力。因为这个方向不符合美国优先、美国再次伟大的根本利益。当美国、日本、欧洲国家联手打着世贸组织现代化改革的旗号，要建立针对中国以及其他新兴大国快速崛起的新规则的时候①，多边贸易规则体系的代表性以及公平公正公开的原则落地就会成为问题。

二是推动基于公平自由贸易的经济全球化政策取向被视为贸易保护主义行为。2018年七国集团的峰会开成了"非常6+1"就是一个例证。美国总统特朗普在一条推特中宣称，美国每年的贸易逆差将近8000亿美元，因此绝不能输掉贸易争端。特朗普说，美国是全世界都想从中取钱的存钱罐，别的国家都在打美国的主意，做着利己损美的"坏事"，美国要开始反抗了！"其他国家的领导人如果够聪明的话，就应该听我的话，毕竟，他们别无选择，我可没有开玩笑。"然而，欧盟和加拿大已确定将从7月开始实施报复性关税。七国集团原希望发表关于贸易的联合声明，批评贸易保护主义，承诺实现世贸组织的现代化，并寻求消除关税与非关税贸易壁垒和削减贸易补贴的方法。德国总理默克尔在G7峰会后表示，特朗普的一系列行为真是"发人深省"，尤其是特朗普通过推特表明不支持七国联合声明的做法，着实让人感

---

① 当前发达国家正在联手推动世贸组织的现代化改革，其核心内容是基于西方市场经济规则来规范非市场经济导向行为。

到沮丧。美国国家经济委员会主任库德洛表示,这只是一个"家庭争吵"。美国财政部部长姆努钦坚称华盛顿仍在G7中发挥着核心作用,"美国不会放弃在全球经济中的领导地位"。

三是推动基于包容共享贸易的经济全球化政策取向是突出发展主题的地位和作用。包括强调创新在推动世界经济发展中的作用,促进绿色经济、普惠经济和共享经济的发展,继续推动全球贸易和投资开放,落实联合国2030年可持续发展议程,帮助撒哈拉以南非洲实施工业化发展战略等。我国通过扩大进口、举行2018年上海国际进口博览会为世界经济增长创造需求;推动全球基础设施互联互通和国际产能合作,促进世界经济再平衡;提出"一带一路"倡议,共商共建共享一个基于发展规则和国际合作的开放型世界经济,消除绝对贫困和不公正,建设一个人类命运共同体。

国际社会可以在不同主张之间进行选择、组合或创新。但大国如选择唯我独尊或对抗,则世界经济在今后一个相当长的时期内都不可能太平。大国如选择求同存异或合作,就必须直面和化解传统的自由贸易、公平的自由贸易、包容的自由贸易之间存在的巨大分歧和利益矛盾,营造一个开放合作的价值基础和基本共识。

——传统的自由贸易的选项必须回答:为什么曾经领导和推动过自由贸易的英美大国最终会转向"脱欧"或贸易保护主义?为什么发达国家制定了全球化规则和全球治理框架,其国内民众会认为自由贸易的开放损害了他们的利益?为什么发展中国家积极参与和分享全球化利益会被认为不公平?

——公平的自由贸易的选项必须回答:为什么是美国优先,而不是世界共同利益优先?为什么是美国再次伟大,而不是人类社会的共同文明再次伟大?如果世界各国都模仿美国优先、公平贸易和对等开放,其结果会是公平和对等的吗?如果全球化的结果是美国化,世界文明的冲突是更激烈还是更和缓?

——包容的自由贸易的选项必须回答:在没有全球政府且拥有霸权地位的大国不支持的条件下,包容共享公平的自由贸易有可能推动吗?如果不符合全球资本的盈利要求,全球普惠贸易、绿色贸易、电商贸易有可能持续下去吗?中国如何通过"一带一路"倡议和国际产能合作,推动全球经济平衡协调可持续发展?

这三个方面的问题都有各自合理的内核，同时也都有着各自内在的局限性。如果各国合力推动基于自由、公平、包容的全球治理改革，就将创造一个崭新的国际新秩序。如果不具备这个合作基础，超级大国的强权政治就会迫使他国对其做出妥协和让步，对外转嫁矛盾和强制让渡利益。一个对超级大国公平、对其他经济体不公平的国际经济新秩序将面临着更大的考验和挑战。

第三节　当前世界经济发展的新形势和新特点

当前，世界经济呈现出诸多新亮点：新兴经济体作为整体经济快速崛起，推动世界经济再平衡；中美经济贸易关系一波三折，零和博弈和超越零和博弈两股力量之间的较量致使大国关系进入1972年以来最复杂、最严峻、最困难的阶段；"脱欧"背景下的中欧和中英关系稳定发展，但"脱欧"谈判过程有很多不确定性；金砖合作机制日益完善，开启"金砖+"的第二个"黄金十年"；在亚洲太平洋合作组织（APEC）机制下推动东亚经济合作机制不断深化，2018年区域全面经济伙伴关系协定（RCEP）谈判向前跨出一小步，中日关系趋于改善；"一带一路"共商共建共享的合作机制日趋成熟，得道多助的朋友圈在不断扩大；全球经济治理变革和人类命运共同体建设正在逐步为越来越多的国家和地区所接受和支持，助推基于开放包容共享的经济全球化向前发展；新工业革命的技术和成果正缓慢渗入生产端和供给侧，缓慢形成全球劳动生产率增长的新动力，小而美、定制、普惠、绿色、共享正成为新时尚，形成全方位合作新格局。

一、新兴经济体经济快速崛起，推动世界经济再平衡

新兴经济体的经济地位持续上升。现代经济全球化和世界性科技革命改变了世界经济格局。以中国经济为领头羊的新兴经济体作为整体，1990年以来在全球经济中的比重持续上升。而以美国为龙头的发达国家作为整体，1990年以来在全球经济中的比重相对下降，世界经济力量此消彼长，成为全

球经济格局演变的一个重要特征（见图1-1）。特别是国际金融危机以来，新兴市场和发展中经济体GDP占世界GDP的比重由2007年的28.4%上升到2016年的38.72%，新兴市场和发展中经济体对世界经济增长的贡献率（按汇率法计算）2016年为65%，明显高于发达经济体对世界经济增长的贡献。

新兴经济体的发展促进了世界经济再平衡。2016年G20杭州峰会把三个重要议题摆在全球经济治理的框架内：一是发展议题，基于西方规则和基于包容发展成为推动世界经济增长的两大引擎。二是以实现全球脱贫为目标的联合国2030年可持续发展议程的实施，正成为推动世界经济平衡协调可持续发展的实际行动。三是重视撒哈拉以南非洲最不发达国家的工业化战略问题，正成为缩小城乡区域和居民收入差距的重要环节。假设新兴经济体以每年3.8%的速度增长，20年后新兴经济体的GDP将翻一番。2017年，新兴经济体的发展取得新成就，对促进世界经济多元化、推动解决世界财富分配失衡等问题起着重要作用，促进了世界经济再平衡。

中国经验为解决人类发展问题贡献了中国智慧和中国方案。改革开放以来，中国经过40年的艰苦努力，取得了经济社会发展上的巨大进步，使7亿人摆脱了贫困，这为广大发展中国家提供了可参考的发展经验。中国在社会主义初级阶段始终坚持发展是硬道理、发展是治国理政的第一要义、发展是解决所有问题的关键的理念，取得了显著的增长和发展实绩。在发展过程中，逐步探索遵循经济规律，实现高质量发展；遵循社会规律，实现包容性

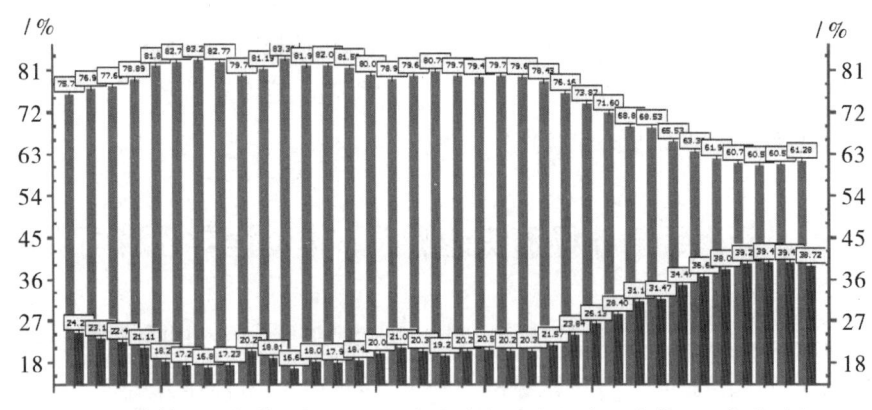

图1-1　新兴市场和发展中经济体GDP占世界GDP的比重上升

发展；遵循自然规律，实现可持续发展，从初级发展模式走向中高级发展模式。中国的一些发展经验，正逐步从中国走向世界，成为越来越多发展中国家理论和实践发展的基本共识。改革开放和发展的辩证统一，给世界上那些既希望加快发展又希望保持独立性的国家和民族提供了可借鉴的现代化发展的道路选择。

二、中美关系一波三折，超越零和博弈的努力在艰难中前行

当前中美关系依旧是世界上最重要也最复杂的双边关系。美国采取的加息、缩表、减税等宏观政策的外溢性将给未来中美经贸关系带来新的不确定性影响。美国在朝核、中东等地所采取的政策将给东亚、西亚地区乃至全球经济格局带来重大影响。中美之间如何构建超越零和博弈的大国关系，具有十分重大的意义。近年来，中美贸易不平衡有所改善，但前景仍不乐观。美国采取加息、缩表、减税、增加基础设施投资等政策，美元将继续走强，美国财政赤字和经常项目赤字将进一步扩大，中美贸易不平衡将进一步扩大。按照美国贸易统计口径，2016年美国对华贸易逆差为3470亿美元，占美国贸易逆差的47%[①]。2017年1—10月，美国对华贸易逆差累计达3523亿美元[②]。美国长期限制对中国高科技产品出口，收紧外资安全审查程序，对中国开展"301调查"，扩大了美中贸易逆差，造成中美贸易摩擦升级。特朗普访华后，中美之间的贸易摩擦仍会存在。

三、"脱欧"背景下的中欧和中英关系在曲折中发展

英国"脱欧"谈判本身的不确定性将进一步增加。2017年6月19日，英国"脱欧"谈判正式启动。谈判最终期限在2019年3月29日，全部谈判计划在

[①] 美中贸易逆差产生的原因，有观点认为主要是中国操纵汇率导致人民币汇率低估，但实际上人民币对美元已从2005年7月汇改之前的8.28元/美元升值到目前（2017年11月底）的6.60元/美元，但美中贸易逆差仍未得到有效改善。

[②] 源自美国商务部贸易数据。

2018年10月前完成，英国设置了3年过渡期（2019—2022年），2022年英国彻底离开欧盟，双方关系进入新的模式。2017年12月，英国和欧盟就"脱欧"谈判达成第一阶段协议。第二阶段的谈判预计更为艰难。

在英国"脱欧"背景下，中欧和中英关系稳定发展。中欧、中英不是竞争对手，而是合作伙伴。但在逆全球化和保护主义上升的背景下，双方存在的各方面差异，很容易引发经济贸易冲突①。由于英国"脱欧"，欧盟可能不再是中国最大的贸易伙伴。鉴于中英经贸之间的连续性，英国"脱欧"后中英经贸关系将可能出现新的改善契机。金融方面，英国"脱欧"对于伦敦国际金融中心的地位会有较大的影响，人民币离岸市场的发展对伦敦而言重要性明显上升。当欧洲大陆国际金融中心崛起和形成激烈竞争态势时，中国经济和金融发展对伦敦城的意义将更加凸显。

中欧、中英合作机会将明显增加。随着全球不确定性的上升，中欧、中英深化双边经济合作显得更为重要。中国和欧盟作为世界上第三大和第二大经济体，英国作为世界上名列前茅的国际金融中心，中欧、中英有必要在维护基于规则的自由贸易体系、多边体制和应对气候变化等方面发挥积极的作用。中欧双方将进一步增进在贸易、投资、基础设施、能源环境、气候变化、技术创新、产业合作、金融服务、人员交流及全球治理等领域的合作，带动世界经济强劲、平衡、可持续和包容性发展。

中英直接金融和教育合作成为重点领域。英国有世界一流的大学、世界一流的直接融资体系、世界一流的法治建设，这些领域都是中国下一步发展的重点。此外，英国的全球化产业布局重点之一是在东亚，在英国"脱欧"背景下，英国可能会更加注重东亚市场，中国与英国的合作不仅机会将增加，合作领域将增加，而且合作质量也将提升。中国很多金融企业在英国开展全球业务，伦敦人民币离岸市场将继续推进。2010—2015年英国对中国出口增长63%，英国吸引中国投资超过其他欧洲主要国家，中国访英游客数量

---

①最明显的案例是欧盟以"市场扭曲"为由正在制定"新15条"，对中国实施不公平贸易行动；德法意在制定外资审查条例，并将推向整个欧盟层面；欧盟强调对等开放而不是平等开放。这些贸易保护主义倾向正在欧洲大陆抬头，应引起整个国际社会的高度关注。

过去5年增长超过2倍,伦敦成为中国留学生最多的外国城市①。中英关系的"黄金时代"在继续推进。

四、开启"金砖+"的第二个"黄金十年"

金砖合作机制取得巨大成就。10年来金砖机制性合作取得巨大成就,金砖经济在世界经济中的比重从10年前的12%提升到13%,贸易比重从11%提高到16%,对外投资比重从7%提高到12%,吸引外资的比重上升了10个点,对世界经济增长的贡献率达50%。

金砖合作机制开启第二个"黄金十年"。2017年厦门金砖峰会推出了"金砖+"的新合作机制,开启了第二个"黄金十年"。建立了首次外长正式会晤机制以及常驻联合国代表的定期磋商机制,推动建立了电子口岸示范网络、电子商务工作组、博物馆联盟、美术馆联盟、图书馆联盟等合作平台,为金砖国家深化政治、经济、文化领域合作提供有力保障。金砖国家将继续开展经贸市场、金融流通、基础设施联通和人文交流等方面的务实合作,继续开展同其他新兴市场和发展中国家之间的对话合作,在落实2030年可持续发展议程、完善全球经济治理等方面发挥更大的作用。金砖国家继续深化南南合作,打造"金砖+"模式,建立广泛伙伴关系,打造开放多元的发展伙伴网络,携手走出一条创新、协调、绿色、开放、共享的可持续发展之路,为促进世界经济增长、实现各国共同发展注入更多的正能量②。

五、在APEC机制下推动东亚经济合作机制不断深化

区域经济一体化在艰难中前行。多哈回合陷入僵局以来,区域性贸易协定出现了两条不同的发展路径。一是美国在改变区域经济合作的前行方向。奥巴马任总统时,主推"跨太平洋伙伴关系协定"(TPP)超大规模的高标

---

① 《中英共同举办庆祝中英大使级外交关系45周年招待会》,中华人民共和国驻大不列颠及北爱尔兰联合王国大使馆网站,2017年3月30日。
② 习近平:《金砖国家领导人厦门会晤记者会》,国际在线网站,2017年9月5日。

准自贸区，用美国标准为全球经贸规则建章立制。特朗普任总统后，从区域经济合作退回到双边合作，退出TPP，并且重新谈判北美等已经实施的自由贸易协定。美国退出后的TPP，于2017年11月更名为《全面与进步跨太平洋伙伴关系协定》（CPTPP）。二是东亚区域经济一体化相比欧洲和北美地区起步较晚，但同样取得了举世瞩目的进展。目前，东亚区域合作继续向前推进，预计2019年将完成《区域全面经济伙伴关系协定》（RCEP）谈判。

APEC机制主推开放地区主义。东亚地区长期以来一直秉承开放地区主义，是推动全球贸易投资自由化和便利化的重要力量。APEC作为亚太地区重要的经济合作论坛，努力构建高级别的政府间经济合作机制，在推动区域贸易投资自由化、区域经济技术合作等方面发挥了主导作用。在APEC机制下，东亚经济体大力推进区域经济一体化，东亚区域经济合作秉承开放地区主义，形成了东盟机制、"10+3"（东盟与中日韩领导人会议）、"10+1"（东盟分别与中、日、韩合作）、"中日韩"等合作机制，2017年都取得了程度不同的进展。

六、"一带一路"国际合作高峰论坛构建国际合作平台

2017年5月14日，中国"一带一路"国际合作高峰论坛召开，这是各方共商共建共享"一带一路"合作的盛会。来自29个国家的国家元首、政府首脑与会，来自130多个国家和70多个国际组织的1500多名代表参会，覆盖了五大洲各大区域[①]。习近平主席出席开幕式并作题为《携手推进"一带一路"建设》的主旨演讲。峰会最后取得了5类、76项、270多项具体成果[②]。

"一带一路"已建立起多层次国际合作交流框架。一是建立"一带一路"国际合作机制。目前，中国与相关国家和区域合作组织发布对接"一带一路"倡议的联合声明，签署了40多份共建"一带一路"合作协议，与20多个国家开展了机制化的国际产能合作。同时，还与相关国家签署了《"丝绸

---

① 《杨洁篪就"一带一路"国际合作高峰论坛接受媒体采访》，新华网，2017年5月18日。

② 《"一带一路"国际合作高峰论坛成果清单》，新华网，2017年5月16日。

之路经济带"建设与"光明之路"新经济政策对接合作规划》《建设中蒙俄经济走廊规划纲要》等。此外,中国也在积极探索利用双边联合工作机制,完善和发挥现有联委会、混委会、协委会、指导委员会、管理委员会等多双边机制,协调推动"一带一路"合作项目。二是推动"一带一路"相关国家贸易投资合作。目前中国与"一带一路"相关11个国家以及新西兰、澳大利亚和韩国签署了自贸协定,与56个相关国家签署了双边投资协定,有力地推动了与这些国家的贸易投资合作。三是推动相关国家人文交流。目前中国在"一带一路"相关国家建立了11个文化中心[①]。

"一带一路"建设取得丰硕成果。自2013年中国提出"一带一路"倡议4年来,"一带一路"建设取得了丰硕的成果。截至2016年底,中国企业在相关国家建立初具规模的合作区56个,入区企业超过1000家,总产值超过500亿美元,上缴东道国税费超过11亿美元,为当地创造就业岗位超过18万个,促进了当地经济的发展和民生的改善。2017年1—10月,中国企业共对"一带一路"相关的58个国家进行了非金融类直接投资111.8亿美元,同比下降7.4%,占同期总额的13%,流向新加坡、马来西亚、老挝、印度尼西亚、巴基斯坦、俄罗斯、越南等国家和地区[②]。

七、人类命运共同体建设举世瞩目

全球治理改革面临困境。2017年,逆全球化、贸易保护主义、民粹主义继续甚嚣尘上,全球治理改革陷入困境。在逆全球化浪潮下,美国推进全球治理改革的合作意愿明显下降,转向奉行孤立主义和贸易保护主义。英国"脱欧"明显削弱了欧盟考虑全球治理问题的能力,在今后一个较长时期内主要决策资源将更多地转向"脱欧"谈判、反恐、防止极右势力上台。中国构建人类命运共同体的倡议获得国际社会越来越多的支持和响应,但中国

[①] 张燕生、王海峰、杨坤峰:《"一带一路"是多彩之路:机遇和前景》,《CCIEE报告》,2017年4月。

[②] 商务部对外投资和经济合作司:《2017年1—10月我对"一带一路"沿线国家投资合作情况》,商务部网站,2017年11月23日。

要真正成为全球负责任大国、开放型大国、包容性大国还有很长的路要走。2017年，全球治理赤字明显增大。另外，长期主导全球治理执行、完善和变革的国际组织，像WTO、IMF、世界银行在重塑全球化和全球治理方面的作用正在降低。如何解决全球治理的赤字、全球治理的民主化和全球治理的发展缺位等问题将是国际社会面临的严峻挑战。G20汉堡峰会存在的合作与分歧，反映出战后世界秩序出现了最明显的裂痕。

人类命运共同体理念引领当前全球治理改革。人类命运共同体理念的核心是合作共赢，基本原则是责任共担与利益共享，目标是实现包容与可持续发展，原则上更加注重开放包容、普惠平衡、公正共赢。人类命运共同体是把每个民族、每个国家的前途命运都紧紧联系在一起，通过共同努力建设一个远离恐惧、普遍安全的世界，建设一个远离贫困、共同繁荣的世界，建设一个远离封闭、开放包容的世界，建设一个山清水秀、清洁美丽的世界[①]，将世界建成一个和睦的大家庭，把世界各国人民对美好生活的向往变成现实。在全球治理陷入困境之际，中国提出"一带一路"倡议，就是要实践人类命运共同体理念，体现了中国作为负责任大国的担当，是中国为世界提供的一项重要的公共产品。

八、全球新工业革命趋于小而美

全球新工业革命趋于小而美。新工业革命技术和成果正缓慢渗入各国生产端和供给侧，有望在未来形成全球生产率增长的新动力。与IT革命以及以往的工业革命不同，这次新工业革命更有利于小而美、个性化、分散化的新业态发展。

中国数字经济引领全球新趋势。麦肯锡全球研究院发布的题为《中国数字经济：全球领先力量》的研究报告显示，中国拥有全球最活跃的数字化投资与创业生态系统，拥有全球最大的电子商务市场，是打造全球数字化格局的重要力量，将从产业投资、商业模式和全球治理等多个领域引领全球新趋势。

---

① 《习近平在中国共产党与世界政党高层对话会上的主旨讲话》，人民网，2017年12月1日。

全球电子商务（eWTP）促进全球普惠贸易发展。中国在G20峰会上提出打造eWTP的建议，这个平台将为全球小企业和普通民众带来更多参与全球贸易的机会，使其充分享受普惠贸易发展带来的红利。通过互联网基础设施，在信息时代提供个性化、智能化、定制化的小而美的服务，满足不同群体和个人的需要①。

全球中高技术制造业增长率创5年来新高。2017年，全球制造业快速发展。其中，自动化、机器人和数字产品等先进制造业正在向全球稳步扩张。新技术的发展和许多行业自动化发展趋势正在促进全球制造业总产量增长。UNIDO数据显示，2017年第二季度，全球中高技术制造业增长率为5.3%，是过去5年的最高增幅；中等技术制造业增长率约为2%；低技术制造业同比增长3%（见图1-2）。经验研究表明，中高技术制成品的生产过程通常会拆分成不同的环节，由不同的国家分工完成，因而中高技术制造业增长更有利于带动相应中间品贸易增长。

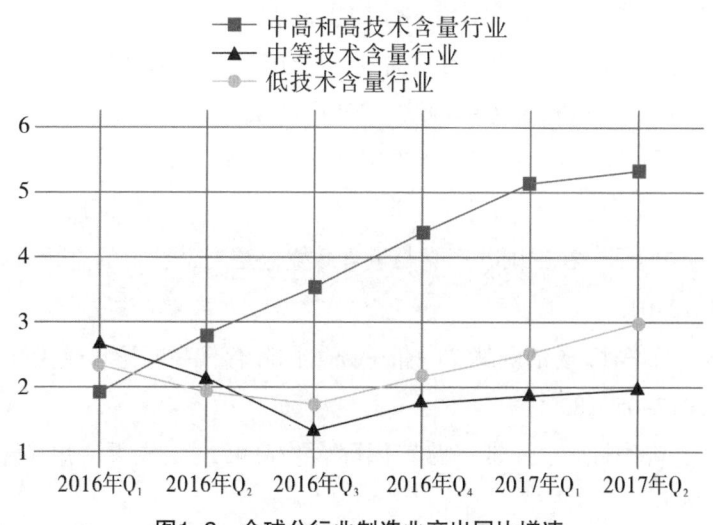

图1-2　全球分行业制造业产出同比增速

数据来源：UNIDO。

---

①打造eWTP的建议，还可能成为自由贸易和公平贸易之间的交换。它可能会为发达经济体创造更多就业机会，换得发达经济体提供推动贸易投资自由化和便利化的条件。

参考文献

[1] 麦迪森. 中国经济的长期表现. 上海：上海人民出版社，2008.

[2] 麦迪森. 世界经济千年统计. 北京：北京大学出版社，2009.

[3] 布鲁盖尔研究所，英国皇家国际事务研究所，中国国际经济交流中心，香港中文大学刘佐德全球经济及金融研究所. 中国–欧盟经济关系2025：共建未来，2017.

[4] CCIEE. G20中国年相关问题研究，2016.

[5] 福山. 政治秩序的起源：从前人类时代到法国大革命. 桂林：广西师范大学出版社，2014.

[6] 肯伍德，洛赫德. 国际经济的成长：1820~1990. 北京：经济科学出版社，1997.

[7] 刘易斯. 增长与波动. 北京：华夏出版社，1987.

[8] 罗德里克. 全球化的悖论. 北京：中国人民大学出版社，2011.

[9] 林毅夫. 李约瑟之谜、韦伯疑问和中国的奇迹：自宋以来的长期经济发展. 北京大学学报（哲学社会科学版），2007，44（4）．

[10] 商务部对外投资和经济合作司. 2017年1—10月我对"一带一路"沿线国家投资合作情况. 商务部网站，2017–11–23.

[11] 习近平. 金砖国家领导人厦门会晤记者会. 国际在线网站，2017–09–05.

[12] 习近平. 在中国共产党与世界政党高层对话会上的主旨讲话. 人民网，2017–12–01.

[13] 新华社. 杨洁篪就"一带一路"国际合作高峰论坛接受媒体采访. 新华网，2017–05–18.

[14] 新华社. "一带一路"国际合作高峰论坛成果清单. 新华网，2017–05–16.

[15] 张燕生. 内向发展和对外开放//杨坚白，等. 新中国经济的变迁和分析. 南京：江苏人民出版社，1992.

[16] 张燕生，王海峰，杨坤峰. "一带一路"是多彩之路：机遇和前景. CCIEE报告，2017.

[17] 赵穗馨. 中华人民共和国经济史（1949—1966）. 郑州：河南人民出版社，1988.

[18] 武力. 中华人民共和国简史. 北京：中国社会科学出版社，2008.

[19] 吴于廑. 吴于廑学术论著自选集. 北京：首都师范大学出版社，1995.

第二章 中国对外开放的发展历程

第一节 从封闭型经济到开放型经济

改革开放的40年,是我国综合国力从"濒于崩溃边缘"到"当惊世界殊"的历史;是一次次思想解放和探索中国特色社会主义道路的历史;是从封闭走向开放,逐渐融入世界的历史;是东方巨龙从沉睡到腾飞的历史。如今,中国已是世界第二大经济体、第一大工业国、第一大货物贸易出口国、第一大外汇储备国,连续多年对世界经济增长的贡献率超过30%,成为世界经济增长的主要稳定器和动力源,在全球经济治理体系中的制度性话语权显著提升。

一、改革开放前的内向型经济

1. 中国贸易体制的计划性特征

在20世纪70年代实行的计划经济体制下,中国几乎所有的对外贸易都是按照计划实施,国家计划委员会的进口计划涵盖了超过90%的进口。类似的出口计划也对出口商品的种类及数量进行了非常明确的数量化规定。在具体的实施层面上,进出口计划由当时外贸部所管辖或控制的少数几家外贸公司负责执行。可以说,在计划经济体制下,中国的对外贸易对外汇和相对价格并不敏感,对外贸易结构也和中国的比较优势如充沛而廉价的劳动力等基本没有任何关系,甚至到80年代初,资本密集型产品(包括精炼石油产品)还在中国的对外出口中扮演着重要角色。因此,中国贸易在世界贸易中的占比从1953年的1.5%急剧下降到1977年的0.6%①。

2. 改革开放前大国比较优势难以充分发挥

理论上，庞大的人口规模对经济发展具有较大的优势，在能够为工业经济的发展提供源源不断的低价劳动力的同时，也可以形成巨大的市场规模，从而在开放的国际经济体系中形成自身的比较优势。1978年前，中国经济在实质上是一种封闭经济；1978年中国对外贸易进出口总额仅为国民收入的7%。在封闭型经济下，中国的比较优势难以得到充分发挥。中国农村滞留了大量剩余劳动力，公社制下的农业生产效率低下。中国城市工业发展面临着资金、技术、人才等方面的严重短缺，对国有企业自主权的剥夺、对劳动力流动的限制、人浮于事的机构运行状态，使得中国的工业产品质量和生产率难以提高，以至于工业产值在20世纪六七十年代一直在低水平上停滞不前（劳伦·勃兰特，托马斯·罗斯基，2009）。再加上国内"文化大革命"的破坏，中国整个国民经济几乎到了崩溃的边缘（华国锋，1978）。1978年，整个国家发展和人民生活水平中的大多数指标均在世界排名中处于很低的水平，处于联合国和世界银行等组织划定的贫困线以下（曹普，2016）。

二、通过改革开放融入全球经济的历史进程

社会主义要消灭贫穷。贫穷不是社会主义，更不是共产主义（邓小平，1984）。中国要谋求发展，摆脱贫穷和落后，就必须开放（邓小平，1988）。应该充分利用世界的先进成果，包括利用世界上可能提供的资金，来加速四个现代化的建设②。鉴于"文化大革命"后严峻的经济形势，通过对外开放加快社会主义现代化建设步伐已经成为包括邓小平在内的中央领导层的共识。党的十一届三中全会确立了以经济建设为中心，实行改革开放，从此开启了中国改革开放的历史进程。对外开放成为中国长期坚持的基本国策，成为加快社会主义现代化建设的战略措施。1979年，中国与美国

---

① 劳伦·勃兰特、托马斯·罗斯基：《伟大的中国经济转型》，上海人民出版社，2009，第541页。

② 邓小平：《邓小平文选》（第2卷），"社会主义也要搞市场经济"，人民出版社，1994。

正式建立了外交关系之后,中国与以美国为首的西方发达国家的关系迅速改善,这为中国面向欧美发达国家和地区进行开放提供了可能。

1. 以开放培育市场要素为核心的起步阶段（1979—1991年）

改革开放之初,面临国内资本短缺、技术短缺和劳动力严重过剩的现状,通过打造一定的空间载体来探索国外资本、市场、技术与国内劳动力结合的有效模式成为这一时期改革开放的重点。1979年7月,中央批准了在广东、福建试办出口特区的请示报告。1980年5月,中央决定将出口特区更改为经济特区。国家给予经济特区比较多的经济活动自主权,对前来投资的客商在税收、土地使用费等领域给予特殊优惠和方便,实施以市场调节为主的经济活动方针,以达到依靠利用外资来实现发展的目的。由此,深圳、珠海等特区在建立之初,主要以发展"三来一补"贸易为主,在"三来一补"贸易中,合作外商负责提供机器设备、原材料、零部件和样品等,中方企业负责提供土地、厂房、劳工等,加工组装后的产品由合作外方负责进行外销,而中方企业负责收取工缴费。在补偿贸易中,外商负责提供生产技术和设备,中方企业负责生产,以返销其产品的方式分期偿付对方技术、设备价款和贷款本息。经济特区的"三来一补"贸易有效地推动了中国农村剩余劳动力向城市工业的转移,使得我国在资本、技术和市场不足的背景下实现了对外贸易比较优势的形成与发挥,并有效缓解了国家外汇的不足。随着深圳等经济特区的成功,中央决定将经济特区的成功经验由点到面在全国进行逐步推广。1984年4月,中央决定在14个港口城市设立经济技术开发区,实行经济特区的部分政策。随后又扩展到长三角、珠三角、闽东南、辽东半岛、山东半岛、海南等沿海地区,并形成了较为完整的沿海开放经济带。

2. 以建立市场经济体制为基础的攻坚阶段（1992—2000年）

1992年春天,面对国内外纷繁复杂的形势,邓小平发表了著名的南方谈话,掀起了改革开放的新高潮。为了贯彻落实小平同志南方谈话精神,该年召开的党的十四大将社会主义市场经济体制确立为改革的目标。为了把党的十四大确定的经济体制改革的目标和基本原则加以系统化、具体化,1993年11月11—14日在中国北京举行中共十四届三中全会,审议并通过了《中共中央关于建立社会主义市场经济体制若干问题的决定》。会议就全方位开放和扩大对外开放领域进行了具体而明确的部署,以引导对外开放向高层次、宽领域、纵深化方向发展。在此阶段，我国大幅下调关税至15%左右。在进一步完善特殊经济区的基础上，建立了保税区、出口加工区、边境经济技术合作区等新的经济区。同时，推动对外开放向内陆地区延伸，在中西部地区也建立了一批国家级的经济技术开发区，并使之成为区域对外开放的领头羊。依托这一时期众多特区、保税区、加工区、合作区等空间载体的作用，我国抓住了国际产业结构调整和转移的难得机遇，开始吸纳较多的发达资本主义国家的外商直接投资，承接了大量发达国家的制造业转移，跨国公司于这一时期开始了在我国大规模、系统化的投资。为配合扩大开放，国家实行了汇率上的并轨与经常项目的可兑换，实施盯住美元的汇率机制，稳定了外商投资的信心；为减少行政部门对市场的干预，通过行政机构改革大幅度裁撤了一批行业经济管理部门；完善了出口退税制度，实行了配合许可证管理制度，并按照现代企业管理制度改组了国有对外经贸企业，发展了一批国际化、实业化、集团化的综合贸易公司。

3. 全面对接WTO等国际组织的融合阶段（2001—2012年）

2001年11月27日，中国正式加入世界贸易组织。为了履行加入世界贸易组织的相关承诺，实现国内开放制度与WTO等国际组织的全面接轨，我国步入了制度性开放发展的新阶段。加入WTO以前，中国的对外开放属于政策性开放，缺乏可预测性，而加入WTO，标志着我国对外开放进入一个新阶段，是制度性开放。加入WTO意味着中国承诺遵守多边贸易规则，承诺逐步开放市场。一是由过去有限范围和有限领域的市场开放，转变为全方位的市场开放。二是由过去以单方面为主的自我开放，转变为中国与WTO成员之间双向的相互开放。三是由过去以试点为主的政策性开放，转变为在法律框架下的可预见的开放（唐任武，马骥，2008，75-75页）。按照"入世"的承诺和世界贸易组织的规则，中国修订了2300多项法律法规，清理了数十万份政府相关文件，废止了不符合WTO要求的政府文件。中国在"入世"前后所推行的制度开放与制度改革，促使中国成为更为开放的发展中大国。2005年，中国对工业品的平均法定税率为8.9%，而阿根廷、巴西、印度、印度尼西亚则分别为30.9%、27%、32.4%、36.9%。中国同意将所有的关税都制度化地固定下来，而印度仅仅固定了2/3。中国承诺将所有WTO总协议条款中涉及的服务行业都开放，只有少数世界贸易组织成员能基本满足这一标准。美国前贸易代表Charlene Barshefdky认为,中国自由化其分销体系的承诺"实际上比任何世界贸易组织成员所做的承诺都广"(劳伦·勃兰特,托马斯·罗斯基,2009,560页)。

4. 推动形成全面开放新格局的新时代(2013年至今)

2008年国际金融危机爆发以来,世界贸易增速连续多年低于世界经济增速,跨国投资直至2018年也未恢复到危机前水平,世界经济直到2017年才缓慢走出长期低速增长的调整期。以美国为首的发达资本主义国家贸易保护主义和内顾倾向有所上升,给世界经济和贸易发展蒙上了阴影。随着我国日益走近世界舞台中央,国际社会希望中国在国际事务中发挥更大作用,在应对全球性挑战中承担更多责任。与此同时,我国劳动力和主要生产要素成本持续攀升,资源和环境约束日益趋紧,生态环境承载能力接近上限,开放型经济的传统竞争优势受到削弱,传统发展模式遭遇瓶颈。

党的十九大报告提出的"推动形成全面开放新格局",是以习近平同志为核心的党中央适应经济全球化新趋势、准确判断国际形势新变化、深刻把握国内改革发展新要求做出的重大战略部署。明确了新时代的开放理念、开放战略、开放目标、开放布局、开放动力、开放方式等,规划了今后一个时期对外开放的路线图,在扎实推进"一带一路"建设,加快贸易强国建设,改善外商投资环境,优化区域开放布局,创新对外投资合作方式,促进贸易和投资自由化、便利化等方面推出了一系列新任务、新举措(汪洋,2017)。

三、在融入全球经济发展大势中奠定开放型大国地位

1. 中国已成为世界贸易大国

改革开放以来,我国经济持续快速发展,对外贸易规模不断扩大。1978—2016年,我国的对外贸易依存度从1978年的9.65%上升为2016年的37%。我国货物贸易额占世界贸易总额的比重从0.8%上升到14%[1],在世界贸易中排名从第32位跃居第2位。其中出口总额以20982亿美元位列第1,远远超过美国;进口总额以15874亿美元排在第2,仅次于美国(见表2-1,表

---

[1] 王子先主编:《对外开放与对外经贸30年》,经济理论出版社,2008。

2-2）。在出口产品中，中国的农产品、化工产品出口份额居世界前3名，办公和通信设备、纺织品、服装出口份额居世界第1位。在服务贸易领域，中国2016年的贸易总额达到6571亿美元，规模居世界第2位。

表2-1　2016年世界出口总额前5名

国家	排名	出口总额/亿美元	占世界出口总额比重/%
中国	1	20982	13.2
美国	2	14546	9.1
德国	3	13396	8.4
日本	4	6449	4.0
荷兰	5	5697	3.6

资料来源：《国际统计年鉴2017》。

表2-2　2016年世界进口总额前5名

国家	排名	进口总额/亿美元	占世界进口总额比重/%
美国	1	22514	13.9
中国	2	15874	9.8
德国	3	10549	6.5
英国	4	6358	3.9
日本	5	6069	3.7

资料来源：《国际统计年鉴2017》。

贸易方式、结构不断优化。1981—2016年，中国的一般贸易进出口总额从411.66亿美元增加到2.03万亿美元，占我国进出口总额的55.1%。加工贸易进出口总额从1980年的16.66亿美元增加到2016年的1.11万亿美元，其占比经历了从小到大再到小的历程。1996年，加工贸易进出口比重首次超过一般贸易，2008年金融危机爆发前曾占据中国贸易的半壁江山，2008年以来随着中国经济的转型升级，加工贸易进出口比重下降至2016年的30.2%。从出口商品的结构来看，20世纪80年代，我国出口增加额的60%以上依靠纺织品和轻工产品等劳动密集型产品。20世纪90年代，机电产品的出口比重大大提高，由1980年的8.6%提高到54%以上。进入21世纪，工业制成品、高新技术产品成为出口高增长的新动力，其出口比重逐年提高（见图2-1）。

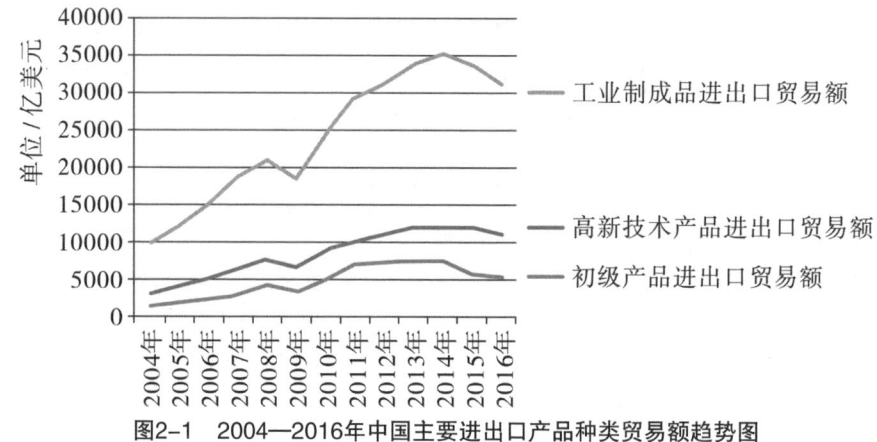

图2-1　2004—2016年中国主要进出口产品种类贸易额趋势图

资料来源：国家统计局。

2. 中国已成为世界投资大国

改革开放以来，随着我国制度环境的不断改善，贸易投资自由化和便利化的程度不断提升，有着丰裕的劳动力等各类要素资源、高储蓄率和大市场规模的中国逐渐成为外商直接投资的热土。根据联合国贸发会议发布的《2016年世界投资报告》，2016年中国实际使用外资达到1260亿美元，中国是全球第二受欢迎的投资目的地。改革开放40年来，外资已经成为中国经济的重要组成部分，外资企业进出口占比接近贸易总额的50%、工业产值的25%、税收的20%、就业的10%以上[①]。外商直接投资不仅给中国带来了急需的资本、技术和管理知识，而且使中国经济得以嵌入高效的跨国公司全球生产网络和区域生产链条之中，中国由此成为融入全球化进程的主要受惠国之一。从侧面来看，中国也成为国际过剩资本获取资本增值的重要来源国之一，国际资本通过投资中国分享了中国经济发展转型的巨大红利。

中国也成为对外投资大国。长期以来，我国的外向型经济以吸引外商直接投资、带动出口创汇、提升国际储备为主要特征，我国是国际直接投资的吸引国而非输出国。尽管中国的对外直接投资起步于20世纪80年代末，但相比于外商在华直接投资却发展缓慢。金融危机后，随着中国企业全球布局的加快，中国的对外直接投资开始快速增长。2016年对外投资净流出超过

---

① 海外网：《2017年中国吸引外商直接投资世界第二》，http://news.ifeng.com/a/20180306/56504747_0.shtml。

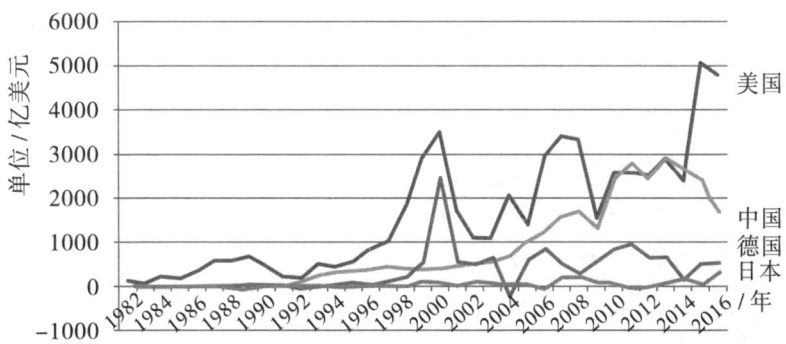

图2-2 中国与主要发达经济体的外商直接投资净流入对比（现价美元）

资料来源：世界银行数据库。

外商投资净流入，对外直接投资流量位列世界第2（见图2-3，表2-3）。截至2016年底，中国2.44万家境内投资者在境外共设立对外直接投资企业72万家，分布在全球190个国家和地区，遍布全球超过80%的国家和地区。"一带一路"沿线国家和地区成为中国扩大对外投资的重要方向，截至2016年末，我国企业已在"一带一路"沿线20个国家建设了56个经贸合作区，累计投资超过185亿美元，为东道国创造了近11亿美元的税收和18万个就业岗位[①]。

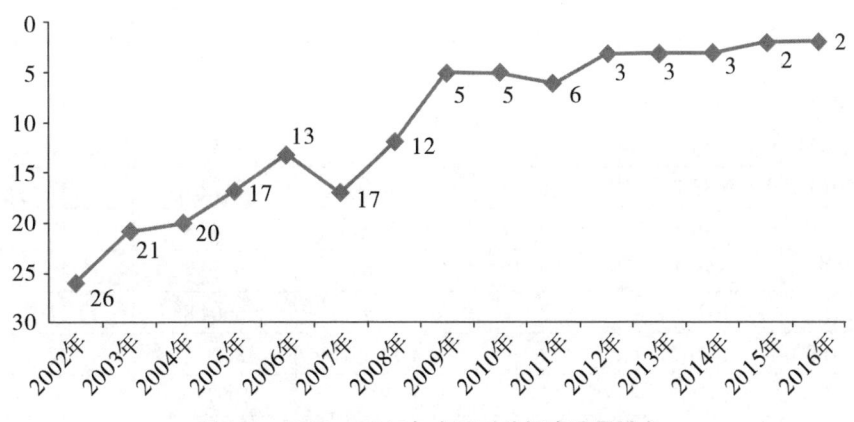

图2-3 2002—2016年中国对外投资流量排名

资料来源：《2016年世界投资报告》。

---

①解放军报：《"一带一路"：从中国倡议到国际共识》，www.scio.gov.cn。

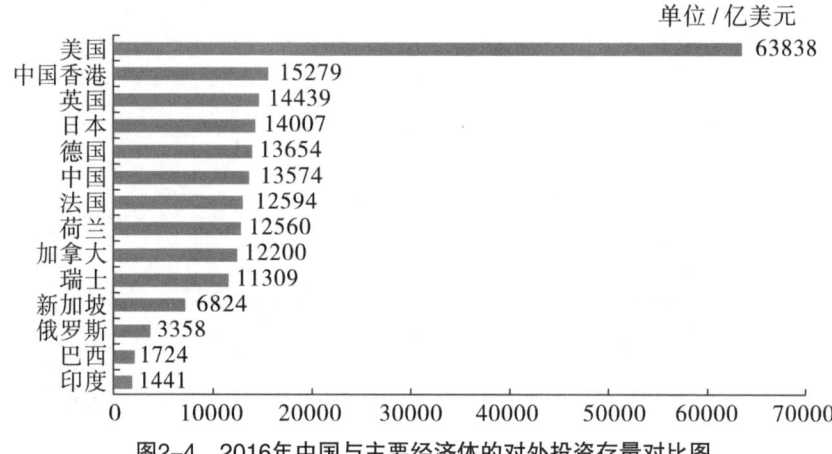

图2-4 2016年中国与主要经济体的对外投资存量对比图

资料来源：《2016年世界投资报告》。

表2-3 中国建立对外直接投资统计制度以来各年份对外直接投资统计结果

年份	流量			存量	
	金额/亿美元	全球位次	同比/%	金额/亿美元	全球位次
2002	27.0	26	—	299.0	25
2003	28.5	21	5.6	332.0	25
2004	55.0	20	93.0	448.0	27
2005	122.6	17	122.9	572.0	24
2006	211.6	13	43.8	906.3	23
2007	265.1	17	25.3	1179.1	22
2008	559.1	12	110.9	1839.7	18
2009	565.3	5	1.1	2457.5	16
2010	688.1	5	21.7	3172.1	17
2011	746.5	6	8.5	4247.8	13
2012	878.0	3	17.6	5319.4	13
2013	1078.4	3	22.8	6604.8	11
2014	1231.2	3	14.2	8826.4	8
2015	1456.7	2	18.3	10978.6	8
2016	1961.5	2	34.7	13573.9	6

注：1. 2002—2005年数据为中国对外非金融类直接投资数据，2006—2016年为全行业对外直接投资数据。

2. 2006年同比为对外非金融类直接投资比值。

资料来源：《2016年世界投资报告》。

3. 人民币国际化程度大幅提升

国际金融危机之后，我国结合外贸与投资规模及国际上对中国经济稳步高速发展的良好预期，适时启动了人民币国际化进程。经过8年左右的发展，人民币的国际化程度大幅提升，连续6年成为中国第二大跨境收付货币。2016年人民币被正式纳入特别提款权（SDR）货币篮子，这是人民币国际化道路上的重要里程碑。2016年，跨境人民币结算规模为5.23万亿元，占同期本外币跨境收付金额的比重为25.2%，而在6年前这一规模仅仅为3501亿元，短短6年增长了14倍。根据央行发布的《2017年人民币国际化报告》，截至2016年底，人民币已成为全球第六大支付货币，市场占有率为1.68%。根据IMF数据，截至2017年9月末，人民币占全球外汇储备的比重为1.12%，占比保持快速上升态势。此外，目前已有新加坡、菲律宾、俄罗斯、阿根廷等超过60个国家和地区将人民币纳入外汇储备，而在5年前这个数字几乎为零。香港人民币离岸市场和人民币国际化的基础设施建设得到快速推进，香港已经成为全球处理人民币跨境贸易结算、支付的最主要枢纽。2016年，香港人民币实时全额支付系统（RTGS）清算额达202万亿元人民币，在香港进行的人民币支付量占全球的比重约为七成。截至2016年末，中国人民银行与36个国家和地区的中央银行或货币当局签署的双边本币互换协议总规模超过3.3万亿元人民币；在23个国家和地区建立了人民币清算安排，覆

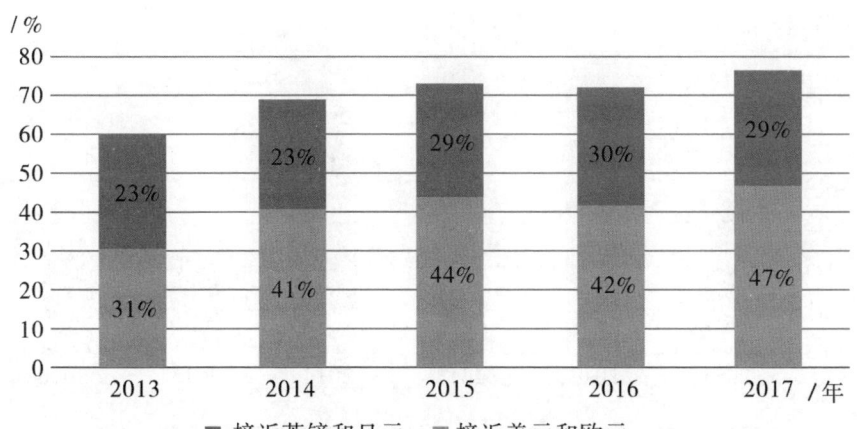

图2-5 市场主体对人民币国际货币地位的预期

资料来源：《中国银行2017年度人民币国际化白皮书》。

盖东南亚、欧洲、中东、美洲、大洋洲和非洲等地，便利境外主体持有和使用人民币。

4. 参与并引领经济全球化的能力逐步提升

1980年4月和5月，我国先后恢复了在国际货币基金组织和世界银行中的合法席位。2001年，我国加入世界贸易组织，以更加积极的姿态参与国际经济合作，通过积极兑现"入世"承诺，不断扩大市场开放范围，在推动贸易投资自由化和便利化方面发挥了良好的示范效应，同时，积极参与多边贸易规则谈判，在多边贸易体制中发挥了建设性作用。20世纪90年代以来，我国参与了亚太经合组织、上海合作组织、亚欧会议和大湄公河次区域等区域性或次区域经济合作，发挥了重要作用。2003年以来，我国自贸区建设（签订不同类型的自由贸易协定）从无到有，迄今已与亚洲、大洋洲、拉丁美洲、欧洲、非洲的多个国家和地区建设了一批自贸区，如中国—东盟自贸区、中国—智利自贸区、中国—巴基斯坦自贸区、中国—新西兰自贸区、中国—瑞士自贸区等，促进了双边与多边贸易、投资和经济技术合作的大幅度增长。2013年，我国在上海设立了首个自由贸易试验区（类似自由区的自由贸易园区或自由贸易港区，但肩负推动新一轮改革开放的新使命），积极探索负面清单管理和准入前国民待遇的新模式，致力于培育面向全球的竞争新优势，

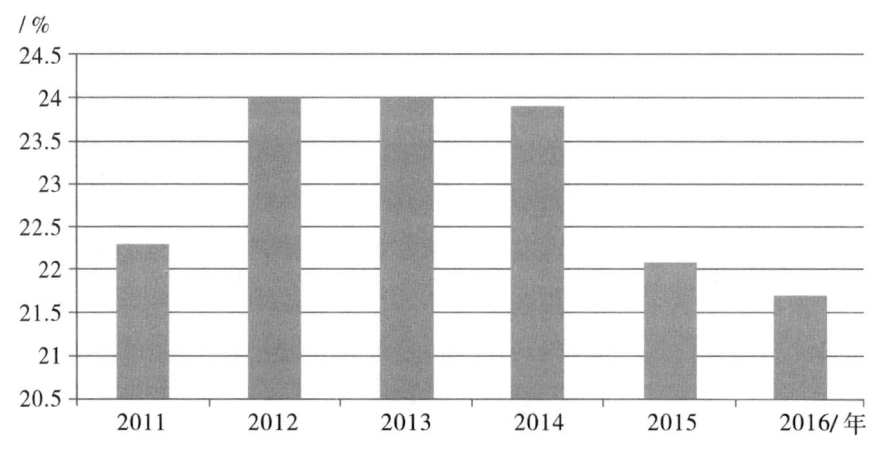

图2-6 2011—2016年"一带一路"沿线国家贸易占全球贸易份额

资料来源：《"一带一路"贸易合作大数据报告（2017）》。

构建与各国合作发展的新平台，进一步促进国际经济合作[①]。随着自身国际地位和影响的不断提升，中国在向国际社会展现自身历史文化传统和智慧的同时，也越来越多地向国际社会提供公共产品。2013年中国提出的"一带一路"倡议得到了国际社会的广泛响应和支持，已经成为中国制订和主导的、覆盖全球因而影响深远的世界性的经济振兴与合作共赢计划。而中国发起成立的亚洲基础设施投资银行同样得到了新兴国家及很多发达国家的积极支持和参与。总之，无论从经济上还是政治上或是国际影响力上看，中国都在通过自身的方式和途径逐渐成为名副其实的发展中的世界大国。

第二节　中国对外开放的基本特征

大国经济具有国内需求的规模性与稳定性、要素禀赋的异质性与适应性、产业部门的完整性与独立性、区域经济的差异性与互补性、经济结构的多元性与层次性、制度创新的实验性与渐进性等特征（欧阳峣，2012）[②]。中国的对外开放之所以能够促使国家走向富强，很大程度上是立足于中国的大国特殊国情，把握住了经济全球化和世界性科技革命的外部机遇，积极参与国际分工和专业化生产格局，是大国人口多、市场大、回旋余地大的优势成功转化为综合国力和国际竞争优势之路；是全面深化市场化改革、主动与国际同行规则接轨之路；是在落后中追赶、追赶中赶超、赶超中创新的奋进之路。总之，我国的对外开放始终与本国的国情和世界开放大势紧密结合在一起，走了一条具有中国特色的社会主义之路，具有独特的模式与经验。

一、依托经济大国的规模优势

理论上，市场规模越大，则本土市场效应越强，该区域在集聚全球流动

[①]国家统计局：《新中国65周年》，2014，第35—36页，http：//www.stats.gov.cn/tjzs/tjbk/201502/P020150213481078341062.pdf。

[②]欧阳峣、生延超、易先忠：《大国经济发展的典型化特征》，《经济理论与经济管理》2012年第5期。

要素中的吸引力越大。我国是发展中、转型中的社会主义大国，这决定了我国必须从具体国情、国力出发，探索符合大国特性的对外开放模式。针对我国人口众多、劳动力资源丰富、人均资源较少、经济总量大的实际情况，我们率先发展了外向型劳动密集型制造业，积极利用外商投资和华侨投资，大规模引进外国先进技术、管理经验和人才，加强与港澳台企业和海外华人企业的合作交流，承接国际产业转移，大力发展加工贸易，有力带动了对外贸易、国内产业和国民经济的发展。依托庞大人口规模所形成的内需市场，我们坚持扩大对外开放与扩大内需并重的方针，使巨大的国内市场成为引进外资、扩大外贸与打造全球价值链的坚实基础和雄厚支撑，动态地提升了我国产品和服务的国际竞争力。一方面，国内消费动态升级带动产业转型升级，进而推动出口主导产业的更新换代。另一方面，国内工业化、高级化和国际化进程的推进也加速提升了我国的制成品贸易规模和品质，推动我国成为"世界制造中心"。事实证明，依托大国巨大的市场规模，能够有效地集聚外来生产要素并形成内生的发展演进机制。大国丰富的市场需求促使商品在国际市场上同样具备竞争力。

二、发挥市场在资源配置中的决定性作用

改革开放40年来，我国经济经历了双重转型：从农业社会向工业社会转型，从计划经济向社会主义市场经济转型。转型之路也是中国特色社会主义市场经济体制建立和完善之路。通过经济体制改革建立的社会主义市场经济体制激发了社会各界的活力和创造力，促进了资源的优化配置，释放了经济的潜力，助力"中国经济奇迹"的诞生。总体来看，改革和开放是中国40年发展的两大核心动力。我国的对外开放是在国内外贸体制机制的市场化改革探索中不断成长壮大的。在通过开放培育市场要素阶段，国家致力于改变过去高度集中的外贸管理体制，打破外贸专业公司垄断经营的局面，在全行业实行承包经营责任制，鼓励设立出口型和技术先进型外商投资企业，调动各方面发展外贸的积极性。1991年，国家取消了对出口的财政补贴，建立外贸企业自负盈亏的新机制。1994年，以汇率并轨为标志，建立了有管理的单一浮动汇率制度，在通过市场手段稳定汇率的基础上稳定了国内外市场对中

国的投资预期。随着外贸经营权由审批制向登记制过渡以及进出口指令性计划的取消、对部分出口商品配额的公开招标,中国外贸的市场化进程不断加快。2001年中国加入世界贸易组织以后,外贸外资制度与国际接轨,关税大幅降低,更多的政府与国企垄断领域向民间和外资开放,有效调动了民间资本和外资的积极性,提高了中国市场化的程度和对国内外资源的配置效率,由此促进了中国外经贸的快速发展。

三、在空间上以点带面逐步推进

鉴于我国国土面积辽阔的特点,自改革开放以来到现在,我国在空间上采取了区域开放,梯次推进,逐步拓展的开放发展战略。在这种递推式的发展逻辑模式下,中国自改革开放以来经历了由点到线,由线到面逐步形成立体开放的发展进程。从1980年创办经济特区,到1984年开放14个沿海城市①,再到1985年进一步扩大沿海开放区域及随后的上海浦东、沿边、沿岸、省会城市、滨海新区等,我国初步形成了沿边、沿江、沿海及内陆省会

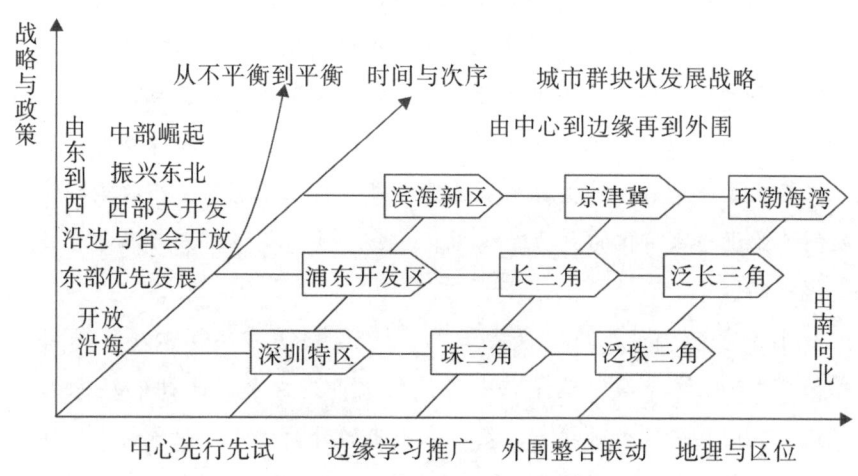

图2-7 改革开放以来中国区域经济发展的空间格局

资料来源:孙海鸣、张学良(2011)。

---

①大连、秦皇岛、天津、烟台、青岛、连云港、南通、上海、宁波、温州、福州、广州、湛江、北海等14个城市。

城市的全面开放。在2001年加入世贸组织之后，我国已形成全面开放的基本格局。区域梯次开放战略，促使沿海的深圳、上海、天津等中心城市在国家的改革开放进程中发挥了对外开放的窗口和改革试验基地的作用，并得以率先发展。各种类型的特殊功能区立足自身定位，不断加快发展，成为中国经济最具活力及潜力的增长点，带动了所在城市和地区的产业结构调整和经济社会观念的转变。中国特殊功能区域的实践，探索出了一条在经济全球化背景下集约利用土地资源，吸收国际资金推进新型工业化与城市化的成功道路。在区域梯次开放战略的指引下，人口、产业、资金、技术等生产要素先是向这些具有政策优势和地理优势的中心城市的特殊功能区域进行集中，然后借助于交通一体化程度提高下的区际贸易成本和时间成本的降低，人口、产业、资金、技术等生产要素开始向周边沿主要交通干线进行扩散，最终形成了以点带面的空间开放格局（见图2-7）。

专栏：
中国对外开放进程中的特殊功能区域

各种特殊功能区域在国家的改革开放进程中发挥了对外开放的窗口和改革试验基地的作用，并得以率先发展。各种类型的特殊功能区域立足自身定位，不断加快发展，成为中国经济最具活力及潜力的增长点，带动了所在城市和地区的产业结构调整和经济社会观念的转变。中国特殊功能区域的实践，探索出了一条在经济全球化背景下集约利用土地资源，吸收国际资金推进新型工业化与城市化的成功道路。

经济特区

邓小平主张先种几块"试验田"。1980年8月建立了深圳、珠海、汕头、厦门4个经济特区，这不仅是经济的大开发，更是思想和观念的大解放。此后我国第一家外资银行、第一家上市的外商投资企业等都出现在经济特区。1988年4月，海南建省并办经济特区。1990年4月，上海浦东新区实行经济特区优惠政策。2005年，上海浦东新区进行综合改革试点，同时天津滨海新区综合改革试点也在不断推进。截至2018年5月，国家级新区共有19个。

国家经济技术开发区

经济技术开发区是经济特区成功经验的复制推广。1984年3月，中央召开沿海部分城市座谈会，决定开放14个沿海港口城市，明确提出有些城市可以"划定一个有明确地域的区域，兴办新的经济技术开发区"[①]。截至2018年7月，商务部网站认定的国家级经济技术开发区为219个。

高新技术开发区

科技和体制创新是我国区域对外开放和对外经济贸易发展的重要特征。1988年5月，中关村科技园区成立，这标志着国家级的北京市新技术产业开发试验区设立。截至2018年5月，国家级高新技术产业开发区共有168个。

海关特殊监管区域

发展保税物流、保税加工等新兴贸易方式是我国对外经济贸易"干中学"的重要形式。1990年6月，上海外高桥保税区成立，这标志着中国海关特殊监管区域的改革正式起步。从那以后，我国先后设立了保税区、出口加工区、保税物流园区、跨境工业园区、保税港区、综合保税区等海关特殊监管区域。目前，全球跨境运输集装箱吞吐量最大的前30个港口，中国占10个，它们分布在东部沿海地区的四大经济带。分别是以香港、深圳、广州为区域国际航运中心的大珠三角地区；以上海、宁波、舟山为区域国际航运中心的长三角地区；以天津、大连、青岛为区域国际航运中心的环渤海地区；以厦门、高雄为区域国际航运中心的海峡两岸地区。在对外开放促进经济发展和体制改革的背景下，这些地区率先进入经济国际化、新兴工业化、规范市场化、加速城镇化的发展新阶段[②]。

自由贸易试验区

中国（上海）自由贸易试验区于2013年9月29日在上海正式挂牌，标志着新一轮改革开放的号角正式吹响。自贸区建立的深远意义在于以开放促改革。中国目前的经济体制症结在于政府和市场的关系。政府对市场价格干预太多，政府对经济活动的直接控制太强。上海自贸区的核心是制度改革和创新，包括深化行政管理体制改革、扩大服务业开放、探索建立负面清单管理

[①] 隆国强主编：《构建开放型经济新体制：中国对外开放40年》，广东经济出版社，2017，第284页。

[②] 国家发展和改革委员会对外经济研究所：《中国经济国际化进程》，人民出版社，2009。

模式、金融制度创新和税制环境改善等改革举措。上海自贸区的经验可复制可推广，截至2018年，全国共有11个自贸区，分布在广东、天津、福建、辽宁、浙江、河南、湖北、重庆、四川、陕西、海南。

四、从效率优先转向兼顾公平

1979年邓小平提出了"两个大局"的理论构想："沿海地区要加快对外开放，使这个拥有两亿人口的广大地带较快地先发展起来，从而带动内地更好地发展，这是一个事关大局的问题。内地要顾全这个大局。反过来，发展到一定时候，又要求沿海拿出更多力量来帮助内地发展，这也是个大局。那时沿海也要服从这个大局。"① 改革开放以来，公平在区域发展的战略目标取向中逐步受到重视。我国的对外开放政策在发展东部沿海区域的同时，重视沿边地区开放和内陆省区开放。1992年3—7月，国务院先后决定开放13个沿边城市。对沿边城市实施放权与优惠政策，推动其快速发展。1992年6月和7月，中央决定将内陆18个省会和区首府城市对外开放，享受东部沿海开放城市的优惠待遇。新时期，我国倡导的"一带一路"倡议将提升西部地区对外开放的水平，从而加快西部地区的发展。同时，还将促进我国内陆地区形成新的经济增长点和热点区域，推动内陆地区发展，通过改善我国西北和西南地区的区位条件，解决区域发展的不平衡问题。

五、调动了地方发展的积极性

通过适当分权调动地方的积极性成为对外开放的成功经验之一。为了推动地方政府扩大出口，中央采取了以下措施：一是放开一部分外贸审批权并试行外贸承包制及外汇留成制等方式；二是实行中央与地方的财政分税制度，充分发挥地方在发展外向型经济中的作用，积极利用外资，发展出口贸易，如此既可以为地方政府扩大税基，增加财政收入，也可以扩大地方的就业与经济发展规模，提升地方企业融入全球市场的能力，形成循环累积因果

---

① 邓小平：《邓小平文选》（第3卷），人民出版社，1993。

效应。此外，在以GDP为考核基础的官员晋升竞赛的体制下，地方政府干预经济的能力在分税制和先行金融体制下得以大幅增强，在投资的冲动下造就了大规模的生产能力，在国内市场有限的情况下迫使地方积极融入全球化进程，大力拓展国际市场，并在国际市场竞争中重塑区域的竞争新优势（张燕生，2008）。

第三节　中国对外开放的机遇和挑战

当前，世界正处于大发展、大变革、大调整时期，我国经济正处在转变发展方式、优化经济结构、转换增长动力的攻关期，对外开放面临的国内外形势正在发生深刻复杂的变化，机遇前所未有，挑战前所未有，机遇大于挑战。

一、中国对外开放面临的新机遇

国际金融危机爆发后，世界经济进入大调整、大转型时代。世界经济的新变化将给我国带来加速技术进步与产业结构升级的新机遇。

1. 大国优势为我国集聚全球高端资源要素与产业带来新机遇

从理论上看，大国本土市场效应的发挥，需要借助较高的贸易自由化与投资便利化水平，未来通过对外开放体制在制度上与国际惯例的接轨，拓展对外开放的领域与层次，才能进一步提升国家在集聚全球人员、资金、产业等要素中的地位，为国家集聚全球资源，增强全球竞争力打下坚实的基础。作为世界第二大经济体，在全球经济下行的大环境下中国经济依旧保持了中高速增长。金融危机爆发后的2009—2017年这8年里，中国对世界经济增长的贡献率保持在30%以上，全球经济低迷突显中国经济的良好前景，促使跨国公司更加重视中国巨大的本土市场和人力资源、基础设施、配套产业等新优势，加速把研发、地区总部、先进制造业等更高技术含量、更高附加值的产业活动向我国转移，高端人才等生产要素也将加速流向我国，有利于我国通过"引进来"提升技术水平和国际分工地位。另外，大国市场和发展潜力，也为创造中国企业"走出去"的良好贸易投资条件奠定了坚实基础。

2. 全球新科技革命将为我国实现新旧动能转换创造新条件

新一轮科技革命和产业变革蓄势待发，新技术、新产业、新业态和新模式层出不穷。新一代信息技术在进一步提升信息流动效率的同时也降低了信息的流动成本，增强了全球不同空间的信息交流能力。新的航空、航运与高铁技术的广泛应用，大幅度降低了人员、货物在全球流动的时空成本和运输成本；信息化、智能化、高端装备等生产领域的技术变革，为企业跨区域的生产组织和供应链管理提供了新的便利条件。新业态、新模式将为我国企业整合全球资源，实现新旧动能转换，带来前所未有的历史机遇。第一，金融危机冲击下的发达经济体为我国企业提供了海外低成本并购获取技术、研发能力、国际品牌、国际销售渠道的难得机遇。然而，随之而来的贸易和投资保护主义也为我国企业开展海外并购制造了更多的制度和规则障碍。第二，通过利用国际国内两种资源，把握住全球性新技术研发创新热潮，将改善我国的创新环境，不仅能实现传统产业实力的大幅提升，而且能在新技术和新产业的国际竞争中争得一席之地。同时，技术主权、知识产权保护以及信息网络控制成为难以逾越的新的技术和信息鸿沟。第三，以跨境大型零售商为核心的贸易模式将逐渐为生产者与消费者的联系更为直接的跨境电子商务模式所取代，未来以电子商务平台为核心连接整合整个生产与供应链体系的跨境贸易将成为全球贸易的主要模式。由于我国在跨境电子商务上已经形成了较为明显的优势，因此未来制造大国与电子商务大国的结合，将有利于我国产品出口业务的全球拓展，并提升我国制成品在全球的话语权。

3. 对外投资将为我国形成全面开放新格局创造新机遇

金融危机以来，全球主要国家寄望通过投资的增加推动经济的复苏。如2017年美国新上台的总统特朗普明确提出其任内要实施的1万亿美元基础设施建设计划，并力图通过税收的减免来促进制造业的再振兴。发展中国家正处于工业化和城市化发展的快速期，在城市化、基础设施、制造业领域也有着较大的投资需求，也希望借助外来投资以实现自身基础设施的改善。依据20国集团全球基础设施中心的预测，2030年全球基础设施投资市场将存在10万亿~20万亿美元的投资缺口，未来3~5年寻求在新兴市场基础设施领域投资的投资者数量会翻倍。2013年，在中国的主导下设立了亚洲基础设施投资银行，致力于为发展中国家提供基础设施领域的投资，其能得到世界多数国家的支持，原因也在于此。发达国家更新基础设施和新兴经济体建设基础设施，将带来全球性的基础设施建设热潮，这有利于我国扩大海外工程承包并带动我国机械、设备等高附加值制成品的出口。同时，新兴经济体推进城市化、工业化也为我国具有国际竞争力的发电设备、建筑机械、运输设备等资本品提供日益广阔的市场需求，带动我国的出口结构升级。

4. "一带一路"倡议将为我国构建开放型经济新体系带来新机遇

"一带一路"建设是我国扩大对外开放的重大战略举措，也是今后一段时期对外开放的工作重点。2014—2016年，我国对"一带一路"沿线国家进出口额达3.1万亿美元，占同期外贸总额的1/4以上；对沿线国家直接投资近500亿美元，占同期对外直接投资总额的1/10左右。"一带一路"倡议涉及的国家较多，从涉及的发展中国家来看，其普遍面临着工业化和城市化的双重问题，在发展上既需要外部的资金，又需要外部的技术，同时也需要外部的经验。从沿线发达国家来看，金融危机和欧债危机爆发以来，"一带一路"沿线的发达国家在外需市场不足、自身经济复苏缓慢的背景下，也迫切需要进一步打开中国市场和引入中国资金来推动自身的经济发展。因此，"一带一路"倡议得到了发达国家和发展中国家的普遍重视。随着"一带一路"倡议的逐渐落实，一是将为我国国际产能合作带来新机遇，推动中国装备、技术、服务和标准一体化"走出去"；二是能进一步提升我国内陆地区特别是中西部地区的对外开放水平，优化我国区域开放的空间格局，促进区域的均衡发展，带来新的发展机遇；三是有利于形成向发达国家开放和向发展中国家开放并重的开放新格局，实现出口市场多元化、进口来源多元化、投资合作伙伴多元化；四是有助于提升我国在全球经济治理体系中的制度性话语权。

二、中国对外开放面对的新挑战

近年来，世界经济疲弱，发展失衡、治理困境、公平赤字等问题更加突出，反全球化思潮涌动，保护主义和内顾倾向有所上升，给世界经济贸易发展蒙上了阴影。

1. "逆全球化"成为现阶段国际环境的新现象

金融危机爆发以来，作为经济全球化和区域一体化象征的要素跨国流动明显开始趋缓，改变了20多年来全球贸易投资持续上升的局面。从国际直接投资看，无论总量还是增速均未恢复至2007年的水平。从货物与服务贸易增长看，贸易增速（除2010年外）不仅低于危机前水平，也低于GDP增速水平（见图2-8）。从跨国移民看，发达国家承接的国际移民量在减少，而发展中国家人口的流出也呈递减态势。虽然这次危机爆发已过了11年，但世界

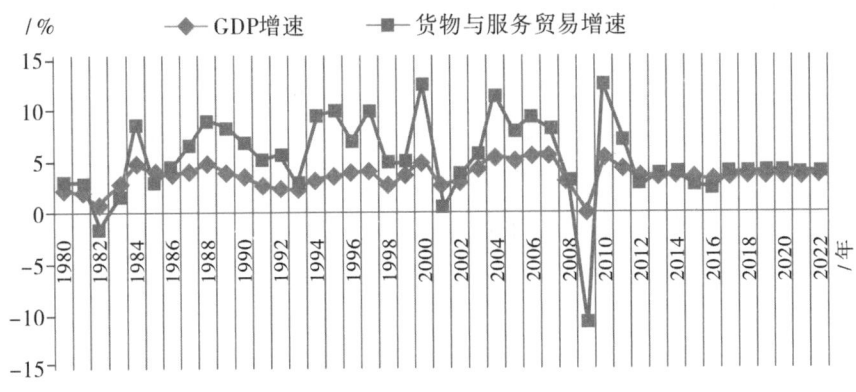

图2-8 世界GDP增速与货物、服务贸易增速

数据来源：IMF。

备注：2017年之后为IMF预测值。

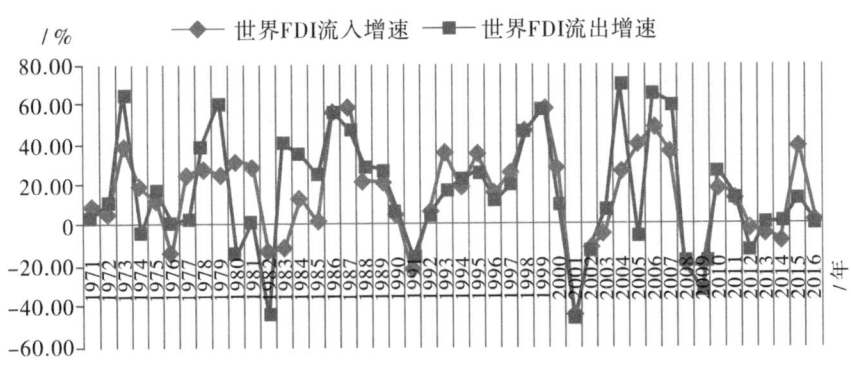

图2-9 1971—2016年世界FDI流入增速与流出增速

数据来源：联合国贸发组织数据库。

经济复苏仍未踏上坚实的道路。世界经济陷入"低增长、低通胀、高失业、高负债"的局面。与此同时，西方发达国家原有的开放政策也开始转变，基于本国优先的口号，经济上的贸易保护主义、社会上的排外主义和政治上的保守主义开始重新抬头，区域经济一体化趋势也在英国"脱欧"、美国退出TPP之后开始分化。中国的出口贸易额在此期间也出现严重下滑，外向型经济转向构建开放型经济新体制。

2. 美国挑起贸易摩擦对我国扩大对外开放形成较大压力

尽管自中国加入世贸组织以来，围绕中美之间贸易不平衡的各种摩擦层出不穷，但始终保持着曲折发展的势头。自特朗普政府上台以来，美国国内贸易保护主义强势回流，美国对中国开始实施较强的战略遏制政策。2017年，中国向美国出口商品4298亿美元，占中国全年商品总出口的19%；美国向中国出口商品1539亿美元，占美国全年商品总出口的10%。2018年3月以来，中美贸易摩擦全面升级，美国连续多次对中国出口商品实施高额关税政策。2018年7月5日，美国正式开始对340亿美元的中国产品加征25%的关税，7月11日，美国贸易代表办公室又公布了对2000亿美元中国输美产品征收关税的建议产品清单。除此之外，2017年以来，欧盟也对中国生产的钢铁类产品、自行车、食品和烫衣板等53种商品征收惩罚性关税，平均税率高达45.6%。欧美等发达国家和地区对中国所实施的贸易保护政策，将在一定程度上限制中国出口规模的持续增长，对我国形成较大的出口压力。

3. 新兴市场和发展中国家面对全球经济不确定性增大形成的外部冲击挑战

近年来，越来越多的发展中国家学习东亚出口导向型战略的成功经验，开始进入劳动密集型产业的国际市场，在我国具有传统优势的领域展开竞争，一些国家正在蚕食我国的市场份额。例如，耐克运动鞋曾经主要是由中国代工出口，目前，中国的份额已经下降到不足一半。从数据分析看，与其他发展中国家相比，我国初级产品、资源类产品的竞争优势已经明显恶化，低技术制成品的竞争优势对部分发展中国家相对减弱（隆国强等，2013）。

三、探索中国扩大对外开放的新方向和新路径

中国应以更大力度的开放和创新，推动形成陆海内外联动、东西双向互济的全面开放格局。这种由沿海到内陆，由东向链接欧美发达市场到西向对接更多发展中国家的全方位开放，既是中国作为全球第二大经济体在全球价值链分工中的大国责任，同时也是中国促进全球区域发展均衡，推动"一带一路"国际合作平台共商、共建、共享的需要。在全球渴求新的大规模市场的时刻，中国以开放的心态和务实的努力，以及共赢、包容、平等、普惠的原则处理国际贸易和投资问题，是中国传统智慧参与新型国际治理，并倡导国际新秩序的一种努力。同时，中国巨大的内需市场对外深度开放，本身也为全球经济与贸易再平衡注入了新动力和新希望。

1. 稳妥推进"一带一路"倡议

在引领经济全球化向更加包容、普惠方向发展的迫切性日益上升的当下，以"打造开放、包容、均衡、普惠的区域经济合作架构"为目标的"一带一路"建设，必将为经济全球化继续深入发展带来新的哲学思维，推动经济全球化进入包容性新时代。当前中国正在积极推动"一带一路"倡议。"一带一路"倡议涉及的国家较多，从涉及的发展中国家来看，其普遍面临着工业化和城市化的双重问题，在发展上既需要外部的资金，又需要外部的技术，同时也需要外部的经验。从涉及的发达国家来看，金融危机与欧债危机爆发以来，"一带一路"沿线的发达国家需要扩大对外出口和引进外资来加快其经济复苏进程。在这一背景之下，我国推进"一带一路"倡议，在包容性全球化的理念与"共商、共建、共享"原则下，一是要围绕沿线发展中国家发展需求，通过出口技术、设备、基础设施及输出园区建设经验等，逐步形成与"一带一路"沿线国家的差异化发展，在必要时适当扩大贸易赤字使我国成为其产品的重要市场。二是把更多欠发达地区带入现代化的基础设施网络之中，并为它们带来更多的经济发展机遇。三是要加大对欧盟等区域的投资力度，通过并购其制造业中小企业、在当地打造衔接我国的跨境电子商务贸易网络、投资于基础设施建设与运营等，在服务欧盟市场、促进欧盟发展的同时，增强我国企业在欧盟市场中的渠道建设能力与定价能力。四是加强对"一带一路"建设的金融支持。在亚投行、丝路基金、金砖银行等双

边或多边新型金融机构的基础上,继续扩大人民币的跨境使用范围和建设跨境支付系统,推动银行卡清算机构开展跨境清算业务,加快开展人民币离岸市场建设,扩大人民币的境外境内回流循环进程[①]。积极推进人民币市场化、国际化和汇率市场化进程,逐步增强人民币汇率双向波动的弹性,实现资本账户可兑换,扩大人民币的跨境使用范围,提升人民币的国际影响力。五是依托自贸区、"一带一路"建设与大国规模优势,通过全面开放服务业市场与逆向服务外包战略,整合全球优质智力资源,在促进沿线国家共享中国经济发展的同时,为建立以服务中国消费市场为主的全球价值链分工体系做好铺垫。

2. 培育国际竞争新优势

当前,新一轮科技革命和产业变革蓄势待发,在全球范围内,新技术、新产业、新业态、新模式蓬勃发展。未来,我国应顺应全球产业升级和布局调整趋势,从追求规模速度向追求质量效益转变,积极拓展对外贸易,实施外贸优进优出战略,大力发展跨境电子商务贸易、市场采购贸易等新业态、新模式,努力建设贸易强国。同时,我国也将围绕国家价值链的打造,实施积极的进口政策,通过采取商签自贸协定、举办进口产品博览会等方式,向全球进一步扩大市场开放,构筑以服务我国市场为主的跨境价值链体系。一是加快推动货物贸易优化升级,加快推动外贸转型升级基地、贸易平台、国际营销网络建设,鼓励高新技术、装备制造、品牌产品出口,引导加工贸易转型升级。二是促进服务贸易创新发展,鼓励文化、旅游、建筑、软件、研发设计等服务出口,大力发展服务外包,打造"中国服务"国家品牌。三是围绕中国企业在拓展国外市场中的资金、技术、渠道、人才、品牌等问题,实施积极有效的扶持政策,提升货物和服务产品的技术创新能力,扩大企业产品在国际市场上的规模。四是培育贸易新业态、新模式,加大对跨境电子商务、市场采购贸易、外贸综合服务等新的国际贸易业态的扶持力度,打造外贸新的增长点,在新的网络化销售模式与业态中提升我国制成品的话语权。五是利用好大国市场优势,通过签署双边或多边贸易协定,为我国企业

---

① 该金融观点参考中国民生银行研究院课题组:《我国改革开放40年辉煌成就的经济学原理分析及启示》,2018年5月。

开拓国际市场创造更大空间。六是着眼于国内城镇化进程中的高端需求，推动中国企业从供给侧进行改革，形成以服务我国城镇高端需求为特征的产业与产品市场，通过逆向外包、对外投资等形式，实施更加积极的进口政策，扩大先进技术设备、关键零部件和优质消费品等的进口，办好中国国际进口博览会，打造世界各国展示国家形象、开展国际贸易的开放型合作平台，构筑满足中国城市高端需求的价值链条，形成以我国为主导的全球产业链条。

3. 改善国际营商环境

法治化、国际化、便利化的营商环境及与国际贸易投资规则相适应的体制机制的建立，有利于提升国家的贸易自由化和投资便利化水平，进而为发挥大国优势、本土市场效应，集聚全球高端要素资源，提升对全球高端要素资源的配置能力奠定良好的基础。凡是在中国境内注册的企业，都要一视同仁、平等对待，为利用外资政策改革创新指明方向。未来应营造稳定、公平、透明、法治化、可预期的营商环境。一是加强利用外资法治建设。加快统一内外资法律法规，制定新的外资基础性法律。清理涉及外资的法律法规和政策文件，与国家对外开放大方向和大原则不符的要限期废止或修订。继续完善外商投资管理体制，全面实行准入前国民待遇加负面清单管理制度，特别是要缩短负面清单，进一步简化程序，从而促进开放型经济向更高水平发展。二是营造公平竞争的市场环境。党的十九大报告强调，"凡是在我国境内注册的企业，都要一视同仁、平等对待"。中国政府将在资质许可、标准制定、政府采购等方面，依法给予内外资企业同等待遇。三是积极保护外商投资的合法权益。我国已经出台了《中共中央国务院关于完善产权保护制度依法保护产权的意见》，不以强制转让技术作为市场准入的前提条件，加强知识产权保护，严厉打击侵权假冒违法犯罪行为。四是进一步增加对外开放的广度和深度。中国将在以往放开一般制造业市场准入的基础上，着力扩大服务业对外开放，重点放宽金融机构外资准入限制，放开会计、审计、建筑设计等领域外资准入限制，推动电信、互联网、交通运输等领域有序开放，保护外商投资的合法权益。五是积极打造高标准的自由贸易网络。未来中国将不断提高自身的开放水平，赋予自由贸易试验区更大的改革自主权，探索建设自由贸易港。这对深化自由贸易试验区改革创新，按照国际最高水平贸易投资自由化、便利化标准构建开放型经济新体制具有重要意义[①]。与此同时，中国也将稳步推进自由贸易区建设，推动区域全面经济伙伴关系协定早日达成，推进亚太自贸区建设，逐步构筑立足周边、辐射"一带一路"、面向全球的高标准自由贸易区网络。

4. 优化对外开放区域格局

党的十九大报告在优化区域开放布局上提出了三大举措，分别为加大西部开放力度、赋予自由贸易试验区更大的改革自主权和探索建设自由贸易港，其目的在于形成陆海内外联动、东西双向互济的开放格局。首先，从西部开放发展来看，相对于东部沿海地区，长期以来我国西部地区的开放水平和力度都有待提升。随着国内东部产业逐渐向西部地区转移，以开放促开发的外部环境和内部条件都已经成熟。加大西部开放力度，未来的重点在于进一步对接国家"一带一路"建设，完善口岸、跨境运输等开放基础设施，实施更加灵活的政策，建设好自由贸易试验区、国家级开发区、边境经济合作区、跨境经济合作区等开放平台，打造一批贸易投资区域枢纽城市，扶持特色产业开放发展，在西部地区形成若干开放型经济新增长极。其次，在自贸区开放引领上主要是继续贯彻空间上以点带面有序推进的策略。自2013年上海设立自贸区以来，我国自贸区建设在数量和质量上均取得了多方面的重大进展，形成了一批改革创新重要成果和开放发展经验，并在国内多个地区进行了复制。下一步主要是围绕高质量开放发展的要求，着眼于提高自贸区建设质量，对标国际先进规则，强化改革举措系统集成，通过鼓励多个地方大胆试、大胆闯、自主改，形成更多制度创新成果，持续深化差别化探索，进一步彰显全面深化改革和扩大开放的试验田作用。最后，探索建设自由贸易港的主要目的在于打造开放层次更高、营商环境更优、辐射作用更强的开放新高地，促进中国开放型经济的创新发展。我国海岸线长，离岛资源丰富，与自贸区不同，自由贸易港的离岸业务将在开放的领域、层次和程度上更上一个台阶，如此有利于提升中国贸易投资的自由化和便利化水平，有利于服务支撑"一带一路"倡议、推动全球自由贸易网络发展。

[①] 毕吉耀、张哲人：《推动形成全面开放新格局》，《经济日报》，2017年11月10日第11版。

5. 协调推进对发达国家、发展中国家、转型中国家三个方面开放的新体制

改革开放初期的世界政治经济格局，要求我国实施率先面向发达国家进行开放的战略。40年来，借助于发达国家与地区的外来资本、技术与人才，通过融入全球化下的生产网络，我国实现了从封闭性国家到开放性大国的转变。2008年国际金融危机爆发以来，世界经济格局深度调整，新兴市场和发展中国家群体性崛起，国际力量"东升西降""南升北降"态势更加明显[①]。尤其是在发达国家重启贸易保护主义、个别国家实施"逆全球化"战略的背景下，积极发展全球伙伴关系，全面推进同各国的平等互利合作，实现出口市场多元化、进口来源多元化、投资合作伙伴多元化，需要我国积极打造向发达国家开放和向发展中国家开放并重的全球开放新格局，扩大同各国的利益交汇点。

深化与发达国家和地区的经贸投资合作。发达国家和地区是我国主要的经贸伙伴，2016年，美国、欧盟、日本占我国外贸出口总额的40.73%。加上经香港等地的转口贸易，比重可能会更高。巩固与发达国家和地区的经贸合作，可以稳定我国开放型经济的基本盘。围绕与发达国家和地区的经贸投资合作，未来应加强合作：一是在战略性新兴产业深入推进与发达国家和地区的产能合作。在高端装备、新一代信息技术、新能源等重点领域，推动产业链资源优化整合，推动国内企业、中外企业组团，共同开拓发达国家和地区市场，将在发达国家和地区获得的优质资产、技术、管理经验反哺国内，形成综合竞争优势。二是与欧美发达国家和地区的国际大企业开展更高层次的合作，实现优势互补、共赢发展。积极与发达国家和地区合作，共同开拓第三方市场。三是积极推进与发达国家和地区及发展中国家区域的自贸区建设，通过双边或者多边谈判共同降低双边贸易投资成本，为外资外商进入中国市场和中国企业"走出去"扩大外部市场创建便利的外部环境。从欧洲发达国家和地区来看，欧洲经济走出衰退，需要进一步扩大出口，中国市场将在欧盟对外扩大出口中扮演重要的角色，而欧洲的技术和品牌出口正是中国

[①]2016年，新兴市场和发展中国家对世界经济增长的贡献率达80%，占全球经济的比重达38.8%，较2007年提高10.5个百分点。

市场所需。欧盟也需要中国的外来投资，而中国拥有巨大的外汇储备，在美元国债利率较低的背景下中国也有大规模投资欧元区的实力。

密切与发展中国家的经贸投资合作。金融危机以来，我国与广大发展中国家的经贸联系也日益密切。对发展中国家的出口总额占比已经于2011年全面超过对发达国家和地区的出口总额占比，2016年，中国向发展中国家的出口总额占比为52.22%，而向发达国家的出口总额占比则为44.72%，发展中国家已经成为我国重要的经贸合作对象。针对广大发展中国家工业化、城镇化水平相对较低，对资金、技术、产业有着较大需求的现实，未来我国应在以下几个方面继续深化与广大发展中国家的经贸关系。一是围绕基建、劳动密集型产业和装备制造业深入推进与发展中国家的国际产能合作，采用境外投资、工程承包、技术合作、装备出口等方式，推动我国装备、技术、标准、服务"走出去"。二是扩大与广大发展中国家在人文、经济、社会、教育等方面的交流，加大对发展中国家的援助支持力度，规范中资企业在发展中国家的经营行为，引导企业遵守东道国法律法规、保护环境、履行社会责任，在与发展中国家交往中建立良好的信誉与承担大国责任。三是在推动国际经济治理体系改革完善过程中，结合国力承担与自身发展阶段相适应的责任，更多地代表发展中国家，为发展中国家谋取更多的利益。

四、结语

开放包容是中华文明的底色和亮色，汉唐盛世和丝绸之路展现了中国的宽广胸襟。开放是国家繁荣发展的必由之路。以开放促改革、促发展，是中国现代化建设不断取得新成就的重要法宝。改革开放40年来，我国顺应历史潮流，积极融入全球化和区域一体化发展进程，充分依托市场规模、劳动力资源禀赋等优势，较好地实现了发展和改革，成为全球第二大经济体并逐步开始引领世界经济发展。我国是前一个阶段全球化的最大受益者，虽然我国在享有全球化带来的快速发展的同时也付出了资源损耗、环境污染等代价，但是，我国没有由此否定全球化，尤其是在金融危机爆发以来的"逆全球化"趋势下，我国以很强的战略定力极力地推动全球化向更高水平发展，这不仅是我国自身发展以及承担国际责任的需要，同时也是世界各国对我国的期待。

在新的时代与新的形势下,习近平总书记所做的党的十九大报告提出"推动形成全面开放新格局",强调"开放带来进步,封闭必然落后。中国开放的大门不会关闭,只会越开越大""中国坚持对外开放的基本国策,坚持打开国门搞建设""发展更高层次的开放型经济"。这是以习近平同志为核心的党中央适应经济全球化新趋势、准确判断国际形势新变化、深刻把握国内改革发展新要求做出的重大战略部署,必将为决胜全面建成小康社会,夺取新时代中国特色社会主义伟大胜利提供有力支撑,为实现第二个百年奋斗目标和实现中华民族伟大复兴的中国梦注入强大动力,为推动构建人类命运共同体贡献正能量。

参考文献

［1］傅高义. 邓小平时代. 北京：生活·读书·新知三联书店，2013.

［2］曹普. 当代中国改革开放史. 北京：人民出版社，2016.

［3］吴敬琏. 当代中国经济改革教程. 上海：上海远东出版社，2018.

［4］吴敬琏，马国川. 中国经济改革二十讲. 北京：生活·读书·新知三联书店，2012.

［5］勃兰特，罗斯基. 伟大的中国经济转型. 上海：上海人民出版社，2009.

［6］沃尔特，豪伊. 红色资本：中国的非凡崛起与脆弱的金融基础. 北京：中国出版集团，2013.

［7］诺顿. 中国经济：转型与增长. 上海：上海人民出版社，2010.

［8］隆国强. 构建开放型经济新体制：中国对外开放40年. 广州：广东经济出版社，2017.

［9］哈维. 世界的逻辑. 北京：中信出版社，2016.

［10］哈维. 新帝国主义. 北京：社会科学文献出版社，2009.

［11］阿明. 不平等的发展. 北京：社会科学文献出版社，2017.

［12］布伦纳. 繁荣与泡沫：全球视角中的美国经济. 北京：中国人民大学出版社，2003.

［13］张帆. 产业漂移：世界制造业和中心市场的地理大迁移. 北京：北京大学出版社，2014.

［14］国家发展和改革委员会. 中国对外投资报告. 北京：人民出版社，2017.

［15］中华人民共和国商务部. 中国对外投资合作报告. 商务部网站，2017.

［16］国家统计局. 新中国65周年. 国家统计局网站，2014.

［17］陈秀山，张可云. 区域经济理论. 北京：商务印书馆，2003.

［18］高国力，张燕. 我国内陆地区对外开放的总体态势以及推进思路. 区域经济评论，2014（4）.

［19］国家发展和改革委员会对外经济研究所. 中国经济国际化进程. 北京：人民出版社，2009.

［20］王菲，李善同.中国区域差距演变趋势及影响因素.现代经济探讨，2016（12）.

［21］夏先良.构建区域全面开放发展新格局.国家治理，2018，5（4）.

［22］张学良，等.2013中国区域经济发展报告：中国城市群的崛起与协调发展.北京：人民出版社，2013.

［23］国务院发展研究中心"我国比较优势的变化及其影响"课题组.中国比较优势的变化与出口战略的调整.http：//www.cssn.cn/dybg/gqdy_gdxw/201312/t20131204_893720.shtml.

［24］王一鸣.实施区域协调发展战略.http：//www.ce.cn/xwzx/gnsz/gdxw/201711/16/t20171116_26874456.shtml.

［25］汪洋.推动形成全面开放新格局.http：//www.ce.cn/xwzx/gnsz/szyw/201711/10/t20171110_26817664.shtml.

第三章 我国对外开放的经验总结

第一节 坚持扩大对外开放的基本国策不动摇

2018年中国迎来改革开放40周年。在人类社会的历史长河里，40年可谓弹指一挥间。然而，在中华民族数千年上下求索、连绵不息的文明史中，这40年则有着非同寻常的重大意义。在这40年间，中国探索了一条发展中国特色社会主义市场经济体制机制的对外开放之路。社会主义制度与市场经济体制相结合，在世界经济政治理论和实践中都是一个伟大创举。中国通过发展对外贸易、招商引资、工程承包、对外投资、人才引进、人文交流等方式，在传统社会主义计划经济体制和国际通行市场经济体制规范之间，建立了一种制度对接的联系，最终形成了社会主义市场经济新体制。在体制变迁的引领下，这40年我国对外贸易和经济发展发生了前所未有的历史性变化。在第一章，我们已经详细讨论了1820—1952年，中国人均GDP的增长陷入了长期负增长的低收入陷阱。新中国成立时，人均GDP水平仍停滞在1890年的水平，中国GDP占世界GDP的比重从32.9%下降到1952年的5.2%[①]。在新中国成立后的头30年里，中国经济和社会发展发生了翻天覆地的变化，但中国经济与世界经济之间的发展差距仍在进一步扩大而不是缩小，1978年我国GDP占世界GDP的比重继续下降到4.9%。而在改革开放的40年间，我国作为拥有13亿多人口的发展中和转型中大国，政治、经济、社会、生态和文化发展的观念发生了前所未有的深刻变化，解放和发展社会生产力的体制机制和增长动能发生了前所未有的深刻变化，人

---

① 安格斯·麦迪森：《中国经济的长期表现》，上海人民出版社，2008。

民日益增长的对美好生活的需要和满足程度发生了前所未有的深刻变化。习近平总书记指出："1978年，在邓小平先生倡导下，以中共十一届三中全会为标志，中国开启了改革开放历史征程。从农村到城市，从试点到推广，从经济体制改革到全面深化改革，40年众志成城，40年砥砺奋进，40年春风化雨，中国人民用双手书写了国家和民族发展的壮丽史诗。"①

一、改革开放是中国的第二次革命

"这场革命不仅深刻改变了中国，也深刻影响了世界。"自1978—2017年以来，我国GDP从2165亿美元增加到12.24万亿美元，按人民币可比价格计算，年均增长9.5%，远高于同期世界经济年均增长2.78%的速度。我国成为仅有的两个规模超过10万亿美元的世界经济大国中的一个。按美元计算，我国对外贸易额年均增长14.5%。中国人民的生活从短缺走向充裕、从贫困走向小康，现行联合国标准下的7亿多贫困人口成功脱贫，占同期全球减贫人口总数的70%以上。我国已由一个落后的农业国成长为世界第二经济大国、第一制造大国、第一对外贸易大国、第一外汇储备大国。由于始终坚持对外开放的基本国策，大力发展对外贸易、招商引资、工程承包和人文交流，因此在传统的计划经济和国际的市场经济之间搭建了一座桥、打开了一扇窗，引入了国际市场经济因素、外来竞争压力及全球先进发展理念和优质要素，改变了十几亿中国人民的全球化、现代化、市场化的发展观念，形成了开放经济条件下的内生性增长动力，创造了中国经济40年来的发展奇迹。

对外开放的本质是深化改革。长期以来，国际学术界一直有着争论，如对外开放能否产生经济强劲、平衡、可持续和包容性发展的内生动力？是否会因国际资本、技术、产业进入而对本国产业产生技术抑制效应？嵌入国际工序分工体系是否会产生锁定效应，即锁定在全球价值链的低端位置上难以挣脱出来？我国学术界对此也一直有着争论，如加工贸易、招商引资和简单模仿是否会形成对外依赖，进而抑制本国自主知识产权、品牌和营销渠道的

---

①习近平：《开放共创繁荣　创新引领未来》，博鳌亚洲论坛主旨演讲，2018年4月10日。

内生发展？政府、市场和社会在对外开放中的角色是什么？不平衡开放模式如何解决对外开放中必然产生的不平衡不充分发展的矛盾？我国改革开放40年的实践说明，扩大对外开放，就是借助开放带来的竞争压力、正向激励和要素创造效应，促进体制机制和政策体系从计划经济向市场经济转轨；就是通过对外贸易、招商引资、工程承包、对外经济技术合作、海关特殊监管区域等外经贸领域发展，把与国际通行规则接轨的发展理念、管理体制和行为方式渐次转变为国内需求、供给、要素投入产出链条及分配和宏观经济循环管理体制变革；就是从市场经济的初级生态到市场经济的中高级生态的适应性动态转型的过程。

改革开放前，我国进出口贸易主要由少数几家国有专业外贸公司垄断经营，生产企业不能直接面向国际市场。改革开放以来，这种格局发生了根本性变化，形成了由各级各类专业外贸企业、自营进出口生产企业、科研院所、商业物资企业和外商投资企业等共同经营，国有、私营、中外合资、股份制等多种所有制形式相互竞争的多层次、多渠道的经营体制。内容单一、渠道狭窄的传统外经贸格局被打破，各项外经贸业务相互渗透、相互促进，初步形成了外经贸、生产、科研、金融、税务等部门共同参与、协同配合的"大经贸"格局。政府行政性直接管理职能大大弱化，运用经济、法律等间接调控手段的力度大大增强，外经贸宏观管理正在向适应社会主义市场经济要求和符合国际经济通行规则的方向转变。

由于坚持了实践是检验真理的唯一标准，从实际出发探索对外开放的内在规律，在不同阶段采取了不同的开放促改革促发展的扩大对外开放模式，我国取得了较好的体制改革和增长实绩。一是由于坚持了路径依赖的对外开放方式，在新中国前30年体制探索和自主发展的基础上，充分解放思想，学习借鉴国际经验，在实践中探索扩大对外开放促进体制改革的路径选择，由浅入深、由点到面、逐步深化，走上了基于改革开放的中国特色社会主义发展道路；二是由于坚持了从量变到质变的辩证统一关系，在实践中渐进推动开放、增量深化改革、先试点后推广，逐步扫清了扩大对外开放的体制机制障碍，使市场经济因素由小到大、由弱到强，逐步发挥了在资源配置中的基础性作用并转向更强的决定性作用；三是由于坚持了牢牢把握开放期与兴盛期复合的重要战略机遇期，同时做好准备以随时应对开放期与风险期复合可能带来的国际重大风险和外来冲击，稳中求进、稳中向好、趋福避祸，成功避免了陷入颠覆性经济社会动荡；四是由于坚持了改革开放与稳中求进之间的统筹协调，在中央与地方、政府与市场和社会间形成了合力，共同在开放中探索、探索中改革、改革中前行，推动了我国国内经济体制和开放型经济体制变革的相互促进。扩大对外开放和全面深化改革的目的是解放和发展社会生产力。在改革开放初期，邓小平提出的社会主义初级阶段理论是重大理论贡献[①]。在初级阶段，党的基本路线是"以经济建设为中心，坚持四项基本原则，坚持改革开放"。邓小平指出："为了发展生产力，必须对我国的经济体制进行改革，实行对外开放的政策"[②]"社会主义基本制度确立以后，还要从根本上改变束缚生产力发展的经济体制，建立起充满生机和活力的社会主义经济体制，促进生产力的发展，这是改革，所以改革也是解放生产力"[③]。无论是加入世界贸易组织，还是应对亚洲金融危机、国际金融危机，由于始终坚持"发展是硬道理"不动摇，我国战胜了各种艰难困苦，取得了举世瞩目的发展业绩。即便如此，党的十九大报告依然进一步明确，我国仍处于并将长期处于社会主义初级阶段的基本国情没有变，我国是世界最大的发展中国家的国际地位没有变。共产党要牢牢把握社会主义初级阶段这个基本国情，牢牢立足社会主义初级阶段这条最大实际，牢牢坚持党的基本路线这个党和国家的生命线、人民的幸福线，领导和团结全国各族人民，以经济建设为中心，坚持四项基本原则，坚持改革开放，自力更生，艰苦创业，为把我国建设成为富强民主文明和谐美丽的社会主义现代化强国而奋斗。

---

①从1956年社会主义改造基本完成到社会主义现代化基本实现的整个历史阶段是初级阶段。1987年党的十三大提出"三步走"的发展战略：第一步，从1981年到1990年实现国民生产总值比1980年翻一番，解决人民的温饱问题；第二步，从1991年到20世纪末，使国民生产总值再增长一倍，人民生活达到小康水平；第三步，到21世纪中叶，使国民生产总值再增长一倍，人均国民生产总值达到中等发达国家水平，人民生活比较富裕，基本实现现代化。1997党的十五大进一步具体化。然而，到2017年党的十九大，基本实现现代化的目标提前到2035年，把社会主义现代化进程提前了15年。

②邓小平：《邓小平文选》（第3卷），人民出版社，1993，第138页。

③邓小平：《邓小平文选》（第3卷），人民出版社，1993，第370页。

二、对外开放的基本特点

对外开放作为基本国策，无论在任何时候都应坚持不懈，毫不动摇。在经济全球化迅猛发展时期，通过15年谈判加入世贸组织就是积极参与经济全球化、主动融入世界经济的实际行动。而在"逆全球化"甚嚣尘上的时期，则通过推动"一带一路"建设、举办上海国际进口博览会、扩大国际产能合作和共同开拓第三方市场，反对贸易保护主义，推动经济全球化继续前行。

1. 始终坚持开放带来进步，封闭必然落后

针对我国人口众多、劳动力资源丰富、人均资源少、经济总量大的实际情况，初期我们率先发展了外向型劳动密集型产业，积极利用境外投资，承接国际产业转移，大力发展加工贸易，有力带动了体制变革和经济发展。一方面，对外开放引进了国内短缺的外汇和资本，引进了国外先进技术、人才和设备，引进了国外竞争压力，增加了国内就业、税收和经济产出，促进了国内消费升级和产业转型。如20世纪90年代以前需求以吃饱穿暖为主，带动轻工业和纺织工业快速发展；2012年以前需求以住行为主，带动房地产、重化工业和装备制造业发展；2012年以后需求以质量、个性、多样性为主，带动现代服务业和高技术制造业发展。另一方面，40年扩大对外开放，开了13亿多中国人民解放和发展社会生产力的"窍"，极大地激发了人民创业、创新、创意、创造的积极性和活力。无论在中西部的偏远乡村，还是在传统的小作坊，都拥有交通、能源、通信和社会基础设施的基本条件，都拥有移动支付、网络购物、跨境电商的基本条件，都拥有劳动力、商品和资金跨区域流动的基本条件，对外开放和对内改革的互动，推动了经济社会快速发展。

2. 开始形成全面开放新格局

1978—1994年，是对外开放最困难的时期。港澳台企业和海外华人企业用"三来一补"的方式，送来了我国参与国际分工、国际交换和国际竞争的第一桶金。1992年邓小平视察南方的重要谈话明确了改革开放的方向。1993年11月党的十四届三中全会确定了建立社会主义市场的总体规划，提出了要使市场在国家宏观调控下对资源配置起基础性作用，推动了对外贸易、外汇管理、利用外资、对外经济等涉外管理体制的全面改革。1992年，我国实际

利用外资首次突破了100亿美元大关。1993年，加工贸易出口额首次超过一般贸易出口额，对外贸易开始从逆差转为快速增长的顺差。1994年人民币汇率从官方汇率、调剂汇率和黑市汇率并轨成以市场供求为基础的、单一的、有管理的浮动汇率制。2001年我国加入世贸组织，标志着对外开放融入世界经济、体制机制与国际通行规则接轨、提升产业国际竞争力和综合国力进入一个新阶段。2003—2012年，按汇率计算，我国GDP增量是美国同期GDP增量的1.4倍，按购买力平价计算，是美国同期GDP增量的1.9倍。2013—2018年，我国经济进入新常态、供给侧结构性改革和稳中求进的重要转折时期，开始构建开放型经济新体制，形成全面开放新格局。

3. 调动市场、政府和社会的积极性，形成合力

改革开放40年，我国要完成从农业社会到工业社会、从计划经济到市场经济、从内向发展到开放发展的转型，政府与市场的关系始终是一个重大课题。凡是能较好地处理对外开放、体制改革和经济发展三者之间关系的地区，往往是在实践中探索出了一条调动市场、政府和社会的积极性并形成三者之间合力的开放促改革和发展之路。一是探索更好地发挥政府"有形之手"的作用。大体脉络是初期探索在扩大对外开放中创造简政放权、放水养鱼、藏富于民的市场环境；中期探索引入外来竞争压力，培育市场主体，完善基础设施条件；后期探索转向提供公共产品的服务职能。挑战是政府从直接推动发展转向治理体系和治理能力现代化，是通向现代化之路难以逾越的"坎"。二是探索发挥市场"无形之手"在资源配置中的决定性作用。开放是从市场经济最底层知识学起，从不平衡开放学起，从比较优势起步学起，逐步形成以开放促进内生增长的机制。挑战是从商品市场、要素市场到衍生品市场，市场扭曲所形成的巨大的"租"和"寻租"之间的博弈，使开放和改革都举步维艰。三是探索发挥社会"和谐之手"的作用。一方面，对外开放引入了国际教育、医疗、养老、就业、社会治理等现代化发展模式；另一方面，政府、市场、社会千军万马"办社会"产生的失序，始终是改革开放之痛。

4. 先试点、后推广，以点带面、逐步发展

中国改革开放的一个重要特点，就是从实际出发，先试点、后推广，以点带面、逐步发展。从1980年创办经济特区，到1984年开放14个沿海城

市[①]，再到后来的创办浦东新区，初步形成了沿海、沿江、沿边及内陆地区的全面开放。各种类型的特殊功能区域的体制机制和发展模式的先行先试，使其成为中国经济最具活力、最具潜力的经济增长点。在改革开放战略的指引下，人口、产业、资金、技术等生产要素优先向这些特殊功能区域集聚，并借助交通、能源、信息基础设施的便利化条件，形成了1小时经济圈、3小时经济圈的空间集聚和开放的新格局。

5. 从不平衡发展到平衡协调可持续发展

1979年邓小平提出："沿海地区要加快对外开放，使这个拥有两亿人口的广大地带较快地先发展起来，从而带动内地更好地发展，这是一个事关大局的问题。内地要顾全这个大局。反过来，发展到一定时候，又要求沿海拿出更多力量来帮助内地发展，这也是个大局。那时沿海也要服从这个大局。"[②]1984年11月，邓小平又提出了三个方面开放的思想。改革开放初期，由于当时迫切需要西方发达国家的先进技术、设备和人才，我们先扩大了对西方的开放。对此，邓小平指出，"我们还有一些人没有弄清楚，以为只是对西方开放，其实我们是三个方面开放。一个是对西方发达国家的开放；一个是对苏联和东欧国家的开放；还有一个是对第三世界发展中国家的开放"[③]。从扩大对西方的开放到"一带一路"建设，我国逐步形成全面开放新格局。

6. 从"放管服"到治理体系和治理能力现代化

扩大对外开放、推动体制创新是最重要的一条发展经验。对外开放40年，引入了外来市场经济理念、理论和实践，引入了国际先进资源、要素和产品，引入了外来竞争压力、挑战和激励，推进了政府职能改革、调整和转变，是最重要的一个变化。政府职能从简政放权转变为市场监管，再进一步转变为公共服务，构建基于法治的治理体系和推进治理能力现代化，是一项仍没有完成的重要使命。

[①]大连、秦皇岛、天津、烟台、青岛、连云港、南通、上海、宁波、温州、福州、广州、湛江、北海等14个城市。

[②]邓小平：《邓小平文选》（第3卷），人民出版社，1993。

[③]1984年11月，邓小平在中央军委座谈会上的讲话。

三、对外开放取得的重要经验

一是对外开放不会也不能开倒车。"开放带来进步、封闭必然落后"是中华民族从历史中总结出来的重要经验。然而,英美都曾开过历史倒车。如1870—1913年英国就经历过从自由贸易到保护贸易的转变,2008年以来美国也经历了贸易保护主义。

二是对外开放的本质是改革。创办经济特区、加入世贸组织、推动"一带一路"建设,最重要的目的是推动体制创新。历史和现实的经验都证明,没有体制改革、结构调整和社会进步的对外开放,最终结果是在全球竞争中被动挨打。

三是对外开放是一个曲折反复、艰难前行的过程。对外开放是一个渐进的过程,市场经济是一个适应性成长的生态体系,融入世界是一个互洽系统。大国之间的关系从零和博弈的对抗到超越零和博弈的合作靠自身实力成长。

四是危机是冲破开放障碍的重要机遇期。从20世纪80年代的国际收支危机、90年代的亚洲金融危机到加入世贸组织、应对国际金融危机,一个重要的经验是危中有机,要积极应对、转危为机,引入外部压力,不浪费危机中的机遇,促进内部体制和结构转型。

五是对外开放是一个成长的生态体系。广东从"三来一补"走向粤港澳大湾区合作,四川重庆从"蜀道之难,难于上青天"到打造全球综合交通枢纽;海南从更大的经济特区到自由贸易港,证明开放具有路径依赖、适应选择、逐步演进的生态成长特征。

六是扩大对外开放意味着拥抱国际竞争与合作。其中,从要素禀赋走向要素创造的动态变化,从激烈竞争走向共享合作的开放融合,从中国特色走向国际潮流,是发展的活力和动力来源。

七是对外开放最重要的学习效应是开"窍"。对外开放带来的最重要的内生发展效应是"干中学",其转变了人们的思想观念,包括对世界和中国的看法。一旦把各种积极因素激发出来,发展就成为不可阻挡的前行过程。

八是对外开放最大的阻力来自"逆全球化"和贸易保护主义。当大国之

间的政治经济关系进入零和博弈阶段时,增强地方政府和社会各界之间的对话,共同开拓第三方市场,合作扩大高增值需求,多层次推动全球化向前发展而不是内向发展,尤为重要。

第二节 对外开放中制造业发展的经验教训

一、从"三来一补"和加工贸易[①]起步

当今世界有欧洲、北美、东亚三大生产网络体系,它们构成了三足鼎立的世界经济格局。其中,东亚生产网络体系又有两种不同的生产模式:一种是以中国台湾、香港及澳门企业为代表,以代工、贴牌方式参与国际工序分工体系,嵌入跨国公司全球供应链的生产模式;另一种是以日本及韩国企业为代表,依托自主知识产权、自主品牌、自主营销渠道参与国际产业间和产业内分工,以独立自主的方式参与国际交换与竞争的生产模式[②]。改革开放前,我国建立的是独立自主、自力更生、不依赖外援的自主生产体系。

改革开放初期,中国发展市场经济的第一桶金是中国台湾、香港及澳门投资企业用"三来一补"的方式送来的(见表3-1)。一方面,在国家改革开放起步最困难的初期,台港澳企业带来了市场经济的生产方式,创造了大量就业机会,加快推动了国家农村剩余劳动力向非农产业和城市转移的进

---

① 加工贸易是指从境外包税进口全部或部分原辅材料、零部件、元器件、包装材料(进口料件),经境内企业加工或装配后,将制成品复出口的经营活动,包括来料加工和进料加工。中国长期以来形成的经常项目顺差和资本金融项目顺差,主要来源是加工贸易和外商直接投资,深层次原因是全球化和新科技革命带来的全球分工格局的变化。参阅卢峰:《纵论开放经济与全球化》,北京大学出版社,2015。

② 日本及韩国企业在发展的初期和成长期,政府干预和保护发挥了重要作用。中国台湾、香港及澳门企业则不追求自主知识产权、品牌和营销渠道,而追求把全球生产网络的某道工序和某个生产环节做到精益求精,取得全球专业化竞争优势,如台积电、富士康都属于这类企业。

程（见表3-2），国家改革开放的功劳簿上要重重地记上一笔它们的贡献。另一方面，台港澳企业在无意中送来了代工、贴牌的小经济体生产模式，这种生产模式的局限性也在某种程度上制约了中国生产网络的转型。从表3-2的数据可以看出，加工贸易方式（这种贸易方式是以外资企业为主、以参与工序分工为主、以全球价值链低端产品为主）创造的就业机会在2006年达到峰值，以后出现逐年下降的趋势。这与2005年7月我国重启人民币汇改，启动了人民币快速持续升值周期有直接关系。同时，也与2007年6月我国发布新的劳动合同法，推动农民工的最低工资水平快速持续上升有密切关系。这清楚地说明，成本驱动型外商直接投资以及加工贸易方式对人民币汇率、工资水平等有很高的敏感性。随着我国要素价格、生态环境标准和规制要求越来越高，加工贸易占比下降以及成本驱动型外商直接投资对外转移是大势所趋。

表3-1 我国加工贸易的发展阶段和结构特点

阶段	贸易方式	区域分布	产品结构
第一阶段	以来料加工为主 （1981—1985年）	集中于广东、福建、浙江、上海和北京	服装、玩具等劳动密集型产品
第二阶段	来料加工、进料加工并重，进料加工超过来料加工 （1986—1992年）	集中于福建、浙江、上海、北京和山东	服装、纺织、皮革制品等传统的劳动密集型产品
第三阶段	以进料加工为主 （1993年至今）	集中于福建、浙江、江苏、上海、北京、天津、山东和辽宁	从以劳动密集型产品为主向劳动密集型产品、技术密集型产品、资金密集型产品并重转型，高新技术产品和机电产品成为加工贸易主要产品

资料来源：根据历年《中国统计年鉴》《中国对外经济贸易年鉴》《中国海关统计年鉴》和《中国对外经济贸易白皮书》整理。

表3-2　1995—2009年我国加工贸易就业人数

年份	加工贸易出口额/亿美元	工业生产总值/亿美元	工业就业人数（第二产业就业人数−建筑业从业人数）/万人	加工贸易就业人数/万人
1995	737	2960	14157.1	3524.9
1996	843.4	3497.9	14081.1	3395.2
1997	996.9	3909.9	14445.5	3683.1
1998	1044.7	4032.8	14570	3774.4
1999	1108.8	4237.8	14198.9	3715.1
2000	1376.9	4716.8	14289.7	4171.4
2001	1474.6	5119.6	14108.3	4063.6
2002	1799.4	5622.3	13534.8	4331.8
2003	2419	6776.6	13662.7	4877.1
2004	3279.9	7589.6	14362.1	6206.7
2005	4164.8	9427.9	15384.1	6796
2006	5103.8	11451.8	16376.8	7298.8
2007	6176.5	15386.7	17495.3	7022.9
2008	6751.8	19250.6	17794	6240.9
2009	5869.8	19707.9	18011.4	5364.5

资料来源：根据《中国统计年鉴》相关数据计算、整理。

表3-3的数据说明了外商投资企业在我国出口以及加工贸易出口中所占的比重变化。在改革开放初始阶段，这种外商投资企业为主、境外代工贴牌为主、境外低端加工组装为主的加工贸易方式不但获得迅猛发展，而且在比重上超过了以本地企业为主、以自主生产体系为主、以低端制造为主的一般贸易方式，这种趋势一直持续到2008年。从表3-4的数据中可以看到，我国加工贸易出口/一般贸易出口的数值，从1981年的5.44%很快上升到1993年的102.40%、1999年的140.12%，到2008年，仍保持101.85%的比例。

表3-3 外商投资企业在我国加工贸易中的比重

年份	我国加工贸易出口额/亿美元	外商投资企业加工贸易出口额/亿美元	外商投资企业出口额/亿美元	占加工贸易出口额比重/%	占外商投资企业出口额比重/%
2000	1376.5	972.3	1194.4	71	81
2001	1474.3	1066	1332.2	72	80
2002	1799.3	1342.5	1699.9	75	79
2003	2418.5	1902.7	2403.4	79	79
2004	3279.9	2663.5	3386.1	81	79
2005	4164.8	3466.3	4442.1	83	78
2006	5103.7	4311.6	5638.3	84	76
2007	6176.5	5214.6	6955.2	84	75
2008	6751.8	5272	6685.2	78	79
2009	5869.8	4937	6722.3	84	73
2010	7403.3	6205.4	8623.1	84	72

资料来源：中华人民共和国商务部，中华人民共和国海关总署。

表3-4 改革开放以来我国贸易方式变化

年份	一般贸易出口/亿美元	一般贸易差额/亿美元	加工贸易出口/亿美元	加工贸易差额/亿美元	其他贸易出口/亿美元	其他贸易差额/亿美元	加工贸易出口/一般贸易出口/%
1981	208	4.34	11.31	-3.73	0.79	-0.71	5.44
1985	237.30	-135.42	33.16	-9.58	3.04	-4.00	13.97
1993	432.00	51.35	442.36	78.76	43.04	-252.52	102.40
1999	791.35	120.95	1108.82	373.04	49.14	-201.67	140.12
2003	1820.34	-56.66	2418.49	789.14	143.45	-477.77	132.86
2008	6628.62	907.69	6751.14	2967.37	927.17	-893.75	101.85
2012	9878.99	-344.87	8626.77	3814.02	1981.38	-1166.1	87.32
2015	12172.53	2940.65	7977.89	3507.86	2611.47	-494.06	65.54
2017	12300.80	1473.30	7588.00	3275.90	2746.10	-524.10	61.69

资料来源：中华人民共和国海关总署统计。

加工贸易对我国经济的影响：

第一，我国加工贸易主要完成低端加工组装工序和环节。作为加工贸易主体的外资企业在全球配置产品的价值链，不可能将高端技术工序和环节配置在我国。加工贸易整体的技术外溢水平不高，从而降低了我国企业在全球价值链中的分工地位。

第二，加工贸易方式加剧了区域发展不平衡。由于加工贸易方式对综合物流成本比较敏感，因此其区位主要选择在产品外销综合物流成本低、投资效率和便利化程度高的东部沿海地区。一方面，可大量吸引中西部地区的劳动力、人才和各种资源；另一方面，其供应链与中西部地区的关联程度低，进而加剧了地区发展不平衡。

第三，加工贸易方式聚集了全球贸易顺差。在一个时期，我国加工贸易顺差在我国贸易总顺差中所占比重超过200%。今天我国对美形成巨额贸易顺差，实质上是全球部分贸易顺差转移到我国的结果。国际比较研究发现，及时出台产业政策、对加工贸易政策进行调整、促进产业结构的本地化转型升级是十分重要的。

第四，加工贸易方式在空间上高度集聚。研究发现，2005年，上海松江出口加工区和江苏昆山出口加工区进出口值占全国出口加工区进出口总值的66.5%。加上上海漕河泾、江苏苏州工业园和浙江杭州三大出口加工区，这五大出口加工区的进出口值已占全国出口加工区进出口总值的90%。

第五，从市场看，"两头"在外，委托方负责及控制出口市场，我国境内企业参与和承担整个生产制造过程中的某个或若干道工序的作业。由于加工贸易的主体是外商投资企业，龙头是全球大型跨国公司，本地企业的代工贴牌很难上升到全球价值链的中高端水平。

加工贸易方式和招商引资具有"双刃剑"效应。加工贸易属于小经济体的生产和贸易方式，而不是大国的生产和贸易主流方式，为什么会持续这么长时期？

问题之一，加工贸易事实上形成了路径依赖的锁定效应。加工贸易出口额持续大于一般贸易，代工贴牌的生产和贸易方式持续大于自主知识产权、自主品牌、自主营销渠道，依赖成本驱动型境外资本发展低端产品和服务一直持续到2008年。

问题之二，民营企业、中小企业、草根经济等内生增长是一个自然的生态系统，增长非常缓慢。地方政府对发展经济的激励，一方面是培育内生增长慢变量，另一方面是推动招商引资快见效。中西部地区培育内生因素和招商引资都很困难。

问题之三，我国技术发展路径始终在是依赖引进拿来主义还是自主创新支持本土之间徘徊。拿来主义和山寨抄袭成为"干中学"的两种阶段性现象。2012年以来科技创新的形势发生重大变化。尤其是美国挑起贸易摩擦，将加速推动我国的自主创新。

事实上，加工贸易的顺差、就业和收入都是跨境转移来的，代工贴牌很容易在短时间内形成规模生产、规模贸易、规模就业。尤其符合主管部门对外贸、外资、外汇、外经的业绩考核要求，符合高速增长阶段地方政府的政绩导向要求。当时，对外开放和国内发展"两张皮"也加剧了这种局面的长期延续。

一种主导的贸易方式长期持续的代价是什么？

一是事实上形成了血汗工厂。据调查，1995—2005年，珠江三角洲等地的农民工名义工资只增加了几十元钱，名义工资增长率显著低于当时的通胀率。农民工靠无休止的加班赚取加班费。2005—2008年，人民币汇率升值，新的《中华人民共和国劳动合同法》出台，国内进行去产能、减顺差、上档次的结构调整，开始大幅提高国内要素成本。

二是海关特殊监管区域遍地开花。伴随着改革开放进程，出口加工区、区港联动、保税区、保税物流园区等综合保税区遍地开花。一方面，促进了中国对外开放；另一方面，由于管理问题而占用了大量的财政资源、土地、行政资源。在新形势下，这些海关特殊监管区域的未来功能是什么，尤其是中国特色自由贸易港的发展方向是什么，需要深入系统研究。

三是外向型模式积累了规模巨大的外汇储备资产。我国积累了巨额的对外净资产，但给国家和人民创造的投资净收益却是负值。一方面，在经济全球化和信息技术革命的背景下，我国扩大加工贸易方式和引进全球供应链的开放政策必然积累巨额贸易和投资顺差。另一方面，我国在较短时间内积累了峰值规模近4万亿美元的储备资产，如何进行多元化管理和运用，尚没有做好准备。

二、从加工贸易转向自主生产的路径选择

改革开放以来,广东加工贸易方式转型发展有三种不同的模式:一是以深圳为代表的特区模式;二是以佛山为代表的自主和内生增长模式;三是以东莞为代表的招商引资和代工贴牌模式。

1. 深圳从加工贸易转向体制创新和科技创新

在这三种模式中,深圳最早从加工贸易方式转向自主生产模式,转向创新发展模式。经济特区的体制创新优势为深圳带来了要素创新效应,即全国甚至全球的优质人才、资源和要素向深圳集聚,形成了深圳在制度上的先发优势。一方面,改革开放的体制创新先行先试,较容易在一些综合物流成本和全球供应链管理具有区位优势的沿海区域形成优质要素、人才和产业的集聚效应,逐步构建创造性模仿、国际化经营、全方位合作等更高层次的自主生产体系。另一方面,扩大对外开放使这些区域可以更好地利用国际资本市场、全球采购网络、现代化基础设施,形成要素创造效应,深圳正在成为最有创新活力的地方。当前,深圳面对的问题是如何在推动高质量发展、建设现代化经济体系、探索治理体系和治理能力现代化过程中成为排头兵。在这个探索过程中,深圳传统的模式和创新活力能否成功转型,很大程度上取决于深圳如何开放合作,打造一流大学、一流科研院所、一流关键共性技术和公共技术支撑体系、一流创新型企业、一流直接融资体系,通过全方位国际合作构建新型要素创造体系。

从表3-5中可以看到,深圳在2016年全国前15个城市"双创"指标的排名中,专利排第2名,仅次于北京;商标排第3名,紧随北京、上海之后;新注册企业数排第1名,说明深圳创业创新的营商环境优于北京、上海;风险投资排第3名,上海第1名、北京第2名,反映了在金融活跃度和科技创新成果方面深圳和上海、北京还有一定差距;外来投资排第1名,说明深圳是全球资本追逐的城市,深圳的投资环境和科技创新活力的优势,使其成为吸引全国乃至全球科技创新成果落地转化和产业化的主要城市。深圳作为我国改革开放的第一批经济特区,不仅在高速增长阶段创造了"深圳奇迹",而且在转向高质量发展阶段、建设现代化经济体系、解决不平衡不充分发展矛盾等方面,走在了新时代、新起点、新征程的最前沿。

深圳作为改革开放的窗口、桥梁和重要平台，其最大优势是体制创新、科技创新和文化创新走在了全国前列。过去40年，香港作为内地学习市场经济的优秀教室，深圳作为世界进入中国、中国融入世界的重要平台，共同担当了中国改革开放和世界交互影响的转换器、加速器和孵化器作用，推动了全国的改革开放和创新发展。截至2017年，深圳的GDP达到了2.24万亿元，排名全国第3位；人均国民收入达到了18.31万元，排名全国第1位；它是全国第三大金融中心城市，全球第三大集装箱港口，外贸进出口额达到了2.8万亿元，排名全国第1位；全社会研究与试验经费支出超过900亿元，占GDP比重为4.13%。到2020年，深圳将基本建成现代化、国际化创新型城市，高质量全面建成小康社会；到2035年，深圳将建成可持续发展的全球创新之都，实现社会主义现代化；到21世纪中叶，深圳将成为竞争力、影响力卓著的创新引领型全球城市。

表3-5　2016年全国前15个城市"双创"指标排名

排名	城市	城市总量分项排名											
		专利		商标		新注册企业数		风险投资		本地创业者		外来投资	
1	北京	1	0	1	0	3	0	2	-1	3	0	3	-1
2	上海	3	0	2	0	2	0	1	1	2	0	2	1
3	深圳	2	0	3	0	1	0	3	0	188	-21	1	0
4	广州	6	4	4	0	5	1	5	0	36	-8	4	0
5	成都	8	-1	6	1	6	1	9	1	7	1	5	0
6	苏州	4	0	9	1	10	0	8	0	46	8	8	1
7	天津	10	1	18	-4	9	0	4	2	5	0	6	2
8	杭州	7	-1	5	0	11	0	6	-2	55	-38	9	-3
9	重庆	9	0	7	-1	7	-2	13	-2	1	0	18	-3
10	南京	12	0	11	6	4	0	10	-1	44	-3	7	0
11	武汉	19	0	14	6	14	-1	7	6	13	-2	10	1
12	宁波	5	0	21	-5	21	3	12	-5	64	-42	11	-1
13	合肥	18	0	26	1	16	2	11	6	12	3	16	2
14	青岛	17	1	20	-1	15	-7	18	3	16	-6	17	-1
15	郑州	31	-1	10	8	13	-2	24	-5	21	0	12	0

资料来源：张晓波等，《朗润龙信中国区域创新创业指数2017》。

2. 广东佛山从"三来一补"到内生性增长再到共享全球化发展机遇

加工贸易方式转型的第二个方向是形成自主生产体系，代表性模式是佛山。当佛山民营企业的代工贴牌"干中学"过程发展到一定阶段时，加工贸易方式会逐步转向自主生产体系，以民营中小企业为主体，从全球价值链低端做起，逐步形成低成本竞争优势，通过一般贸易或内销方式进入国际和国内市场。但随着我国经济从高速增长转向高质量发展阶段，佛山等地的民营中小企业转型遇到了很大困难，包括缺技术、缺人才、缺资金、缺品牌、缺渠道、缺转型的经验和能力。如何解决民营中小企业从全球价值链低端转向中高端，佛山喊出的口号是对标德国，通过引进和发展现代工业服务或生产性服务业，做优、做强、做大传统制造业。佛山开始推动新一轮招商引资，试图引进高技术服务业、制造业和全球化人才，促进传统制造业与其合作，完成从"游击队"向"正规军"转型的新征程。

广东佛山模式的特点是草根经济十分发达、民营中小企业充满活力、传统制造业规模巨大、转型升级举步维艰。佛山在过去40年的高速增长时期，一是政府简政放权，把权力从市下放到区，从区下放到镇，形成一个放水养鱼、藏富于民的市场环境；二是打造一个好的政府公共产品和服务供给体系，包括打造一个不断完善的职业教育和技术培训体系，建立共性技术和公共技术服务体系，健全公共医疗和保健服务体系等；三是形成一个好的社会治理和社会服务体系，如就业、社会保障、收入分配等。政府、市场和社会形成三位一体和谐发力，是佛山模式的一大特点。

2016年，佛山GDP达到8630亿元，在广东省内仅低于广州和深圳。在同类型工业城市中，佛山GDP水平仅低于青岛、苏州、无锡，略高于宁波（见表3-6）。其中，青岛、宁波是副省级的计划单列市，苏州和无锡是我国民族工业的发源地[①]。在人均GDP方面，佛山达到115600元，高于宁波和青岛，仅低于苏州和无锡。在工业总产值方面，佛山仅低于苏州，高于宁波、青岛、无锡。在工业增加值占GDP的比重方面，佛山是同类工业城市中排名最前的。在驰名品牌数量方面，佛山名列第一。这说明，佛山是一个传统的工

---

① 苏州有中国、新加坡两国副总理担任领导、政府间合作建立的苏州工业园区；无锡是我国民族工业摇篮。

业城市,在工业化发展过程中,佛山的发展业绩在全国同类工业城市中是出类拔萃的。

表3-6 2016年佛山与其他主要工业城市的比较

城市	GDP/亿元	人均GDP/万元	工业总产值/亿元	工业增加值占GDP的比重/%	驰名品牌数量/个
佛山	8630	11.56	21264	54.68	157
宁波	8541	10.85	14440	44.10	83
青岛	11010	10.88	17416	36.49	135
苏州	15475	14.56	35767	41.13	117
无锡	9210	18.94	15084	33.39	83

资料来源:张燕生《三位一体,永续之道》,《财经》智库发布,2017年。

佛山不是省会城市或副省级城市,如果按财政收入来看,佛山在全国同类工业城市中并不具有明显优势;佛山不是经济特区、自由贸易试验区或其他特殊功能的新区,很少享有优惠政策和特殊政策的支持;佛山不是国家科技政策、产业政策或竞争政策重点扶持的地区,很少有国家重大投资项目、重大科技攻关项目或战略性新兴产业重大专项布局。佛山经济和制造业实现近40年的高速增长,依靠的是改革开放所创造的公平参与的历史机遇,依靠的是发挥市场合理配置资源的竞争机制作用和更好发挥地方政府的作用,依靠的是民营企业、外资企业和国有企业混合所有制协同发展的成长活力,由此形成的"佛山特色",正是具有中国特色社会主义市场经济的样板和缩影。

在新形势下,佛山的草根经济、民营企业、中小企业要转向高质量发展,适应经济新常态,建立实体经济、科技创新、现代金融、人力资源协同发展的现代化产业体系,遇到了难以想象的困难。佛山培育的一大批优秀的民营企业,如美的、碧桂园的营业收入超过千亿元规模,格兰仕、联塑、海天、海信科龙等8家企业的营业收入超过百亿元规模。然而,要从过去的高速增长转向高质量发展,从过去的低成本优势转向科技创新优势,从过去的"游击队"转向全球竞争的"正规军",都会面对巨大的转型困难。其中包括缺技术怎么办、缺人才怎么办、缺资金怎么办、缺品牌怎么办、缺渠道怎么办、缺转型经验和能力怎么办等，对此，佛山喊出了对标欧洲，用欧洲发展现代工业服务的方式，促进制造业转型升级的口号。那么，怎么对标？佛山引进了一汽大众、甲骨文软件、北汽福田、中国中车、千山药机等国内外优秀企业，为草根经济和民营中小企业转型树立学习的榜样。在引进时，为了摆脱传统体制政绩考核和税源经济的束缚，佛山放弃了一些项目的GDP政绩和税收利益，拿出土地和配套资金，把一些国际大跨国公司的项目引进佛山，目的就是为本地草根经济和中小企业转型树立学习的榜样。同时，佛山政府充分发挥"双创"（大众创业和万众创新）和"双公"（提供优质公共产品和公共服务）"双引擎"的重要作用，创造新旧动能转换所需要的发展环境和支撑条件。事实上，在转型过程中，"双公"的作用比"双创"更重要，改善创业创新环境可以提高"双创"企业、项目和人才的成功概率和创造更多的发展机遇。

3. 东莞从推动传统招商引资转向科技创新自主发展

第三个方向是继续沿着招商引资、代工贴牌、产品行销全球的路径向前发展，形成了台港澳投资企业为美欧投资企业代工或贴牌，本地企业为台港澳投资企业代工或贴牌的加工贸易生产链。本地企业比台港澳投资企业的分工档次更低。民营企业参与工序分工的比重普遍不高，存在内外产业隔离，如广东的东莞模式。然而，目前东莞模式也在转型。一是打造松山湖自主创新示范区，培育内生性、自主性、本地化的供应链生产体系。二是培育裂变中子源基础研究集群，逐步形成基础研究、基础应用研究、开发试验研究、共性技术和公共技术支撑体系。三是引进华为等科技创新型龙头企业、华科东莞研究院等机构，形成境内、跨境、境外一体化的全球创新网络。四是构建新型加工贸易转型基地，通过激励加工贸易供应链的高端增值服务本地化，形成扎根本地的新型加工贸易产业体系。五是培育本地创新型企业集群。

东莞模式的特色和优势是招商引资。通过不断提升招商引资内容、手段和档次，逐步形成从传统制造业到先进制造业，再到战略性新兴产业、以科技创新为中心的生产性服务业的协同发展。东莞模式有以下几个特点：

一是需要营造一个好的投资环境。其特点之一，是与国家和省主管部门保持密切的联系。在不同的发展阶段，从国家对外开放的大局出发，先行先试当时最新的对外开放和招商引资的重点举措。如从加工贸易的试点到外商投资企业产品转内销，再到加工贸易的转型升级，培育自主创新试验区。

二是需要打造一个服务型政府。尤其在改革开放初期，我国对外开放和市场环境的基础薄弱，很像"一带一路"相关国家和地区目前的投资环境和条件，如投资的体制风险高、政治风险高、市场风险高、经济和经营风险高等，导致投资的不稳定不确定性风险高。只有依靠一个全力支持外商投资企业发展的服务型政府，才能帮助外商投资企业排除投资的各种困难和矛盾，聚焦重点领域、重点地区、重点行业，逐步建立上下游、产供销、内外贸、大中小企业协同发展的跨境供应链体系，打造"项目群、产业链、经济区"集聚发展的投资小环境。

三是需要建立一套招商引资的优惠政策体系。改革开放初期，东莞是以农业生产为主的相对落后地区。为了招商引资，东莞政府部门采取的第一步举措是成立东莞对外来料加工装配领导小组办公室，协调各个职能部门协助招商。重点是简化审批手续，与外商进行谈判，最后达成签约，从签约到投产的全流程最快只需要一周时间。在最好的一年，东莞赚取的"三来一补"[①]加工费占全省的28.7%。第二步举措是改善基础设施条件，筑巢引凤。"三来一补"的企业采取计件取酬。当时达成了一个共识：引进外商，就应当引进外商的经营模式，构建一个以外商投资为主、代工贴牌为主、加工贸易方式为主的加工组装生产模式。这种模式的优点是能发挥"要素创造"效应，即把其他经济体的优秀企业和优质要素吸引到本地发展。缺点是所形成的台港澳企业为美欧企业代工或贴牌，本地企业为台港澳企业代工或贴牌的代工生产链，缺少内生增长因素。因此，当美欧生产网络被金融危机重创，或本地要素成本优势不在时，传统的代工和贴牌生产模式就会受到严重影

---

① "三来一补"是来料加工、来料装配、来样加工和补偿贸易的简称。来料加工指外商提供原材料，委托我方工厂加工为成品。产品归外商所有，我方按合同收取工缴费。在确定工缴费时，需要考虑国内的收费标准、自身的成本、国际上的价格水平、委托银行收款的手续费，以及是否支付运费和保险费。来料加工应规定制成率，用料定额包干。如果外商提供了生产设备，其价款从工缴费中扣除。来料装配指外商提供零部件和元器件，并提供必需的机器设备、仪器、工具和有关技术，由我方工厂组装成成品。参阅何盛明：《财经大辞典》，中国财政经济出版社，1990。

响,甚至难以为继。

在外商投资企业开始大举撤离的压力下,东莞市委、市政府对传统招商引资的发展模式进行了重大改革和战略调整。一方面,东莞规划建设了松山湖高新区,承接深圳等地的优秀企业,如华为、OPPO、vivo等国内先进制造业企业落户东莞,下大气力补内生性增长的短板和强自主创新的弱项。另一方面,东莞依托中国科学院高能物理研究所的散裂中子源等科学资源,引入同步辐射光源等大科学装置,全方位合作建设国家科学中心,聚集全国全球科学英才,改造东莞传统的要素禀赋优势,发挥新一轮要素创造效应,为下一轮科技创新驱动创造条件。

三、广东与江苏、山东等东部沿海地区经济发展潜力之比较

2009年以来,我国经济结构调整出现了不平衡发展的态势。从广东、江苏、山东、浙江四省的经济数据比较中可以看出,2009年以来,江苏、山东在多数年份的GDP增速、工业增加值增速方面要快于广东[①],但广东在多数年份的用电量、货运量、信贷余额增长率、地方财政收入增长率、进出口增长率方面要好于江苏和山东。也就是说,总量增长速度在一个较长时间会掩盖结构转换的质量差距。如果这种态势持续较长时间,不同省份之间的增长潜力、增长实绩和生产力增长动力的差距就会真实地显示出来。

2017年,江苏和山东GDP的增速开始落后于广东。广东的GDP为89879.23亿元,居全国首位;江苏与广东的差距为3978.29亿元,与2016年相比,差距扩大511.66亿元;山东和浙江与广东的差距为17201.05亿元和38110.97亿元,与2016年相比,差距分别扩大4370.63亿元和4507.42亿元。在财政收入方面,2017年广东完成地方一般公共预算收入11315.21亿元,连

---

① 2008—2017年,江苏有9年的地区生产总值增速快于广东,山东有8年的地区生产总值增速快于广东,但到2017年和2018年前三个季度,广东和山东、江苏地区生产总值的增速差距拉大。这说明,高速增长的动能不加快发生转换、结构不加快发生转换、模式不加快发生转换,增长潜力将会进一步削弱。

续27年位居全国首位，比规模居第二位的江苏多3143.68亿元。广东规模以上的工业实现利润8985.97亿元，同比增长15.7%，比上年提高4.7个百分点，增速仅比浙江低0.9个百分点，比江苏和山东分别高3.3个百分点和4.2个百分点。

从表面上看，广东、江苏、山东之间的经济差距出现在2017年，实质上，这种差距表现为结构转换的差距，过去10年在总量上观察不到这种差距，但从结构转换数据来看，这种经济差距在持续扩大。危机、危机、危中有机。在国际金融危机的打击下，美欧经济开始了新一轮再工业化、再创新、再就业的结构调整。我国整体上也从代工贴牌转向自主知识产权、自主品牌和自主营销渠道；从全球价值链的低端转向全球价值链的中高端；从简单模仿、抄袭、"山寨"转向创造性模仿和科技创新，由此进入了一个新旧体制转轨、新旧结构调整、新旧动能转换的关键时期。广东从2009年开始进行"腾笼换鸟""双转移"的结构调整，浙江稍后也推动了实体经济的结构调整和转型升级。江苏、山东在这一轮的体制转轨、结构调整、动能转换过程中滞后，表现为旧观念、旧体制、旧结构、旧动能制衡着推动高质量发展，建设现代化经济体系，解决不平衡不充分的发展矛盾。

从表3-7提供的数据可以看到，2018年前三个季度，广东实现生产总值7.06万亿元，同比增长6.9%，高于全国0.2个百分点。与江苏、山东、浙江相比，前三个季度广东生产总值增速分别高出江苏和山东0.2个百分点和0.4个百分点，低于浙江0.6个百分点。广东固定资产投资增速为10.2%，高于江苏、山东、浙江。广东规模以上工业增加值增长6.6%，虽然低于浙江的8.0%，但高于全国的6.4%和江苏、山东的5.5%。广东地方一般公共预算收入增速高于江苏和山东，低于浙江；进出口总额增长5.9%，高于山东的4.8%，低于浙江的12.5%和江苏的9.3%。

如果从缩小城乡、区域、居民收入差距，实现强劲、平衡、可持续和包容发展的角度看（见表3-8），广东人均GDP的差距要明显大于江苏、山东和浙江。这里计算了广东、江苏、山东、浙江四省人均GDP名列后四位的地市与人均GDP名列前四位的地市的比值，广东是19.2%，即名列后四位地市的人均GDP只相当于名列前四位地市的人均GDP的不到1/5。广东在推动供给侧结构性改革方面取得了成效，下一步的发展应当是如何解决省内地区差距过大的问题。要解决效率问题，应当让市场在资源配置中起决定性作用，然而，要解决公平问题，就需要更好地发挥政府的作用、更好地发挥社会的作用、更好地发挥企业社会责任的作用，共同促进城乡区域协调发展。

改革开放40年，我国企业500强中有237家民企，263家国企。有172家千亿级企业，其中国企125家，民企47家。2018年，广东企业500强中，中国平安保险以9745.7亿元的营业收入位居榜首（见表3-9），华为投资控股有限公司、华润（集团）有限公司分列第2、第3位。在榜单中，有21家过千亿元的企业，其中有12家民营企业，占比达到57%。榜单前13位的企业，均成功入围世界500强。浙江营收超千亿元的企业有14家，营收超2000亿元的企业有3家。吉利控股营收最多，共计2782.65亿元。物产中大排名第2，营收为2762.17亿元，阿里巴巴位居第3，营收为2502.66亿元。江苏有11家营收过千亿元的企业，排名前5位的依次为苏宁控股集团有限公司、太平洋建设集团有限公司、恒力集团有限公司、江苏沙钢集团有限公司、中南控股集团有限公司。山东有8家营收超过千亿元的企业，其中魏桥创业集团以3595.78亿元位列第1，山东能源集团、海尔集团分别以3085.27亿元、2419.01亿元位列第2、第3位。

表3-7 2018年前三个季度粤、苏、鲁、浙四省主要经济指标比较

单位：%

指标		全国	广东	江苏	山东	浙江
生产总值	2018年前三个季度	6.7	6.9	6.7	6.5	7.5
	2018年上半年	6.8	7.1	7.0	6.6	7.6
	2017年前三个季度	6.9	7.6	7.2	7.5	8.1
规模以上工业增加值	2018年前三个季度	6.4	6.6	5.5	5.5	8.0
	2018年上半年	6.7	6.2	6.2	5.3	8.2
	2017年前三个季度	6.7	7.2	7.5	7.0	8.3
固定资产投资	2018年前三个季度	5.4	10.2	5.6	5.8	6.9
	2018年上半年	6.0	10.1	5.3	6.1	5.7
	2017年前三个季度	7.5	14.6	7.5	8.0	9.6

(续表)

指标		全国	广东	江苏	山东	浙江
社会消费品零售总额	2018年前三个季度	9.3	9.1	8.8	9.3	9.7
	2018年上半年	9.4	9.3	9.2	9.3	10.1
	2017年前三个季度	10.4	10.3	10.9	10.0	10.6
进出口总额	2018年前三个季度	9.9	5.9	9.3	4.8	12.5
	2018年上半年	7.9	2.7	9.4	1.2	8.9
	2017年前三个季度	16.6	11.0	20.2	18.0	15.9
地方一般公共预算收入	2018年前三个季度	7.8	10.0	9.3	7.8	16.2
	2018年上半年	8.0	10.3	8.3	8.0	16.9
	2017年前三个季度	10.0	10.4	5.1	8.0	13.1

表3-8 2017年鲁、粤、浙、苏GDP的比较

省份	GDP/亿元	人均GDP/(元·人$^{-1}$)	人均GDP/(美元·人$^{-1}$)	人均GDP后四位地市与人均GDP前四位地市的比值/%	人均GDP前四位地市额/美元
山东	72678	72851	10790	34.1	19460
广东	89879	81716	12102	19.2	22900
浙江	51768	91500	13550	54.4	17100
江苏	85900	107395	15986	41.5	22438

表3-9 2018年广东企业500强中的前21位

单位：亿元

序号	公司名称	行业	地区	2017年营业收入
1	中国平安保险（集团）	服务业1	深圳1	9745.7
2	华为投资控股有限公司	制造业1	深圳2	6036.2
3	华润（集团）有限公司	综合类1	深圳3	5553.3

（续表）

序号	公司名称	行业	地区	2017年营业收入
4	中国南方电网	服务业2	广州1	4919.4
5	正威国际集团	制造业2	深圳4	4918.0
6	广州汽车工业集团	制造业3	广州2	3401.1
7	招商银行	服务业3	深圳5	3239.4
8	恒大集团	服务业4	广州3	3110.2
9	万科	服务业5	深圳6	2429.0
10	美的集团	制造业4	佛山1	2419.2
11	腾讯	服务业6	深圳7	2377.6
12	碧桂园	服务业7	佛山2	2269.0
13	雪松控股	综合类2	广州4	2210.8
14	珠海格力电器	制造业5	珠海1	1500.2
15	保利房地产（集团）	服务业8	广州5	1463.1
16	中国南方航空	服务业9	广州6	1274.9
17	TCL集团	制造业6	惠州1	1117.3
18	中兴通讯	制造业7	深圳8	1088.2
19	富德生命人寿保险	服务业10	深圳9	1066.6
20	比亚迪	制造业8	深圳10	1059.1
21	广州医药集团	制造业9	广州7	1021.0

第三节　危机改变了中国在亚洲生产网络中的作用

一、1997年7月爆发的亚洲金融危机

这次危机属于亚洲生产网络危机，欧美生产网络并没有发生相似的危机或受到较大的冲击。危机的根源主要在于东亚生产体系的外延式增长方式。1995年前后，美国经济学家克鲁格曼曾严厉批评东亚生产方式。他认为，所谓东亚奇迹，主要是依靠增加要素增长来实现产出增长，而不是依靠要素生产率增长来实现产出增长，是外延式增长而不是集约式增长，这种模式不可能持续，很快会达到增长的极限。结果不幸被他言中，不久以后就爆发了亚洲金融危机。危机确实沉重打击了日本、韩国的半导体、汽车、钢铁等大企业集团，打击了亚洲自主生产体系，也打击了当时中国学习日本、韩国大企业集团发展模式的决心和信心。当时，也有少数大企业集团躲过了危机的冲击，如韩国三星集团。三星集团由于在危机爆发前推动了以提升企业核心竞争力为指向的结构调整，不仅躲过了危机冲击，而且逆势而上，把握住了2000年以后中国市场高速增长的机遇，又躲过了2008年国际金融危机的打击，最终成为全球性一流大公司。

1998—2001年，我国中央财政连续4年共发行5100亿元长期建设国债用于政府投资，并带动地方、部门、企业投入配套资金和银行安排贷款共10000亿元。国债投资方向以基础设施为主，重点投向大江大河堤防整治、重点地区生态环境整治、铁路公路民航交通建设、城市基础设施建设、农村电网改造、中央直属储备粮库建设等领域。还采取了财政贴息政策，带动重点行业和重点企业投入资金进行技术改造。同时，为配合刺激消费增长，一是增加了教育、旅游等方面的基础设施投资；二是增加政府财政支出，提高中低收入居民收入水平和社会保障水平，扩大社会消费；三是实行各种税收政策，鼓励增加投资消费和扩大出口。这些扩张性的财政政策，为稳定经济、避免经济出现更大波动做出了贡献，国内需求对经济增长的拉动作用明显增强。

在亚洲金融危机爆发期间，为美国全球价值链代工贴牌的中国台湾工商界没有遭受到危机的打击。当时国际上有一种观点认为，企业为美欧生产网络代工贴牌是一个比独立自主、自力更生、发展本国自主技术战略更好的发展模式，既可以搭上美欧技术进步和金融基础设施效率提高的便车和快车，又可以节约自身在研发、品牌和营销渠道建设方面的支出，还能够取得更好的经济社会效益。这种流行观点对我国产生了一定的影响。事实上，我国企业嵌入国际工序分工体系，提供代工或贴牌的加工组装和加工贸易，持续了很长的时间。一直到2008年，加工贸易出口占一般贸易出口的比重仍大于100%。从回顾的角度看，一个大国持续30年学习沿用小经济体模式，如代工贴牌的加工组装模式，始终处于全球价值链的低端，习惯于简单模仿、抄袭、"山寨"，年复一年地促进加工贸易发展，是值得从战略、体制和理念上进行深刻反思的。

二、2008年9月爆发的国际金融危机

这次危机沉重打击了欧美生产网络，同时也打击了为欧美生产网络代工或贴牌的亚洲企业。由于这次危机的根源是虚拟经济与实体经济相脱离，打击的是长期脱实向虚的经济体，因此东亚生产网络和自主生产体系所受到的直接冲击不大。真正的外部冲击来源于欧美生产网络为应对危机而采取的量化宽松货币政策以及量化宽松政策退出所带来的外溢效应。

2008年第四季度，美国次贷危机演变为国际金融危机，这次危机对中国经济的影响是由两部分组成的。一是前期国内宏观调控措施的影响。尤其在2007年5月以后，调产能过剩、减外贸顺差、压"两高一资"、紧货币信贷、出台新《中华人民共和国劳动合同法》等调控力度明显加大，导致GDP和出口增长率从2007年第三季度起显著下行。二是后期国际金融危机的冲击。可见，这次危机的影响是国内调整与外部冲击的叠加效应。

2008年11月，国务院确定紧急增加中央投资1000亿元，并启动了2009—2010年4万亿元投资的经济刺激方案。重点投向保障性安居工程、农村民生工程和农村基础设施、医疗卫生和文化教育事业、生态环境、自主创新和产业结构调整、铁路等基础设施、灾后恢复重建等领域。这些措施使我国经济

最早摆脱危机的影响。

在这个时期，东亚模式出现了分化。韩国人均GDP在2005年超过了中国台湾。其中一个重要原因是中国台湾用代工贴牌的生产模式搭了美国经济的便车，当美国经济脱实向虚陷入空心化时，中国台湾企业必定深受其害。而韩国是用自主生产的方式搭上了中国大陆经济的便车，最后的事实证明，虽然韩国的经济基础不如中国台湾，市场机制和经济活力不如中国台湾，与中国大陆文化的渊源不如中国台湾，但由于复杂的政治原因，中国台湾并没有像韩国那样，真正把经济命脉紧紧地与中国大陆经济联系到一起。

1990年以来，美国高技术制造业占比和中高技术制造业占比出现了长期持续下降的趋势，金融、房地产、建筑等行业的比重持续上升，出现了经济泡沫化、结构虚拟化、产业空心化，最终陷入国际金融危机。与此同时，随着改革开放的不断深入，中国大陆经济进入高速增长的黄金时期，接连出现了消费升级浪潮，先后带动了轻纺工业、重化工业、装备制造业以及现代农业、先进制造业、高技术服务业的快速增长。正由于中国台湾搭上了美国产业结构空心化的便车，韩国搭上了中国大陆产业结构转型升级的便车，最后导致中国台湾和韩国取得了不同的增长业绩，如在集成电路方面，三星的综合实力超过了台积电。

国际金融危机爆发后，美国以全球经济再平衡为理由，逼迫人民币持续升值。2009年，中国经济增长对世界经济增长的贡献率高达50%，危机后的10年，中国经济增长对世界经济增长的贡献率年均保持在30%以上。一方面，我国经济对世界经济和美国经济复苏做出了重大贡献，而美国回报的是贸易保护主义。另一方面，国际压力和转型难度在某种程度上延迟了我国经济结构调整的进度。随着我国劳动力成本、土地成本、环境成本等综合成本的持续上升，外商投资企业开始把加工组装基地转向东南亚、南亚次大陆及其周边地区。尤其是近年来，中美贸易摩擦越演越烈，锋芒直指"中国制造2025"战略。在这个背景下，我国企业开始从代工贴牌、全球价值链低端、简单模仿的生产模式转向自主知识产权、品牌和营销渠道，转向全球价值链中高端，转向创造性模仿和科技创新的新模式，科技创新成为第一动力。

三、2018年美国挑起贸易摩擦

当前我国的发展进入了一个重要的转型期。一方面,国际形势正处于百年未有之大变局之中。在历史上,1918年的大变局伴随着二三十年的世界经济大混乱和大国政治经济大博弈,最终爆发了经济大萧条和世界大战。今天的大变局也同样伴随着国际金融危机爆发以来世界经济政治格局和国际秩序的大调整。是再次走向因大国政治经济冲突不可调和而产生的"脱钩",甚至由于分歧失控而走向某种热战,还是在沟通和协调中走向合作,考验着人们的理性和战略定力。

中美两个大国以及相关国家的根本利益存在着合作和冲突两种可能性。美国单方面挑起贸易摩擦是希望在这场大变局中继续保持美国第一,实现美国再次伟大。同样,我国也希望在这场大变局中不忘初心、牢记使命,始终把握正确的前行方向,实现中华民族的伟大复兴。中美关系存在着利益冲突,非理性对抗的制度性、系统性风险在持续上升。在可以预见的未来,中美关系从冲突走向合作的发展之路,将是长期曲折的、伴随着世界经济格局和国际秩序分化、充满矛盾冲突和对抗的风险之路,同时也是中美从零和博弈的全面对抗走向超越零和博弈的全面合作的机遇之路,大国关系正在进入历史上最复杂、最严峻、最困难的转折时期。

我国在百年未有之大变局中要保持战略定力,坚持得道多助、失道寡助之道,继续全面推进改革开放、继续全面落实依法治国、继续全面推动社会主义现代化强国建设,在大变局中趋福避祸、趋利避害、转危为机,进而实现中华民族伟大复兴。习近平指出,当今世界正处于大发展大变革大调整时期,我们要具备战略眼光,树立全球视野,既要有风险忧患意识,又要有历史机遇意识,努力在这场百年未有之大变局中把握航向。为此,我们要从战略、全局和前瞻的高度统筹谋划应对之策,掌控大国之间的分歧和矛盾,牢牢把握中美关系基于合作的发展大方向,牢牢把握建设开放型世界经济的战略机遇期,牢牢把握构建人类命运共同体的最大公约数,为推进世界和平、发展与合作做出重大贡献。

第四节 我国对外开放的发展经验

一、经验之一：参与国际分工，培育内生动力

改革开放之初，我们面对着严重的外汇短缺、资本短缺、商品短缺的瓶颈制约。一方面，要最大限度地解放和发展社会生产力，需要引进国外先进技术、设备和人才；另一方面，为满足人民的温饱和基本需求以及平抑物价急需进口一些商品，像彩电、洗衣机、电冰箱。在供求关系严重失衡，存在价格、汇率、税率等"双轨制"的条件下，市场机制是很难在资源配置中发挥基础性作用的。因此，加大力度实施鼓励招商引资和货物出口的外向型经济战略，是当时走出困境的有效途径之一[1]。

首先，我国对外贸易经历了从指令性计划管理和国家统负盈亏到简政放权、藏富于民、放水养鱼，再到让市场机制在资源配置中起基础性作用，最后到让市场机制在资源配置中起决定性作用和更好地发挥政府的作用的体制变迁过程；经历了从外贸经营权高度垄断到逐步放开参与全球生产网络，再到构建自己的全球供应链体系和跨境电商等新型贸易方式的过程。外贸企业经历了从"吃大锅饭"到自主经营自负盈亏成为自主经营主体，再到"走出去"打造共享型混合所有制的全球跨国公司的演进过程。其中重要的经验之一是始终坚持了改革开放的大方向不动摇。然而，值得汲取的一条重要教训是，渐进式、增量驱动、先试点后推广推动的改革开

---

[1] 第二次世界大战后，国际发展经济学界占主导地位的观点是鼓励发展中国家实施进口替代发展战略。普雷维什-辛格的贸易条件长期恶化论，认为发展中国家主要出口的初级产品相对发达国家出口的工业制成品存在剪刀差，即工业制成品相对价格持续上升和初级产品相对价格持续下降，导致发展中国家出口的贸易条件长期恶化。建议发展中国家模仿苏联的工业化战略，建立与发达国家类似的制造业结构，替代进口产品，实现工业化。纳克斯的出口悲观论也认为，发展中国家出口购买力存在长期恶化的趋势。即使在中国台湾，也存在权威经济学家蒋硕杰和王作荣的论战，台湾出口香蕉、菠萝、大米，国际市场上长期价格下跌，出口导向战略如何实现台湾的工业化和现代化。

放到了一定程度，所面对的既得利益将会阻碍改革开放进一步全面深化、攻坚克难、走实走深。因此，需要引入外来竞争压力，尤其是主动有效借助国际金融危机、区域生产网络危机、大国博弈冲击等具有系统性、全局性、战略性影响的重大事件，趋福避祸、化弊为利、转危为机，打破各种既得利益阻力和障碍，构建面向未来的开放型经济新体制和国际竞争合作的新格局。

其次，我国发展社会主义市场经济体制是从"三来一补"的加工贸易出口起步的；是从招商引资，引入外来竞争压力起步的；是从"摸着石头过河"起步的。其中一条重要的经验是实事求是，始终坚持实践是检验真理的唯一标准的原则，创立了用加工贸易这种嵌入跨国公司国际工序分工体系的小经济体的生产和贸易方式撬动了一个大国的改革开放并创造了经济贸易高速增长的奇迹。而值得汲取的一条教训是如何克服工序分工嵌入式路径依赖的锁定效应。直到2008年，我国加工贸易出口的规模仍大于一般贸易出口，招商引资仍是许多地方政府发展经济的重要手段，关键核心技术靠"拿来主义"而不是自主创新获得。2012年以来，科技创新、工业服务、独立自主才开始成为主导的发展趋势。

最后，对外贸易是连接我国经济和国际市场的重要渠道。为了鼓励出口增长，我国曾实行了"奖出限入"的对外贸易政策，并采取了出口导向和进口替代相结合的混合发展战略。出口创汇曾经是最重要的绩效考核指标。在1992年明确改革开放的未来方向，1993年11月党的十四大确立社会主义市场经济改革目标后，对外贸易从"互通有无、调剂余缺"转向充分利用两个市场、两种资源，参与国际交换与竞争。如取消了多重汇率制，实行以市场供求为基础的、单一的、有管理的汇率制度，实行外汇收入结汇制，解决了进出口企业购汇结汇难的问题。表3-10的数据表明，我国出口额的位次，从改革开放之初的第26位上升至2010年的第1位。其中一条重要的教训是，培育内生性增长因素，需要处理好市场这只"无形之手"、政府这只"有形之手"、社会这只"和谐之手"之间的关系，并形成合力。光有市场这只手，也许能够有效解决资源配置效率和社会生产力发展的矛盾，但很难解决不平衡、不协调、不可持续的矛盾。光有政府这只手，也许能够有效解决不平衡、不协调、不可持续的矛盾，但经济缺少活力和效率。光有社会这只手,也许能够解决社会和谐、社会自治、社会合作等问题,但不可能持续下去。

表3-10　1980—2017年中国出口额占世界出口总额比重和出口额的位次

年份	世界出口总额/亿美元	中国出口额/亿美元	中国出口额占世界出口额比重/%	中国出口额的位次
1980	19906	181	0.9	26
1985	19277	274	1.4	17
1990	34700	621	1.8	15
1995	51640	1488	2.8	11
2000	62201	2497	3.9	7
2005	104950	7620	7.3	3
2010	153010	15778	10.3	1
2015	165189	22735	13.8	1
2016	160287	20976	13.1	1
2017	177300	22633	12.8	1

资料来源：WTO。

二、经验之二：引入外来压力，动态调整战略

站在"引进来"的角度考虑,从表3-11的数据可以看出,直到1992年邓小平南方谈话,明确我国改革开放的方向是发展社会主义市场经济体制,外商直接投资才首次突破百亿美元大关。在此之前,所谓外资,主要是台港澳投资和海外华人投资。客观地说,是台港澳投资企业和海外华人投资企业伴随着1978—1992年改革开放最困难的时期,并做出了历史性贡献。2001年,我国加入世贸组织,投资中国成为全球风潮。同时,全球信息技术泡沫破灭,导致全球直接投资金额下跌了53%。2002年,我国实际利用外商直接投资金额首次突破500亿美元大关。但是,直到2017年,外商直接投资金额始终徘徊在1200亿~1300亿美元的水平。但外商来华的投资领域从制造业占70%转向服务业占70%,投资类型从成本驱动、市场驱动转向效率驱动,投资区

域从东部地区转向中部内陆和西部地区。要迎来外商来华投资的新高潮,改善投资环境、营商环境、市场环境、创新环境和治理环境变得更加迫切。

表3-11 改革开放以来外商直接投资和我国对外直接投资

单位:亿美元

年份	外商直接投资	我国对外直接投资	年份	外商直接投资	我国对外直接投资
1983	9.2	—	2001	468.8	—
1984	—	—	2002	527.4	27.0
1985	—	—	2003	535.1	28.5
1086	—	—	2004	606.3	55.0
1987	23.1	—	2005	603.3	122.7
1988	—	—	2006	630.2	211.6
1989	—	—	2007	747.7	265.1
1990	35.0	9	2008	924.0	559.1
1991	43.7	10	2009	900.3	565.3
1992	110.1	40	2010	1057.4	688.1
1993	275.1	43	2011	1160.1	746.5
1994	337.7	20	2012	1117.2	878.0
1995	375.2	20	2013	1175.9	1078.4
1996	417.3	21	2014	1195.6	1231.2
1997	452.6	26	2015	1262.7	1456.7
1998	454.6	27	2016	1260.0	1961.5
1999	403.2	19	2017	1310.4	1246.3
2000	407.2	10			

数据来源:国家统计局和商务部。

站在"走出去"的角度考虑,2000年国家提出实施"走出去"战略,我国对外直接投资金额只有几十亿美元的水平。直到2005年,我国对外直接投资金额才首次突破百亿美元大关。此后,随着人民币汇改重启,推动人民币升值;新《中华人民共和国劳动合同法》出台,提高劳动者工资率;土地和各种资源要素价格上升，外汇储备增量连年超过4000亿美元，我国对外直接投资也进入快速增长阶段。2008年，我国对外直接投资金额首次突破500亿美元大关。到2014年6月底，我国外汇储备达到3.9932万亿美元的峰值。2016年，我国对外直接投资金额为1961.5亿美元，创下历史纪录。我国外汇管理措施调整，2017年对外直接投资规模回落到1246.3亿美元，我国对外直接投资的企业行为回归理性投资。

我国实施"引进来"战略的重要经验之一是引入了外来竞争压力，引入了国内短缺的外汇和资本，引入了国外先进技术设备和人才，促进了就业、外贸、税收和经济发展。20世纪90年代初期，外资企业出口额占我国出口额的比重为16.75%。到21世纪初期，外资企业出口额占比已超过一半，达到52%。其意义是在传统计划经济与国际市场经济之间搭了一座体制对接的桥梁，促进了我国经济和贸易体制的转型。

而由此带来的教训之一是开放是一个渐进的过程，市场是一个渐进适应性生态体系，但我国经济体制的特点，决定了政策和战略很难相应地灵活调整。如"引进来"战略，我们至少经历了1979—2000年以引进成本驱动型境外资本为主；2001—2011年以引进市场驱动型境外资本为主；2012年至今以引进效率驱动型境外资本为主的外资类型和投资动因的阶段性变化。这些变化要求我国中央与地方、部门的体制机制和政策发生相应的变化。事实上，这是很难做到的。要适应这种变化，一是要求我国体制机制和政策要更加贴近市场、贴近投资者、贴近民众；二是要求我国投资环境和治理能力能够加快推进现代化改革；三是要求我国主管部门与境外投资者共同与时俱进。

教训之二是如何解决好"引进来""本土化"和"走出去"之间协调推进的问题。如实施"引进来"战略需要构建一个好的投资环境，制定一套好的优惠政策，打造一个好的服务型政府，引进企业主体是境外企业。如果优惠政策实施力度过大，就会产生挤出效应，抑制内生增长。同样，实施"本土化"需要构建一个好的市场环境，制定一套简政放权的公平政策，打造一个法治化"放管服"的政府，企业主体是本地企业。而实施"走出去"战略则需要构建一个全球化运作环境，制定一套国际化政策，实施"一带一路"倡议，合作开拓第三方市场和全方位国际合作的"走出去"战略，企业主体包括我国企业、东道国企业和发达国家企业，这三者之间分类管理容易，统筹协调一致很难。

教训之三是保持各项政策的连续性、稳定性和透明性很难。改革开放不同的发展阶段，体制机制和政策调整的幅度很大。要保证政策的连续性、稳定性和透明性，就必须探索治理体系和治理能力现代化改革。事实证明，最大的阻力来自政府自身。

三、经验之三：把握历史规律，顺应世界大势

我国在1986年7月正式向关税及贸易总协定（GATT）递交了《中华人民共和国对外贸易制度备忘录》，提请恢复中国在GATT中的创始缔约国地位。到2001年12月11日我国正式加入了WTO，历时15年。这15年，既是我国社会主义市场经济体制建立并发挥基础性作用的15年，也是我国对外开放进入高水平、多层次、宽领域的15年，更是我国经济发展取得显著进步的15年。

1. 当年对我国加入WTO利弊的认识

我国加入WTO可能受到的利弊，是当时争论的最大问题。其利是通过加入WTO，可以进一步扩大对外开放，加快我国"干中学"进程，跟上世界知识和技术进步的速度，进而开13亿多中国人民发展市场经济、提高国际化和现代化水平的"窍"。因此，加入WTO是加快改革开放的一项重要战略决策，可以加快我国体制与国际通行规则接轨的进程。

其弊是"狼来了"。当时国内专家普遍担心我国弱势产业很难承受外来冲击，如农业、汽车、金融服务业等前途堪忧；担心会造成大面积的企业破产、转产、停产，大量工人失业，高端人才流失；担心世界大型跨国公司对我国经济安全的影响。

然而，在加入WTO以后，我国的农业、汽车、金融服务业等弱势行业不仅没有出现破产潮，反而提升了产业国际竞争力。同时，经济发展上了一个大台阶。2003—2012年，按照市场汇率计算，中国的GDP净增加6.59万亿美元（见表3-12）。同期美国的GDP净增加4.6万亿美元。如果按照购买力平价计算，中国同期GDP净增加8.35万亿国际元，成为赢家。

表3-12 2003—2012年按美元汇率计算的GDP

单位：万亿美元

年份	2003	2004	2005	2006	2007	2008	2009	2010	2011	2012
世界	37.59	42.29	45.73	49.54	55.88	61.34	58.08	63.41	70.37	71.67
美国	11.09	11.8	12.56	13.31	13.96	14.22	13.9	14.42	14.99	15.68
中国	1.64	1.93	2.26	2.71	3.49	4.52	4.99	5.93	7.32	8.23
巴西	0.55	0.66	0.88	1.09	1.37	1.65	1.62	2.14	2.48	2.25
印度	0.62	0.72	0.83	0.95	1.24	1.22	1.37	1.71	1.87	1.84
俄罗斯	0.43	0.59	0.76	0.99	1.3	1.66	1.22	1.52	1.9	2.01

资料来源：世界银行WDI数据库。

2. 对我国加入WTO的回顾和反思

一是对外开放的本质是改革，改革带来了显著的增长和发展效应。我们的一项研究说明[①]，以1994年为基期，我国的贸易自由化程度高于日本，略低于美国。所以，在加入WTO之前，我国贸易的实际开放程度就高于名义值。在加入后，没有出现预期的"狼吃羊"的场景，其原因是开放效应已经预先释放了。那么，在加入WTO后如何带来经济和社会的进步呢？事实上，我国经历了15年按照国际通行规则不断深化体制改革的过程，使得我国发展的软环境得以显著改善。全球投资者对我国加入WTO的预期良好，也加大了来华投资力度。

二是危机是深化改革的机遇。事实上，由于长期准备、积极应对和全民参与，我国在加入WTO后迎来了发展的黄金时期。然而，真正的挑战和冲击随时都会出现，因此我国加入WTO取得进步的改革效应一刻都不能停，否则，就无法发挥积极参与经济全球化、融入世界的长期效应，最终会陷入全球化的矛盾和陷阱之中。

三是我们没有预见到加入WTO后经常项目顺差和外储余额会如此迅速地增加；没有针对巨量贬值的对外金融资产和升值的对外金融负债所导致的经济福利流失及时采取对策，转变贸易增长方式和外向型经济战略；没有预见

[①]Zhang Shuguang, Zhang Yansheng and Wang Zhongxin, "Measuring the Costs of Protection in China", *Institute for International Economics*（November 1998）.

到大国之间的政治经济关系会提前进入最复杂、最严峻、最困难的挑战期；没有准确把握贸易关系的风险点、分歧点和合作点变化，把反对贸易保护主义的应对策略及早调整为国内产业政策、人民币汇率、贸易不平衡、知识产权保护、自主创新、政府采购、国有经济部门等问题的交锋较量，全面深化改革，保障自主发展的时间和空间。

3. 积极参与全球化及融入世界是中国加入世贸组织的目的

习近平指出，40年改革开放给人们提供了许多弥足珍贵的启示，其中最重要的一条是，一个国家、一个民族要振兴，就必须在历史前进的逻辑中前进、在时代发展的潮流中发展[①]。"把握历史规律，顺应世界大势"，是对外开放取得成功的经验之一。

历史的经验证明，开放期往往是发展的机遇期，谁搭上开放期的增长快车道，谁就能更容易地实现经济腾飞和崛起。没有把握住历史性的发展机遇期，即使是世界上最强大的国家也会一步一步地落后。改革开放使我们赢得了新的开放期的机遇，中国开始回归到世界经济格局中应有的位置。经济合作与发展组织原秘书长安吉尔·古里亚曾经说过："当历史学家回顾我们所处的时代时，可能会发现几乎没有任何国家的经济发展可以像中国的崛起那样引人注目。可是，当他们进一步放开历史视野时，他们将看到那不是一个崛起，而是一个复兴。"[②]

第五节　"一带一路"是扩大对外开放的重大战略举措

一、"一带一路"的定位

习近平总书记说，"一带一路"的定位是扩大对外开放的重大战略举措

[①] 习近平：《开放共创繁荣　创新引领未来》，博鳌亚洲论坛主旨演讲，2018年4月10日。

[②] 安格斯·麦迪森：《中国经济的长期表现》，上海人民出版社，2008。

和经济外交的顶层设计，今后相当长时期对外开放和对外合作的总规划，推动全球治理体系变革的主动作为。

1. "一带一路"的定位之一：扩大对外开放的重大战略举措

习近平总书记说，"一带一路"本质上是通过提高有效供给来催生新的需求，实现世界经济再平衡。这是理解"一带一路"重大战略举措的一把钥匙。当前，中国区域经济发展不平衡、不协调、不可持续的矛盾已经到了非解决不可的时候了；同样，世界经济增长不平衡、不协调、不可持续的矛盾也到了非解决不可的时候了。"一带一路"建设，把中国西部地区推到了对外开放的前沿位置，把对新兴经济体和发展中国家开放推到了对外开放和对外合作的前沿位置上。这就要求我国把东部沿海地区的创新优势、中部地区的投资优势与西部地区的资源优势统筹协调成对外开放新优势；把发达国家的创新优势、新兴大国的投资优势、发展中国家的资源优势统筹协调成合力，形成对外合作新优势，用"五通"破解"一带一路"建设风险高、差异大、起飞难的发展困境。

2. "一带一路"的定位之二：经济外交的顶层设计

以经济为后盾的公共外交，中心的工作是赢得民心，得民心者得天下。"一带一路"建设的"五通"是最能够赢得民心的基础设施工程。其中，修铁路、修港口重要，修学校、修医院同样重要，但最重要的是形成软实力，形成平等、公正、规范、绿色、共享的机制和文化。如"和而不同"，尊重不同文化、宗教、制度和发展阶段的差异，开放包容是国际合作的道德基础。"不战而屈人之兵"，不用战争和武力的手段殖民和统治他国，备战、非战，攻心、得心而胜。"一带一路"建设，需要平衡好基于规则和基于发展之间的关系。西方对"一带一路"建设批评最多的就是基于发展而不是基于规则，没有基于西方的标准、规则和政策体系，另搞一套新规则。事实上，"一带一路"建设最重要的制度保障，是基于实践探索建立基于发展和基于规则的先进适用型标准、规则和政策体系。这是中国经济外交的灵魂和着力点。

3. "一带一路"的定位之三：对外开放和对外合作的总规划

"一带一路"是中国今后相当长时期对外开放和对外合作的"纲"，要实现纲举目张的功能，一是中国企业要完成产业结构从全球价值链的低端到中高端的转型，"一带一路"是必经之路。一方面，"一带一路"沿线地区的政治风险高、制度风险高、经济风险高、国别风险高、经营风险高，中国企业应在高风险的全球市场环境中培养狼性，这是成长的必修课。另一方面，沿线地区差异大、风险高、收益低，全球大型跨国公司不愿意去，是全球竞争最薄弱的地方，也是全球需求最得不到满足的地方，这恰恰是中国企业完成从小到大、从弱到强、从"游击队"到"正规军"的脱胎换骨转型的最佳之地。二是中国经济发展模式要完成从高速增长向高质量发展的转型，"一带一路"是必修之课。如制造业代工，嵌入国际工序分工体系的制造模式要转型为具有自主知识产权、自主品牌、自主营销渠道的制造模式，"一带一路"沿线地区是最佳之地。通过与全球大型跨国公司合作，共同开拓第三方市场，把竞争对手变为利益共同体，是产生中国自主的全球核心技术、世界名牌、全球营销网络的战略机遇。三是中国增长动能要完成从汗水驱动向创新驱动的转型，"一带一路"是必争之地。中国企业"走出去"是在全球资源、市场和机会已经基本瓜分完毕的背景下实施的，只能靠全球经济政治大变局的历史性机遇才可能"走出去"。当前出现的"逆全球化"、贸易保护主义、新工业革命、扁平化的管理组织方式提供了中国企业"走出去"的重要机遇期。能够获得和把握着战略机遇的企业，是从汗水驱动转变为创新驱动，从低生产率结构转变为高生产率结构，从传统发展模式转变为现代发展模式的企业。选择"走出去"转型的路线，全球越成熟稳定的市场，进入的机会越少，进入的成本越高；越不成熟不稳定的市场，进入的机会越多，进入的成本越低。为此，应统筹制定好设施联通、产能合作、聚焦重点的时间表及路线图；统筹建立以沿线重点港口和支点城市为中心的商流、物流、资金流、信息流、人才流联通体系；统筹协调好"五通"并提高推进的合理性和有效性。

4. "一带一路"定位之四：推动全球治理体系变革的主动作为

全球治理体系变革的核心议题主要涉及规则和秩序、协调和合作、责任和义务这三个问题以及建立与之相适应的全球新秩序、协调机制和公共产品供给责任制度。在2016年杭州G20峰会上，中国推动完善全球治理体系改革的贡献主要体现在：把发展议题放在全球治理的重要位置上，把联合国2030年可持续发展议程的落实放在全球治理的重要位置上，把撒哈拉以南非洲最不发达地区工业化战略实施放在全球治理的重要位置上。"一带一路"将成为完善全球治理体系改革的主动作为和最佳实践。当前全球产能严重过剩，而"一带一路"沿线地区严重短缺；全球流动性严重过剩，而"一带一路"沿线地区严重短缺；全球经济福利严重过剩，而"一带一路"沿线地区严重短缺。如何把严重过剩的产能、流动性和经济福利通过全方位国际合作，转移到严重短缺的"一带一路"沿线地区？习近平总书记指出，产能合作是把中国的技术、资金、管理和沿线市场需求、劳动力、资源等要素结合起来，依托项目群、产业链、经济区，在贸易、投资、技术、标准等方面形成利益共享、风险共担、理念相同的共同体。在"一带一路"沿线地区构建利益共享、风险共担、理念相同的共同体是一个重大的制度创新，它将有助于形成优势互补、合作互动、互利共赢的人类命运共同体。

二、"一带一路"建设难以回避的风险和挑战

"一带一路"建设是一项庞大而复杂的系统工程，涉及国内外方方面面的利益和关系，需要以复杂系统的思维和适应性应对才可能取得成效。在短期，项目成败取决于发展共识和各方配合；在长期，则取决于沿线地区发展成效和中国的承受能力。因此，应及早识别和分析"一带一路"建设可能出现的风险、隐患和冲突，直面和化解"一带一路"建设可能出现的挑战、矛盾和困难，为"一带一路"建设持续前行保驾护航。

突破发展中国家面临的发展陷阱是一个世界性难题。"一带一路"建设涉及广大的发展中国家，一些国家始终无法突破"低等收入陷阱"，进入经济起飞阶段；另一些国家则长期无法突破"中等收入陷阱"。"一带一路"基础设施互联互通和产能合作会为沿线国家经济发展提供新动力，促进世界经济再平衡，但不能保证沿线发展中国家进入经济起飞或快速发展阶段。历史经验证明，凡是能够成功实现经济起飞，进而跨越"中等收入陷阱"的发展中经济体，靠的主要是内部市场化改革，寻找到路径依赖的发展道路。经济发展取得成功的决定性力量是内因而不是外因。

重大设施联通建设项目隐含着财务风险。"一带一路"重大设施联通建设项目在初始时期都存在建设周期长、投资金额巨大、不可预见性因素多、

长期债务偿还能力有限等风险和挑战。习近平总书记说，要以创新思维办好亚投行和丝路基金，为"一带一路"沿线国家的基础设施提供资金支持。应探索建立能够汇集更多政策性金融、开发性金融、长期投资资金、战略性投资资金的融投资机制和资金池，根据项目进入建设期、运营期、人才本地化的不同时期的资金需求，统筹规划和管理好建设项目资金流，有效管控好不可预见性因素随时带来的隐含财务风险和经营风险。

金融机构"走出去"面临着更大的金融风险。由于"一带一路"沿线地区经济社会发展和市场机制发育程度较低，政治风险、制度风险、经济风险、市场风险和经营风险较高，世情、洲情、国情差异大且复杂多变。无论是重大基础设施建设项目，还是以国有企业为主的重大装备和制造业产能合作项目，境外投资债务违约风险都远大于国内，而且各种金融风险难以控制。沿线地区中国在建、已建成的项目中都曾发生过债务违约事件。建立项目建设后续和全过程风险跟踪及评估机制，聘请第三方评估机构对项目不同阶段进展和效益进行评估，积累和提升中国企业管理境外项目风险的经验和能力，控制好长期债务违约风险，应引起国家有关部门的高度重视。

"一带一路"建设项目亟待国际金融机构积极参与。"一带一路"贯穿亚欧非大陆，中间覆盖广大腹地，发展潜力巨大，迫切需要引入国际金融机构开展合作。这一方面有利于"一带一路"建设项目的资金融通及与国际高标准规范对接，另一方面有利于改善"一带一路"的投资环境，提高信用评级，降低融资成本，掌控债务风险。积极引入世界银行、亚洲开发银行、欧洲复兴开发银行等国际金融机构，加强亚投行和丝路基金、金砖国家开发银行合作，动员全球长期投资资金参与"一带一路"重大项目融资，多管齐下、优势互补、形成合力，是解决融资困境的重要途径。

三、防范和化解"一带一路"建设的重大风险

建立"一带一路"风险跟踪、应对机制。"一带一路"重大基础设施互联互通项目建设周期长，投资规模大，国有企业和金融机构是主力，项目投资和资金回笼存在隐患。一方面，"一带一路"部分国家经济发展仍面临很

多不确定因素，市场化改革措施不到位，一些国家内部也存在政权更迭隐患，普通民众关注眼前利益，对"一带一路"项目期待过高，要价过高，要求过多，一些项目因此搁浅。要尽早建立重大项目风险跟踪评估和预警机制，进行风险等级评估，为"一带一路"建设保驾护航。另一方面，"一带一路"建设能否成功关键要看财务的可持续性，必须加大对重大项目的评估和审计力度，确保项目投资和财务不出大问题；要引入专业的国际化项目评估流程和手段，对国有金融机构、国有企业、重大项目进行动态评估，及早发现问题，及早纠正问题；也要引入专业第三方机构进行财务审计，及时发现财务风险，防止报喜不报忧的现象发生；还要建立项目决策风险负责制，强化决策者的风险防范意识，坚决追究人为决策失误造成的损失。

鼓励民间资本以PPP模式来投资建设重大基础设施项目。政府与民间资本签订长期协议，政府授权民间资本建设、运营或管理公共基础设施并提供公共服务的方式，是提高基础设施建设投资经营效率，管控基础设施投资风险的一种重要选择。英法海底隧道、中广核参与的英国欣克利角核电项目就是比较典型的PPP模式。应当看到，即使是PPP模式也很难改变重大基础设施投资项目初期预算不高，后期实际投资成本翻番的现象。然而，PPP模式增加了项目的透明度，有定期的专业审计，便于及早发现和识别风险。

争取更多国际机构参与分摊"一带一路"建设风险。通过多边参与来分散和分摊风险是重大项目跨国投资的通行做法。一方面，通过亚投行、丝路基金、中国东盟合作基金、中非基金、金砖国家开发银行，带动国际金融组织和国际投资基金参与"一带一路"项目的投融资，分散投资风险，形成市场化的可持续投融资机制。另一方面，对于境外经济合作区建设，要按照国际惯例和商业化模式，鼓励欧美及日韩等发达经济体机构和企业共同扩大第三方市场合作，鼓励它们参与建设经营。境外经济合作区要加大对欧美及日韩企业的招商引资力度，对于国际产能合作项目，也要积极吸引发达经济体作为第三方参与合作。

让市场成为防范和化解"一带一路"建设风险的主体。"一带一路"建设能否成功关键还得看市场，无论是贸易投资还是资金融通，无论是基础设施建设还是旅游文化交流，没有市场的有效支撑，就很难有持续的生命力。要把统一透明、开放竞争、互联互通的大市场建设放在首位，通过公平的市场竞争来降低风险等级。要鼓励和支持"一带一路"重大基础互联互通项目在中国内地、欧洲、中国香港和新加坡上市融资。要努力通过政策沟通和对话、人员交流和培训，帮助"一带一路"沿线发展中经济体进行市场化改革，在市场化改革中降低政府的决策风险。

参考文献

［1］麦迪森.中国经济的长期表现.上海：上海人民出版社，2008.

［2］邓小平.邓小平文选：第3卷.北京：人民出版社，1993.

［3］隆国强.构建开放型经济新体制：中国对外开放40年.广州：广东经济出版社，2017.

［4］卢峰.纵论开放经济与全球化.北京：北京大学出版社，2015.

［5］习近平.开放共创繁荣　创新引领未来.博鳌亚洲论坛主旨演讲，2018-04-10.

第四章　全球化大变局中的中美经济关系前景

第一节　走向世界并担当责任的中国经济

一、中国经济发展面临着历史上最复杂的国际形势

当前，大国关系进入战略疑虑增大的敏感时期。前行的道路，一条通向"修昔底德陷阱"，即守成大国与新兴大国之间由于战略猜疑而陷入你输我赢的零和博弈。习近平曾指出，世界上本无"修昔底德陷阱"[①]，但大国之间一再发生战略误判，就可能自己给自己挖下"修昔底德陷阱"。另一条通向大国之间经过长期较量最终不得不从非理性对抗转向理性对话与合作。正如习近平指出的那样，"对中美两国来说，合作是唯一正确的选择"。为了构建大国之间的合作基础，中方将始终如一地推动改革开放、法治和现代化建设，并加强中美之间的多层次沟通与协调；中方将在更高层次上继续推动不冲突不对抗、相互尊重、互利共赢的新型大国关系建设，用实际行动构建斗而不破、

---

①　"修昔底德陷阱"是指一个新兴大国必然要挑战现存大国，而现存大国也必然会回应这种威胁，这样战争就变得不可避免。这个概念最早出现在2012年，由哈佛大学肯尼迪学院院长格雷厄姆·艾利森（Graham Allison）在 *Thucydides's Trap Has Been Sprung in the Pacific* 一文中提出，他认为"新兴大国在挑战守成大国时战争不可避免"。他对世界史进行研究后发现，16个类似案例中只有4个没有爆发战争。他特别强调第一次世界大战的根源就是新崛起的大国德国挑战了当时的现存大国英国，从而引发了世界性灾难。

开放包容、平等合作的互信基础；中方将寻求与大国之间开展全方位合作的机遇，推动形成基于自由、公平和包容规则的国际治理新格局。

目前大国之间战略误判的风险在显著上升。首先表现在把对方作为战略竞争对手而采取全面遏制战略。这是美国优先战略的重要组成部分。一位美国前高官曾指出，美国是需要假想敌的，没有假想敌，美国就是一盘散沙。一旦确定了假想敌，美国就会调动政治、军事、经济、媒体、网络、商界等一切可以调动的力量，针对假想敌开展全面持久的打击或制造事端进而实施全面制裁措施。我国面对的严峻形势是，美国两党、政府、商界、智库正在形成新的反华共识，并影响到社会各界。无论是中美全面"脱钩"，还是美国全面推卸责任，都会把中国推向全面反制、冲突和对抗的危险境地。如果新兴大国全面妥协，主动或被动放弃对守成大国的挑战，守成大国将继续维护霸权地位，新兴大国将丧失自身的核心利益和战略诉求。另一种可能性是陷入新冷战，形成平行的两大世界经济体系。而分歧、冲突、对抗失控则可能引发热战，出现矛盾全面激化的极端情形。无论哪种情形出现，都不会存在赢家。

二、大国政治经济关系面临新挑战

2018年，在经历了史上经济复苏最缓慢的艰难岁月后，世界贸易、投资和制造业等领域的增长态势普遍企稳向好。然而，国际货币基金组织告诫说，如不能化解中长期结构性矛盾，下一次衰退将会来得更早，更难以对付。据2018年10月国际货币基金组织的预测，2018年世界经济增长率将由3.9%下调至3.7%，2019年中国和美国的经济增长率将分别下调至6.2%和2.5%。世界经济站在了一个十字路口上，继续前行需要国际社会齐心协力，反对贸易保护主义，继续推进全球化；四分五裂则必然会陷入长期混乱。在这个关口上，美国单方面挑起了贸易摩擦，要用以美国优先定义为依据的公平贸易规则和对等开放原则为全球经济和贸易的未来建章立制。

这里延伸出三个基本问题：一是1870年以来基于西方规则的全球化到了一个历史的新拐点，仅仅依靠开放经济驱动、市场机制驱动、科技创新驱动的全球化已经难以为继，全球不公平、不协调、不平衡、不可持续的矛盾已经累积到非解决不可的境地。英国"脱欧"，美国要推动基于公平贸易规则的全球化，公开主张贸易保护主义，那么，基于公平贸易规则的全球化治理架构是什么？是维护美国优先还是发展优先，将决定国际新秩序的道德基础。二是1945年以来美国作为推动全球化的重要力量，不再愿意让其他国家搭便车，不再愿意承担更多公共产品供给的责任，不再愿意承担国际主义责任和义务。那么，大国的国际责任和义务是什么？20世纪二三十年代世界陷入混乱，老牌霸权国家英国承担国际责任已经力不从心，新兴大国美国又不愿意承担国际责任，最后的结果是希特勒等极端分子上台，把世界带入战争深渊。三是1990年以来新兴市场和发展中国家正在一步步地走近世界舞台的中央。然而，全球化治理架构并没有合理体现它们的利益和意志，全球化并没有朝着更加开放包容、平衡协调、合作共享的方向发展，而是以邻为壑，保护主义、霸凌主义盛行。

2035年之前，又可以分为三个阶段：2018—2020年可能是中美各自试探对方底牌、双方最容易发生战略意图误判的阶段；2021—2025年可能是中美战略博弈最激烈最复杂也是我国采取应对策略的最重要的阶段；2026—2035年可能是中美战略博弈从冲突开始走向逐步缓和的阶段。美国试图把产自中国的2000亿美元商品的关税率加征到25%，基本上是禁止性关税率的效应。无论是货币贬值还是客户让利或自己消化，都很难化解25%的成本上升压力。中国如果不让步，2670亿美元商品征税的可能性就会增大。两个经济和贸易大国贸易政策的对峙，将引发全球经济、贸易、投资以及股市、汇市、期市等进行全面深度调整，形成不亚于历史上任何一个时期的大萧条或大倒退。为了避免这种局面的出现，国际社会应共同努力做促进中美合作的工作，防止因选边站队而使整个局势进一步恶化。

三、我国对外开放正步入全面建成社会主义现代化强国的新征程

当前，我国对外开放正在进入一个新的40年的转折期。表4-1阐述了分三个重要阶段全面建成社会主义现代化强国的目标和进程。重点是通过进一步扩大对外开放，构建国际一流的实体经济体系、国际一流的跨境科技

创新网络、国际一流的现代金融和直接融资体系、国际一流的大学和人力资源，营造国际一流的营商环境、投资环境和开放环境，形成全面开放新格局。

第一个时间节点是2020年决胜全面建成小康社会。用3年时间（2018—2020年），打好防范化解重大风险、精准脱贫、污染防治三大攻坚战，第一个一百年奋斗目标有望如期实现。从对外开放的角度看，2020年是开放挑战最严峻的时期。从全球形势看，如何顶住"逆全球化"的潮流，顶住贸易保护主义的冲击，继续推动经济全球化，继续推动构建开放包容、构建人类命运共同体，继续推动世贸组织现代化改革等重大议题，在2020年初将见端倪。从国内发展看，关键是要推进三大转型：一是从代工贴牌转向自主生产和全球贸易模式；二是从全球价值链低端转向中高端和全球供应链管理模式；三是从简单模仿转向科技创新和生产率增长驱动新型贸易模式。

实现这三大转型，需要"双引擎"驱动，一是新形势下的新型"双创"驱动，即在推动高质量发展、现代化经济体系建设和形成全面开放新格局条件下的大众创业、万众创新。二是新形势下的新型"双公"驱动，即在现代化、法治化、国际化的基础上推动政府和社会提供的公共产品、公共服务发展，包括推进开展以培养高素质人才和高技能工匠为目的的多层次职业教育和技术培训；推进建立以科技创新、体制创新和文化创新为指向的关键共性技术和公共技术服务的支撑体系；推进切实落地"法无授权不可为""法无禁止皆可为""法定责任必须为"的法定机构，为打造开放型中国经济和世界经济创造良好条件。要在开放的范围中和层次上进一步拓展，更要在开放的思想观念、结构布局、体制机制上进一步拓展。有序放宽市场准入，全面实行准入前国民待遇加负面清单管理模式，继续精简负面清单，抓紧完善外资相关法律，加强知识产权保护。促进贸易平衡，更加注重提升出口质量和附加值，积极扩大进口，下调部分产品进口关税。大力发展服务贸易。继续推进自由贸易试验区改革试点。有效引导支持对外投资。

第二个时间节点是2035年基本实现社会主义现代化。党的十九大报告提出，开放带来进步，封闭必然落后。中国开放的大门不会关闭，只会越开越大。要以"一带一路"建设为重点，坚持"引进来"和"走出去"并重，遵循共商共建共享原则，加强创新能力开放合作，形成陆海内外联动、东西双向互济的开放格局。拓展对外贸易，培育贸易新业态、新模式，推进贸易强国建设。实行高水平的贸易和投资自由化、便利化政策，全面实行准入前国民待遇加负面清单管理制度，大幅度放宽市场准入，扩大服务业对外开放，保护外商投资合法权益。凡是在我国境内注册的企业，都要一视同仁、平等对待。优化区域开放布局，加大西部开放力度。赋予自由贸易试验区更大的改革自主权，探索建设自由贸易港。创新对外投资方式，促进国际产能合作，形成面向全球的贸易、投融资、生产、服务网络，加快培育国际经济合作和竞争新优势。

表4-1 中国建成社会主义现代化强国进程

年份	现代化新征程[①]	经贸强国战略	"中国制造2025"	创新驱动发展战略
2020	全面建成小康社会	夯实经贸大国基础	基本实现工业化	创新型国家
2035	基本实现现代化	基本建成经贸强国	制造强国中等水平	创新型国家前列
2050	建成现代化强国	全面建成经贸强国	制造强国前列	世界科技创新强国

资料来源：中国共产党第十九次全国代表大会报告及其他相关资料。

第三个时间节点是2050年把我国建成富强民主文明和谐美丽的社会主义现代化强国。到那时，我国物质文明、政治文明、精神文明、社会文明、生态文明将全面提升，实现国家治理体系和治理能力现代化，成为综合国力和国际影响力领先的国家，全体人民共同富裕基本实现，我国人民将享有更加幸福安康的生活，中华民族将以更加昂扬的姿态屹立于世界民族之林。

中国将建成全球负责任大国（在构建国际经济秩序和规则方面做出重大贡献，在推进国际宏观政策协调机制方面做出表率，在承担全球公共产品供给

[①]党的十九大报告提出，"明确坚持和发展中国特色社会主义，总任务是实现社会主义现代化和中华民族伟大复兴""在全面建成小康社会的基础上，分两步走，在本世纪中叶建成富强民主文明和谐美丽的社会主义现代化强国"。

责任方面以身作则），全球开放型经济强国，全球包容性发展大国[①]。一是做好全球负责任大国。历史上，基于西方规则的三次全球化都陷入危机、动乱或战争。其根本原因是，全球化的三大驱动力——开放、市场和创新都仅仅指向效率，缺少能够实现公平、平衡、安全和协调的治理机制、治理主体和治理能力。我国将在公平、平衡、安全和协调的全球治理方面有所担当，这是我国下一步努力的方向。二是做好全球开放型经济大国。在全球重大需求和供给、要素投入和产出关系等方面，我国会逐步赢得话语权、定价权、规则权和逆周期的调节权，并在权力、责任和义务方面有所担当。三是做好全球包容性发展大国。"和而不同"的开放包容，是中华民族的传统文化，即尊重不同制度、文化、宗教和发展阶段的经济体和合作伙伴，创造公平参与开放型世界经济发展机会、公平分享开放型世界经济发展成果、公平决定开放型世界经济治理模式，是构建人类命运共同体的理想和行动。预期在2050年，我国仍然是有限度地担当国际责任和义务。因此，要团结一切可以团结的力量，调动一切可以调动的积极因素，共同建立人类命运共同体的治理结构和模式。

第二节　进入百年未有之大变局的世界经济

习近平总书记指出："这个世界，各国相互联系、相互依存的程度空前加深，人类生活在同一个地球村里，生活在历史和现实交汇的同一个时空里，越

[①] 国际经贸规则的制定权掌握在大国手中。大国不是人口多或面积大，也不是经济规模大或人均收入高，而是对世界经济的领导力和影响力大。大国一般具有三种能力：一是全球市场的领导者或主导者。大国对全球市场有很强的合成议价能力，在全球市场上具有价格风向标和价格决定者的地位。如果不具有全球定价权，无论其在全球市场上所占份额有多大，也只能算是小国。二是全球经贸规则的领导者或主导者。大国对全球经贸规则拥有决定权或主导权，在规则谈判中，有举足轻重的控制力和影响力。如果一个国家经济规模很大，却没有全球经贸规则制定、修订的主导权，那么，也只能是个"大块头"的追随者和规则的接受者。三是全球经贸调整责任的承担者和领导者。当世界经济或国际市场上出现了大的周期性或结构性波动时，就需要有大国出来承担调整失衡的责任，维持全球经济相对均衡和市场价格基本稳定。如果大国始终是顺周期的追随者和全球责任的推卸者，再大也只能起小国作用。

来越成为你中有我、我中有你的命运共同体。"①然而，进入百年未有之大变局的世界经济，有可能会存在一个漫长的动荡时期。世界经济走出长期困境的根本出路之一，是从大局出发，不断完善全球经济治理体系。

一、世界经济仍然面临着三大突出矛盾

当前，世界经济领域三大突出矛盾没有得到有效解决：全球增长动能不足，难以支撑世界经济持续稳定增长；全球经济治理滞后，难以适应世界经济新变化；全球发展失衡，难以满足人们对美好生活的期待。世界主要国家对这三大突出矛盾的看法仍然存在巨大的分歧。

一是全球增长动能不足，难以支撑世界经济持续稳定增长。这次经济复苏是世界历史上最缓慢的一次。2009年以来，全球人均GDP年均增速仅有1.1%，是1990年以来最低的。根据国际清算银行的数据，2015年全球劳动生产率增速只有10年前的七成，主要发达国家只有10年前的三成。2017年，国际货币基金组织预测全球经济出现全面复苏态势，但它不得不承认依然存在较长期的风险，潜在经济增长仍较缓慢。贸易保护主义抬头，正威胁着全球经济、贸易、投资以及实体经济增长的前景。世界经济陷入衰退的风险在增大。对于世界经济增长动能不足的原因，人们的观点存在分歧。一种观点认为，是中国等新兴经济体参与经济全球化，低成本要素竞争冲击了发达国家中低收入人群的就业岗位，造成了中等收入人群平均收入长期停滞，导致发达国家内部反对全球化和主张贸易保护主义的力量显著增强，世界政治经济和社会出现了右倾化新趋势。另一种观点认为，当全球化形成前所未有的世界大市场时，金融资本和垄断资本为了获得更大的利益，推动了信息技术泡沫和金融房地产泡沫经济发展，形成了20世纪90年代以来世界经济长期脱实向虚的趋势，造成了主要发达经济体的产业空心化。虽然发达国家的结构调整已经进行了10年之久并取得了成效，但仍没有完成新旧动能的转换。而新兴市场和发展中国家在过去10年中的结构调整和体制创新进展较为缓慢，新旧动能转换也进行得不顺利。由此造成了全球劳动生产率增长减速，世界经济整体增长动力不足的问题依然

---

①2013年3月，习近平总书记在莫斯科国际关系学院的演讲。

没有得到很好解决。2008年以来，中国经济始终是拉动全球经济复苏和增长的重要引擎，2008—2018年中国经济对世界经济增长的年均贡献率在30%以上。然而，2018年中国经济下行的压力增大，而美国挑起的贸易摩擦为2019年以后的世界经济、中美经济蒙上了一层阴影。

二是全球经济治理滞后，难以适应世界经济新变化。这种失衡被形象地称为"全球治理赤字"。如何消除这种赤字，是全球治理的第一大难题。全球治理长期由少数发达国家主导，不能体现广大发展中国家的诉求与全球经济格局的变化。如何推动全球治理民主化，是全球治理的第二大难题。如何解决发展缺位问题，是全球治理的第三大难题。目前，这三大难题不但没有得到解决，反而越来越严重。作为世界第一经济大国的美国在推卸其本应担当的全球治理的主要责任，如先后退出了跨太平洋伙伴关系协定（TPP）、巴黎协定、联合国教科文组织、万国邮政联盟、伊朗核问题全面协议、联合国人权理事会、中导条约等。下一步美国是否会退出世贸组织，将成为一项影响世界政治经济走向的重大不稳定性及不确定性事件。美国如果退出世贸组织，就将彻底改变第二次世界大战后在美国的领导下建立起来的国际经济秩序和组织构架。那么，国际经济新秩序和重组后的组织机制架构会是什么样的格局？美国会扮演什么角色及对全球经济治理体系会产生什么影响？如果美国不退出世贸组织，在美国主导下的世贸组织现代化改革是否会以"非市场经济导向"为借口，形成一道把中国排除在外的诸边规则墙[①]？那么，中国应当采取什么样的应对策略？

[①] 2018年9月25日，美、日、欧发表了关于贸易的三方联合声明，涉及世贸组织改革、国际贸易新秩序及其他影响贸易的相关议题，旨在建立以美、日、欧为核心的国际贸易新秩序、新体系。在联合声明中，美、日、欧一致同意推动WTO改革；一致对第三国不以市场为导向的政策和做法表达了关切；一致同意建立条件公平、对等互利的全球贸易体系，并改变贸易规则和执法程序，从体制上解决非市场化的贸易导向问题；一致认为第三国通过银行贷款等方式进行工业补贴，会造成产能过剩和不公平竞争；一致认为第三国国有企业在政府隐性担保的庇护下进行双重定价，严重扭曲了市场行为；一致对商业间谍和有害技术转让表示反对，并承诺采取有效手段制止有害技术转让。2018年10月24~25日，欧盟、日本、澳大利亚等12个经济体贸易代表在加拿大首都渥太华开会，讨论如何加强世贸组织现代化的改革议题。会后发表的联合声明提出要"明确和坚决支持以规则为基础的多边贸易制度"，并从争端解决机制、重振WTO谈判职能、加强贸易政策透明度三个方面对拟议中的新一轮WTO改革提出建议主张。这次会议中国和美国没有参加，这在一定意义上代表了世贸组织成员对推动世贸组织改革的意愿和意见取向。

三是全球发展失衡，难以满足人们对美好生活的期待。一方面，1990年以来，发达国家普遍陷入"有增长、无发展"的困境。1%的金融寡头获得了最大的增长红利，9%的富人同样从中获利，90%的民众承担了科技泡沫、金融楼市泡沫破灭的代价，长期经济福利没有得到改善。另一方面，新兴市场和发展中国家也深受1990年以来全球化伴随的两场大的泡沫经济破灭之苦；同时也受到国际金融危机爆发后，美、日、欧先后采取的量化宽松政策所带来的负溢出效应的影响。这些超发的货币并没有转化为美、日、欧本地的消费和投资，而是通过跨境资本流动，转化为新兴经济体的资产泡沫的资金来源。当2015年美国经济企稳向好，开始进入加息周期时，新兴经济体还不得不承担发达国家退出量化宽松、加息、减税、缩表、美国优先等宏观政策调整的代价。

二、当前全球经济治理存在的系统性制度风险

因提出"软实力"而闻名于世的哈佛大学教授约瑟夫·奈（Joseph Nye）认为，特朗普对华政策应避免陷入"修昔底德陷阱"和"金德尔伯格陷阱"[①]。所谓"修昔底德陷阱"，是指如果一个现有大国（如美国）太过于恐惧一个正在崛起的大国（如中国），那就有可能爆发灾难性的战争。但同时，美国政府还必须担心"金德尔伯格陷阱"，也就是中国似乎太弱而不是太强。约瑟夫·奈认为，中美陷入"修昔底德陷阱"的风险可以避免，今天中美之间的实力差距远大于1914年的德国和英国。到目前为止，中国参与全球治理的活动并非以重塑世界秩序为目的，而是为了强化其国际影响力。但如果遭到特朗普政策的压制和孤立，中国是否会成为破坏性的搭便车者，从

---

①查尔斯·金德尔伯格（Charles Kindleberger）是美国经济学会前会长，国际经济领域的学术权威。他对20世纪30年代世界经济大萧条的历史起源有深刻独到的分析。他认为，在缺乏世界政府的条件下，世界经济稳定运行需要有一个强有力的领导者或领导集团，提供公共产品，包括和平秩序、产权保障、开放贸易体系、自由航行、汇率稳定或国际货币、度量衡与各种交易规则的标准化，以及充当逆周期的调节者。只有唯一的超级大国才有能力与意愿提供这些公共产品，大多数国家都会选择搭便车。在1918年，由于英国在第一次世界大战后元气大伤，已经无心也无力提供公共产品，美国则全面转向孤立主义不愿提供，世界经济体系出现公共产品供给严重短缺的情况。最终结果就是当时的国际经济秩序在保护主义的冲击下陷入混乱，1929年出现世界经济大萧条，最后导致希特勒上台和第二次世界大战爆发。

而将世界体系推入"金德尔伯格陷阱"之中,是特朗普在处理中国问题时所面临的危险。他必须同时担心太过衰弱和太过强大的中国[①]。

事实上,无论对中国经济还是世界经济,"修昔底德陷阱"和"金德尔伯格陷阱"都是威胁,前者会在下一节,加以讨论,后者则是当前的现实问题。回顾1918年,即第一次世界大战结束的日子,当时中国的有志之士开始探索民族独立、人民幸福、国家富强之路。1921年成立了中国共产党,开启了不忘初心、牢记使命、复兴中华、包容世界的百年奋斗史。同样在1918年,时任美国总统威尔逊为应对英法霸权,提议建立国际联盟,重建国际秩序,以集体安全取代大国主导的强权政治。然而,美国国会不予批准,认为这会颠覆美国的孤立主义传统[②]。此后连续三任的美国总统都选择了孤立主义。尤其是1930—1934年美国的《斯姆特—霍利法案》对超过2万种商品征收高关税,挑起了全面贸易摩擦,导致全球贸易萎缩了66%,最终使法西斯崛起,把世界重新推向大战。孤立主义的结局是没有一个国家是赢家。

半个世纪前的1968年是美国陷入越南战争泥潭的一年,是马丁·路德·金遇害的一年,也是美国爆发严重的经济和货币危机的一年。这一年,中国正值"文化大革命"。这个时期,世界经济逐步陷入了滞涨。第二次世界大战后创建的旨在推动全球外汇、资本和贸易自由化的布雷顿森林体系面临着严峻的考验。在日欧经济崛起的背景下,美国已无力承担稳定美元汇率的责任,贸易保护主义抬头,美国最终放弃了黄金—美元汇兑制和固定汇率制,1973年布雷顿森林体系宣告破产。这个时期爆发了美日贸易摩擦,涉及纺织品、钢铁、彩电、汽车、半导体、电信等领域。即使到日元大幅度升值后的1987年,美日贸易逆差仍达到567亿美元的峰值。贸易摩擦并没有解决美日贸易不平衡的矛盾,却导致日本付出了经济长期停滞或低迷的代价。

[①] 约瑟夫·奈:《警惕中美关系中的两大陷阱》,《中国经济报告》2017年第3期。

[②] 在美国外交史上,始终有孤立主义和国际主义两派之争。孤立主义外交政策在防务上采取不干预原则;在经济上限制与国外的贸易和文化交流。华盛顿在总统任满时发表的《告别词》中说,不要与任何外国建立永久的联盟。他阐述的原则包括:一是要将美国建设成自由进步的伟大国家。二是保卫美国安全,美国必须对外国势力的阴谋诡计和影响保持清醒的头脑。三是美国应当与外国发展商务关系,但是要避免与它们发生政治联系,不要与任何国家建立永久的联盟。直到"二战"后,美国才转向国际主义。

三、中国的全球经济治理观

习近平总书记提出了以平等为基础、以开放为导向、以合作为动力、以共享为目标的全球经济治理观①。中国的开放包容共享的全球治理观与美国总统特朗普所持的单边主义全球治理观有巨大差距。在这种情况下,如何构建国际社会可以普遍接受,同时共享未来的国际经济新秩序,将决定未来的全球治理新格局。

一是全球经济治理应该以平等为基础。当前,对于全球经济治理存在两种截然不同的观念和政策,一种是坚持平等的倡议和行动,如"一带一路"倡议。许多新兴市场学者说,"一带一路"倡议太好了,它是一个以平等为基础,主导共商共建共享的倡议,它从中国倡议变成我们共同的倡议。另一种是坚持对等的倡议和行动。如要求新兴市场采取对等的负面清单管理和市场准入措施;要求重新谈判联合国气候变化公约确定的"共同但有区别的责任"的原则。

二是全球经济治理应该以开放为导向。不搞排他性的区域性或双边诸边贸易安排,防止治理机制封闭化和规则碎片化。事实上,党的十八大以来,我们经历了三种开放治理观的较量和演进。第一种是基于WTO等多边规则体系的开放治理架构;第二种是基于TPP、TTIP、TISA等排他性区域或诸边规则的开放治理架构;第三种是基于eWTP等微观交易网络规则的开放治理架构。目前最大的挑战是自由贸易与公平贸易之间的较量、妥协和变化。公平贸易隐含着的结论是双边贸易不平衡是保护主义和不公平竞争的结果,认为贸易逆差是"好伙伴",贸易顺差是"坏伙伴"。全球化必然导致贸易不平衡。意大利前总理莱塔说,民粹主义的根源在全球化。

三是全球经济治理应该以合作为动力。全球经济治理的重点,是共同构建公正高效的全球金融治理格局,维护世界经济稳定大局;共同构建开放透明的全球贸易和投资治理格局,巩固多边贸易体制,释放全球经贸投资合作潜力;共同构建绿色低碳的全球能源治理格局,推动全球绿色发展合作;共同构建包容联动的全球发展治理格局,以落实联合国2030年可持续发展议

---

① 2016年9月3日,习近平总书记在二十国集团工商峰会开幕式上发表的主旨演讲。

程为目标，共同增进全人类福祉。其核心词是"合作"。然而，目前存在两种截然不同的合作观。一种是大国间只有零和博弈关系；另一种是"和而不同"的包容，大国间可以超越零和博弈构建新型合作关系。我国积极推动后者，以合作而不是对抗的方式，推动全球经济治理改革。

四是全球经济治理应该以共享为目标。提倡所有人参与，所有人受益，不搞一家独大或者赢者通吃，而是寻求利益共享，实现共赢目标。前面已经分析了传统全球治理有三个问题没有解决好，即公平（全球差距日益扩大）、创新（科技、金融、房地产泡沫侵蚀了创新动力）、发展（撒哈拉以南非洲和最不发达国家的工业化问题）问题。"一带一路"倡议将成为完善全球经济治理体系改革的主动作为和最佳实践。

四、中国积极推动全球治理向更公正合理的方向发展

1. 推动国际秩序向更加公正合理的方向发展

推动国际秩序更加开放有效。在历史上，人类社会曾经历过三种不同性质的全球化。一是基于自然的全球化。如地理大发现、古代丝绸之路等标志性跨境交往活动，推动人类社会跨境活动的普遍开展。二是基于规则的全球化。即西方主导的全球经济贸易规则体系有序推动跨境活动的蓬勃发展。如1870—1913年，创立了国际金本位制度和自由贸易制度；1944—1973年，建立布雷顿森林体系和贸易自由化、便利化体系，以及世界贸易组织；1990年以来，开展全球综合物流革命和建立供应链管理体系。三是基于开放包容的全球化。现代新型全球化正在逐步替代传统标准意义上的全球化，建立了基于规则多极、开放包容、创新驱动、绿色低碳的全球治理新体系。

推动基于规则的国际秩序转型发展。第二次世界大战后，国际社会基于对凡尔赛和约的反思，建立了联合国、国际货币基金组织、世界银行、世界贸易组织等一系列国际治理组织，建立了能够确保经营好世界和平、合作和发展的国际秩序和开放型经济规则体系，形成了世界历史上少见的高水平开放期。第二次世界大战后上述组织和规则推动了人类社会进入最重要的开放期，也创造了世界经济增长最重要的兴盛期。谁能把握住全球开放期与兴盛期重合的重要战略机遇期，谁就能够取得经济快速崛起的实绩。基于开放的

东亚模式与基于赶超的拉美模式取得不同的增长业绩，证明了开放的意义和作用。

推动基于和平发展规则的国际秩序创新发展。2008年爆发的国际金融危机严重冲击了基于市场机制、法治体制、西方规则的国际秩序体系，充分暴露了传统国际经济秩序的内在制度缺陷。以G20为平台的全球治理新机制开始重塑全球化，引入"和而不同"的包容的中国智慧，引入共商共建共享的中国方案，引入平等、开放、合作、共享的中国治理观，进一步补充和完善现有的基于西方规则的国际秩序和规则体系。既反映发达国家的利益诉求，也平衡、公正、合理地反映新兴市场和发展中国家的利益诉求。真正构建基于和平、合作和发展规则的，尊重不同社会和政治制度、不同宗教和文化、不同发展阶段和具体国情的，不对抗不冲突、相互尊重、互利共赢的全球新型合作伙伴关系。着手解决全球化中收入分配差距扩大，一部分人受益，一部分人受损的不平衡发展问题。

党的十八大以来，习近平总书记全面系统地阐述了国际新秩序要"建立平等相待、互商互谅的伙伴关系，营造公道正义、共建共享的安全格局，谋求开放创新、包容互惠的发展前景，促进和而不同、兼收并蓄的文明交流，构筑尊崇自然、绿色发展的生态体系"[1]，形成了五位一体打造人类命运共同体的总布局和总路径。

2. 建立加强国际宏观经济政策协调的机制

建立国际财政、货币政策协调机制。我国作为全球负责任大国，主动参与正式非正式、双边诸边多边的国际宏观经济政策协调活动，逐步形成机制性安排，把宏观政策调整的外溢影响降到最低限度。主要发达国家在经济企稳向好的情况下，普遍采取退出量化宽松、加息、减税、缩表、增加基础设施项目投资的举措，很容易引发新兴市场资本大量外流、货币急剧贬值、外债负担迅速增加、国际收支状况快速恶化的冲击。推动国际宏观经济政策协调，需要从全球视野、世界责任、与中国能力相匹配的角度，逐步建立全方位、多层次、宽领域的国际宏观经济政策协调机制框架。在借鉴国际经验和重视国际合作的基础上，解决好我国有效参与国际宏观经济政策协调的定

---

[1] 2015年9月，习近平总书记在第七十届联合国大会一般性辩论时的讲话。

位、目标、重点、机制和保障体系等重大问题，推动建立一个"战略清晰、内外统筹、平台多元、决策科学、配合高效、保障有力"的国际宏观经济政策协调新机制。

建立国际贸易、投资、产业和其他结构性政策协调机制。贸易、投资产业和其他结构性政策之间的协调，首先是在"逆全球化"的背景下坚持反对贸易保护主义。敢于公开主张推进自由贸易而不是公平贸易，推进平等而不是对等，推进透明合理的投资审查而不是投资障碍。其次是在不平衡发展的背景下坚持机会平等和结果平等，无论是市场准入还是参与竞争都坚持公平、公正、公开。为青年人、小企业和边远地区创造更好的条件参与国际交换、竞争与合作。最后是在全球经济低速增长的背景下推动低碳绿色发展。下一步的目标包括加强推动低碳能源体系、能源立法与政策、标准制定、定价方式和治理机制的全方位国际合作和政策协调。

3. 提升全球公共产品和公共服务供给的能力

构建人类命运共同体，第一个因素是大国担当。目前，美国、欧盟、中国是全球最大的经济体，三者之间的关系如何发展直接影响到人类命运共同体的未来。中国作为负责任新兴大国的担当，是中国向世界提供的一项重要公共产品。中国作为全球治理的参与者、贡献者和引领者，希望通过构建人类命运共同体来建设一个公平、公正、合理的国际秩序和美丽家园，以改造并替代"失序和碎片化的世界"。中美关系的基础是构建超越零和博弈的新型大国关系，增加战略互信，减少战略猜疑，真正做到不对抗不冲突、相互尊重、互利共赢。习近平总书记指出，中美在全球治理领域有着广泛共同利益，应该共同推动完善全球治理体系。这不仅有利于双方发挥各自优势、加强合作，也有利于双方合作推动解决人类面临的重大挑战[①]。中欧无论在经济政治关系上还是在战略安全关系上都不是对手，而是全面战略合作伙伴。

构建人类命运共同体，第二个因素是继续推动全球经济开放。习近平总书记指出，"历史上的兴盛期和开放期往往是重合的"。这个重合就是全球化时期，然而，当前的全球化有两种前途：一个是光明的前途，继续改善和改进全球化治理体系，推进全球贸易和投资开放，努力使全球化向公平、创

---

①2015年9月22日，习近平接受《华尔街日报》的书面采访。

新、良治的方向发展。另一个是黑暗的前途，全球化陷入间歇期，最坏的情况是出现20世纪二三十年代，或七八十年代的情景。在这种背景下，"一带一路"倡议将推动包容性的新型全球化向前发展，责任重大。一是需要建立基于公平的共商共建共享合作机制。处理好包容性、共享性、公平性发展问题，推进绿色、开放、普惠、包容、共享的跨境贸易、投资、金融、产业合作。二是需要制定基于创新的增长蓝图。解决好实体与虚拟、金融和创新、资源开发和非资源产业、人力和社会资本与物质资本之间平衡发展的问题。三是需要建立基于发展的战略支点，统筹协调好增长与发展之间的关系，实现有增长有发展有共享的创新、协调、绿色、开放、共享发展。

构建人类命运共同体，第三个因素是继续推动全球经济强劲、平衡、可持续和包容发展。如G20杭州峰会就留下了深刻的"中国治理观"的印记，包括"六个首次"：首次全面阐释我国的全球经济治理观；首次把创新作为核心成果；首次把发展议题置于全球宏观政策协调的突出位置；首次形成全球多边投资规则框架；首次发布气候变化问题主席声明；首次把"绿色金融"列入G20集团议程。中国推动全球经济发展的计划之一，是"一带一路"倡议。"一带一路"倡议涉及亚欧非大陆上很多发展中国家，一些国家经济陷入了"低水平发展陷阱"，即始终无法突破贫困的恶性循环进入经济起飞阶段；另一些国家则长期无法突破"中等收入陷阱"，即无法摆脱长期发展瓶颈进入现代化发展阶段。"一带一路"的基础设施互联互通和产能合作将为沿线相关国家的经济发展提供新动力。

总之，我国在积极参与和大力推动全球治理改革的过程中扮演着更重要的角色。习近平总书记指出，不管全球治理体系如何变革，我们都要积极参与，发挥建设性作用，推动国际秩序朝着更加公正合理的方向发展，为世界和平稳定提供制度保障[1]。展望未来，我国将在进一步完善国际秩序、构建国际宏观政策协调机制、提升全球公共产品供给能力建设等方面迈出更坚实的步伐，努力构建人类命运共同体。

---

[1] 2013年3月，习近平总书记在于南非德班举行的金砖国家领导人第五次会晤上的讲话。

第三节　走向共享未来的世界经济：中美关系

一、中美关系是世界上最重要的双边关系

当前，中美关系是世界上最重要的双边关系。然而，中美关系正在进入最敏感和最容易失控的冲突期。史蒂芬斯认为，美国正在将战后多边主义置换为与志同道合的国家（盟国）间的特惠贸易和投资协定，让多边贸易协定靠边站。没有美国的支持，多边秩序将进一步陷入破损失修状况，而全球化也将会分崩离析。作为自由秩序的最大受益国，中国将成为全球化寿终正寝的最大输家[1]。同时，中国也有人提出"去美国化"，要建立一个新世界秩序，所有国家无论大小、贫富，其重要利益应在平等的基础上得到尊重和保护[2]。

中美关系是否只有格雷厄姆·艾利森提出的"修昔底德陷阱"所描述的守成大国与新兴大国之间冲突和对抗最终走向战争的传统套路，还是像约瑟夫·奈所认为的，中美陷入"修昔底德陷阱"的风险可以避免，今天中美之间的实力差距远大于1914年的德国和英国。然而分歧和矛盾掌控不好，可以避免的事最终还是可能发生。中美如何走向互信合作？习近平总书记提出，"中美需要在加强对话、增加互信、发展合作、管控分歧的过程中，不断推进新型大国关系"[3]。因此，中美建立超越零和博弈的新型大国关系，合作推进经济全球化发展，是中国赢得自己发展的战略机遇期之关键。

目前，美国已经把中国定义为自己的战略上的竞争对手[4]。历史上从未

---

[1] 菲利普·史蒂芬斯：《美国的经济衰退危及中国崛起》，《英国金融时报》2013年10月10日。

[2] 新华社2013年10月13日发表了英文评论。美国白宫专门召开会议讨论中国官方通讯社发表"去美国化"的文章背后的政治含义。

[3] 习近平：《在与奥巴马共同接见记者时的讲话》，《人民日报》2013年6月9日。

[4] 2017年12月19日，美国政府公布了首份国家安全战略报告，将中国定义为修正主义国家，并将中国定位为美国战略上的竞争对手。

出现过的两个差异最大的大国，其政治经济关系正在进入零和博弈的冲突和对抗阶段。美国学者Gilpin曾分析历史上守成大国对新兴大国的经典对策：一是采用各种手段削弱甚至彻底压制新兴大国实现崛起的可能性；二是降低本国国际事务中各种承诺和义务的成本[①]；三是如同罗马帝国后期，借扩张来占据防守型低成本地位。在当今的国际格局中，作为守成大国的美国面对新兴之中国，主要采用了前两种对策。一方面采取各种手段遏制中国，另一方面降低本国所承担的国际事务成本。这在一定程度上将会减少全球公共产品供给。对此，中国的回应是构建中美新型大国关系，积极提供全球公共产品。正如习近平总书记指出的那样，合作是中美两个大国唯一正确的选择。当今中美利益关系已不可阻挡地交织在一起，你离不开我，我离不开你。就像2018年举办的中国国际进口博览会，美国政府要挑起贸易摩擦，不以官方名义组团参展，但有180多家美国企业积极参展。随着时间的推移，会有越来越多的美国企业、美国地方政府以及行业协会商会代表愿意和中国交流。这说明得道多助、失道寡助，美国政府要挑起贸易摩擦，推行贸易保护主义、单边主义和霸凌主义，但更多的美国企业和人民还是愿意和中国交流与合作。

中国希望全面深化改革和扩大对外开放，通过推动负面清单管理、准入前国民待遇、服务贸易开放，来推动经济全球化向前发展，这符合中美双方的共同利益。但在制度层面上，中美之间缺乏战略互信。美国希望永远当老大，实现美国优先、美国再次伟大。而最可能取代美国老大地位的是中国。中国在文化、价值观和制度上又与美国有着巨大差异，在西方人看来，中国对世界发展的影响是不确定的。从中国人的角度看，"和而不同"的开放包容共享，才是国际关系的正道。因此，增进战略互信，减少共同利益重大决策的不确定性，是两国合作的正确方向之一。

首先，中国保证国家实力和国际地位是建立中美新型大国关系的基础。美国学者Elvin指出，在历史上，中国作为大国能够长期生存并成长壮大之道，就在于保持较快的经济增长速度和较高的科技创新能力，足以抵御外来

[①] Robert Gilpin, "Hegemonic War and International Change", *Conflict After the Cold War: Arguments on Causes of War and Peace*, ed. (New York: Pearson-Longman, 2008).

侵略，保证本国在世界中的地位①。古为今用，经济增长和科技创新依然是当今中国保证国家实力地位的最佳策略。美国也将保证其现有地位，遏制中国取代美国的一切可能性。按照Nathan和Scobell的观点，美国应当不断压制中国对获得在国际事务上的合法领导力的努力，不断增强军事实力，保持高精尖人才优势，保护美国知识产权，赢得世界人心②。

其次，中国要求建立尊重本国社会制度、具体国情、文化和价值观以及利益诉求的国际新秩序。按照西方人的观点，中国要挑战旧有世界秩序的一个重要原因，是这个秩序前期中国没有参与制定，加入后中国的利益诉求又没有受到充分尊重。因此，中国理应质疑美国维护现有国际秩序的合法性和合理性。但是面对这一质疑，西方社会会不会让步呢？按照Ikenberry的观点，全球公共产品供给，将存在由大国来合法充当世界领导者，在供给全球公共产品的同时也实施治理的情况。Ikenberry进一步论述道，一国的国内政治体制会影响其处理国际事务的方式③。而按照西方标准，中国要求的国际社会新秩序将难以被接受。对此，中国必须向世界证明，中国有意愿并有能力提供公平透明、规范专业的国际社会新秩序。

最后，中国应当承担大国责任。Leonard认为，中美关系与美苏关系不同，美苏是意识形态之争，而中美是综合实力和经济利益之争。中美之间曾建立了经济互补性合作的"蜜月"关系，但随着中美经济结构相似度越来越高，竞争和冲突越来越激烈，中美之间的"蜜月期"宣告结束。他还指出，奥巴马总统在2009年就职后，曾希望动员中国加入现有世界秩序，确定中国在现有秩序中的利益和责任，以保持冷战后由西方主导的国际秩序。但最后他失望了④。尽管中美两个大国之间的政治经济竞争在不断加剧，但中美之间仍有大量的共同利益，如美国希望中国增加对美投融资支

---

① Elvin and Mark. *The Pattern of the Chinese Past*. （Palo Alto：Stanford University Press，1973）.

② Andrew Nathan and Andrew Scobell，"The Sum of Beijing's Fears：How China sees America"，*Foreign Affairs*，（Sep./Oct. 2012.）

③ G. John Ikenberry，"Getting Hegemony Right"，*The National Interest*，（2001）.

④ Mark Leonard，"Why Convergence Breeds Conflict"，*Foreign Affairs*，（Sep./Oct. 2013.

持和扩大进口，中国则希望获得美国建立知识经济社会的经验和美国先进的技术和人才。

美国单方面挑起全球贸易摩擦和中美贸易摩擦，是希望在这场百年未有之大变局中继续为世界掌控航道和方向，按照维护美国核心利益的宗旨为世界建章立制，在未来全球秩序和政治经济大格局中继续保持美国优先、美国再次伟大的领导地位。同样，我国希望在这场百年未有之大变局中不忘初心、牢记使命，保持战略定力，始终沿着既定的方向，实现中华民族伟大复兴。那么，中美关系是零和博弈还是超越零和博弈？美方认为是零和博弈，中方认为是超越零和博弈。这不仅将影响中美两国的未来，而且将影响世界发展大势。目前，中美关系变得非常不稳定和不确定。如何掌控分歧和矛盾，是回到基于合作的轨道上来，还是走到全面对抗的方向上去；是选择挑战、回应、再挑战、再回应，还是理性和负责任地掌控大国冲突，将对世界产生重大而深远的影响。习近平总书记指出，当今世界正处于大发展大变革大调整时期，我们要具备战略眼光，树立全球视野，既要有风险忧患意识，又要有历史机遇意识，努力在这场百年未有之大变局中把握航向。因此，经过不懈努力，在百年未有之大变局中牢牢把握中美关系发展基于合作的大方向，将为推动开放型世界经济体系建设，构建人类命运共同体作出重大贡献。

二、美国挑起全球贸易摩擦的缘由

美国挑起全球贸易摩擦的第一个原因是试图建立基于美国优先的多边贸易体系。美国总统特朗普上任以来，多次批评世贸组织现行规则对美国不公平，并威胁将退出世贸组织的多边贸易体系。世贸组织总干事阿泽维多表示，世贸组织要加强与美国对话，不排除按照美国的要求修改规则。同时，美国也单方面认为，中国的不公平贸易现象在过去极少被世贸组织批评并为此付出代价。2018年3月12日美国代表在要求世贸组织进行改革的文件中提出，如果一个成员未能向该组织提供有关本国确立新关税、政府补贴或保障措施的信息披露连续超过3年，该国将被列为所谓"不活跃成员"，并且将无法获得由世贸组织所提供的技术信息。

美国认为现行的自由贸易规则对美国不公平，要推动制定所谓的公平贸易原则的缘由是什么？美国作为世界上唯一具有霸权地位的国家，却认为自己在现行贸易规则和秩序体系中遭受了不公平待遇。如德国对美国有巨额贸易顺差就是不公平，北约成员没有履行2%的防务支出比例就是不公平，在北美自由贸易协定中加拿大和墨西哥没有承担更多责任就是不公平，1990年至金融危机爆发中国GDP占世界GDP的比重上升了13个百分点而美国下降了2个百分点就是不公平，等等。一句话，美国认为自己承担了太多国际责任，受到太多不公平待遇，其他国家搭了美国的便车。美国要用公平贸易和对等开放原则纠正现行多边贸易体系的不公平。事实上，多边贸易体系是美国在第二次世界大战结束后确定的，最大限度地维护了美国核心利益，体现了美国国家意志。无论是布雷顿森林体系在确定未来国际货币体系时选择了美国怀特方案而放弃了凯恩斯方案，还是中国加入世贸组织议定书的第15条、第16条，都是从美国核心利益最大化角度出发的，即使其损害了国际社会的共同利益和其他成员的利益。区别在于，当时的美国总统以及以后的美国总统是站在担当大国国际责任的立场上，而现在特朗普不愿意担当大国的国际责任。基于公平贸易和对等开放原则重塑国际经济新秩序，意味着第二次世界大战后的国际秩序将发生巨大调整和改变。也许需要等待10年左右的时间，大国之间的分歧、冲突和较量最终才会达成妥协方案。

美国挑起全球贸易摩擦的第二个原因是为了打造基于美国优先的全球利益格局。如美欧于2018年7月25日发表了联合声明，承诺要致力于消除关税和贸易壁垒，避免当前一触即发的美欧贸易摩擦。其利益交换的背后，是美国威胁要对欧盟汽车产业征收20%的关税，这意味着德国三大汽车厂商将失去美国市场。作为妥协，德国三大汽车厂商提出了零关税的方案。美国同意不向欧盟汽车加征关税，欧盟则同意进口更多的美国大豆和天然气。特朗普宣称这是"自由和公平贸易的大日子"。然而，法国财长勒梅尔明确反对德国汽车贸易零关税的方案，强调如果美国对汽车行业征收关税，欧盟应该给予"集体的、坚决的"回击。意大利、西班牙也表示支持法国的立场。由此可见，西欧、南欧、中东欧面对美国贸易霸凌主义行径有着不同的立场和意见。美国为了建立符合美国核心利益和美国优先原则的全球公平贸易新秩序，不惜对欧挑起贸易摩擦，对墨加两国威胁和施加压力，对日韩挑起钢铁和铝产品的关税战。

美国挑起全球贸易摩擦的第三个原因是把我国作为全面战略竞争对手。长期以来,美国维护其世界霸权地位的一个重要举措就是实施遏制老二战略,即当老二的经济实力达到美国经济规模的60%这个临界点时,就会自动成为美国的假想敌。没有假想敌,美国就是一盘散沙。有了假想敌,美国的国家机器就会全速动员起来,不惜煽动美国民众的爱国主义情绪,组织发起贸易摩擦、创新战、产业战、规则战甚至热战。我国的世界第二经济大国的地位,决定了美国挑起对华贸易摩擦的必然性和紧迫性。时间站在中国这一边,绝不能再给中国宝贵的发展时间。预计美国会采取遏制与推卸大国责任的两手交错使用的对华战略,在中国经济与世界经济之间构建一道贸易壁垒和规则墙。事实上,世界上没有一个国家或地区,包括霸权国家可以边缘化中国,达到遏制中国的目的。无论是贸易摩擦、规则战、创新战、金融货币战、产业战、心理战,还是动员整个盟国体系,都不可能真正达到遏制中国的目的。唯一的可能性是中国自己犯历史性错误。所以,我国最好的应对策略是做好自己的事情,以全面深化改革开放的积极举措,一步一个脚印地填补不同阶段存在的重大短板、弱项和遗漏。

美国通过单方面挑起贸易摩擦的强权方式来建立公平、对等的自由贸易原则的尝试是不可能成功的。如在欧盟内部,西欧、南欧和中东欧之间经济状况的差异是巨大的,不可能满足美国的零关税和对等开放的要求。在历史上,基于西方贸易规则的全球化分别发生在1870—1913年、1950—1973年、1990—2008年,但三次都陷入"逆全球化"、地缘政治冲突、局部或全面战争、经济危机和贸易规则体系破产的困境。其根本原因是基于西方贸易规则的全球化推动了开放、市场化和创新,指向都是改善全球经济效率和经济福利,却没有办法解决发达国家内部的不公平差距扩大和全球贫富鸿沟扩大等矛盾和问题。这次挑头推动"脱欧"和贸易保护主义的是美英,这预示着世界经济将经历一个较长时间的风险动荡期。

从贸易学者的专业角度看,贸易逆差挑起贸易摩擦是假象。包括美国多数贸易学者在内的世界各国专家都不同意美国的贸易逆差是大问题的观点。问题的实质不在贸易逆差,而在美国综合国力下降。首先,美国拥有的世界霸权地位和货币金融特权就是通过贸易逆差为世界经济提供国际清偿手段和国际货币，并从中谋利。中美贸易不平衡的实质，是我国用汗水生产商品廉价卖给美国，换回的是美国廉价的负债凭证而不是实际资源和要素。美国还认为不公平，要挑起贸易摩擦，迫使我国进一步进口更多的美国农产品、石油天然气产品、电子产品，进一步开放美国占据优势的服务业，进一步配合美国控制加息、减税，增加基础设施投资必然带来的经常项目逆差、财政赤字和居高不下的债务率。但这个故事结束了，我国已进入靠创新推动高质量发展而不是靠汗水出口推动高速增长的阶段，美国挑起贸易摩擦只会加快我国从代工贴牌向发展自主知识产权、自主品牌、自主营销渠道转型的步伐。其次，美国利用其金融霸权和美元特权动用全球金融和货币奶酪，最终造成美国国民负储蓄、低储蓄率，这是美国形成贸易逆差的真实原因。1990年以来，美国高技术和中高技术制造业比重持续下降，金融、房地产和建筑比重持续上升，最终导致美国经济和产业空心化。2002—2008年，美国所有技术领域的发明专利申请增长率大幅下降，最优秀的工程技术人才都去了金融部门，最终陷入金融危机。美国最优秀的制造企业GE在这场危机中差点没有活下来，其在危机后痛中思痛，把创造公司41%的经营性利润的金融部门给卖了。对此，格林斯潘、罗奇等人多次建议，提高美国储蓄率是减少贸易逆差的根本之举。最后，全球化和IT革命建立了国际工序分工体系，全球对美顺差大量转移到我国，包括美国企业在华加工组装产品返销本土造就的顺差。事实上，世界贸易如果不用居民概念，而是用增加值统计，中美贸易不平衡程度会减半。如果用公司所有权统计，中美还会有贸易逆差吗？因此，要抑制中美贸易不平衡趋势，美国必须提高自身的国民储蓄率和产业竞争力，必须创造重振制造、全球供应链回归美国的产业环境和要素成本优势，必须接受对美国的贸易逆差从我国转移到南亚和东南亚的现实。这个调整过程应当是自然的、市场驱动的结果，而不是贸易摩擦驱动的结果。美国作为市场经济国家应遵循市场经济规律，而不是选择以贸易摩擦转嫁调整代价。

令人难以理解的是美国挑起贸易摩擦为什么选择失业率最低的年份。2009—2017年是美国失业率最高的年份，美国最需要的就是创造就业岗位，为什么不挑起对华贸易摩擦？2018年美国失业率降至3.8%，实现了充分就业，美国黑人失业率创历史最低水平，在这时美国挑起了对华贸易摩擦，原因是想过河拆桥。在失业率最高的时期，美国需要我国用加杠杆的方式帮助其降低失业率。2009—2017年我国宏观杠杆率上升了114个百分点，对世界经济增长贡献率超过30%，把美国经济从泥潭里拉了出来。然而，美国对我国经济的贡献没有说过一句谢谢，反而以贸易摩擦回报。其是否要让中国在未来10年继续帮助它摆脱加息、减税、增加基础设施投资带来的贸易逆差上升、财政赤字上升、债务率上升的困境呢？其结果是否会再现20世纪80年代美元危机的故事，再现日本付出长期停滞代价的故事，再现美国随之赢来新科技革命和新经济繁荣周期的故事？然后，国际经济学界就可以发表大量文章，给出各种论点、论据、论证说，美国挑起贸易摩擦没有错，都是中国人自己犯了历史性错误。

美国挑起贸易摩擦的非经贸因素考量的重点是战略猜疑。首先，美国优先是美国的核心利益，而不忘初心、复兴中华是中国的核心利益。历史上的兴盛期和开放期往往是重合的。我国发展正处于重要战略机遇期，贸易摩擦无疑会增大我国开放的风险和外部形势的挑战。其次，美国挑起的贸易摩擦的实质是规则战。从2009年以来的全球规则变局，无论是通过TPP建立美国标准的自由贸易协定范本，还是通过贸易摩擦为公平贸易原则建章立制，都是为了建立把我国排斥在外的国际经贸规则墙。当中方指出，世贸组织规则体系中没有"市场扭曲"和"非市场经济导向"的概念和条款时，美国试图联合日本、欧盟借世贸组织现代化改革的名义，建立针对我国的市场扭曲和非市场经济导向的指标体系和制度框架。最后，美国挑起贸易摩擦的焦点是创新战。有关知识产权保护、强制技术转让要求、中国制造2025等方面的指责，目的只有一个：制定遏制我国技术进步来源的限制性措施。今天，我国制造业站在从代工贴牌转向自主生产、从全球价值链低端转向中高端、从简单模仿转向科技创新的关口。即使到2035年，我国制造业仍将处于世界制造业强国的中等水平，与美国的高技术服务业和制造业水平仍有相当大的差距。以我国一个指导性计划演绎出挑起创新战的理由是不能成立的。

三、我国应对百年未有之大变局之道

得道多助、失道寡助，这个"道"是什么？美国挑起贸易摩擦的"道"，是美国优先，其代价将损害包括我国在内的国际社会的共同利益。

我国坚守的"道"是推动全球贸易投资开放，推动全球治理体系变革和发展，推动世界经济再平衡。一是继续推动全球开放。中华民族最刻骨铭心的历史教训，是"开放带来进步，封闭必然落后"。美方这次失"道"，失在推动贸易保护主义，挑起贸易摩擦不得人心；退出全球气候变化的巴黎协议不履行大国责任，以霸凌主义威胁中国、欧盟、加拿大、墨西哥等国家与地区让利让步让位不公正。二是继续推动全球治理改革。美方从推动双边回到推动世贸组织现代化改革是针对中国的，要在中国经济和世界经济之间筑起一道国际规则墙。中欧成立WTO现代化改革工作组，合作推动多边体制改革，扩大全球贸易投资自由化和便利化。同时优先推动中欧投资协定谈判，提高"法无禁止皆可为"的标准和范围。三是继续推动全球发展。世贸组织的多哈回合被称为"发展回合"，但由于美印在农产品保障措施问题上不让步而止步不前。美国把责任推给印度，然而，在印度农产品市场开放的问题上是6亿个印度农民的利益重要还是200万个美国农民的利益重要？美国显然认为是美国农民的利益重要，全球发展利益不得不作出牺牲。从推动全球发展利益的角度来看，中国、印度和美国应当更多地考虑自己所肩负的大国责任，把全球发展利益放在更重要的位置上。我国积极推动开放包容的贸易投资自由化和便利化，其中最重要的努力是把发展议题纳入全球治理框架，构建人类命运共同体。

我国坚决反对美国挑起贸易摩擦的不公平贸易行径。一方面，我国已将美国对华340亿美元输美商品加征关税之举诉诸世贸组织，并针对美国对华2000亿美元商品征税清单向世贸组织提出追诉。另一方面，我国指出对话必须建立在相互平等和尊重的基础之上，建立在规则的基础之上，单方面威胁和施压只会适得其反。我们希望中美两个大国负起责任，在维护自由贸易原则和多边贸易体制的基础上重启谈判。大国之间的贸易摩擦任性地持续打下去，对世界经济和本国民众都是不负责任的。中美回到合作的基础上，维护和平的国际环境和稳定的国际秩序才是大局。

首先，要更加积极地推动全球化继续向前发展，尤其是全方位合作推动全球化治理改革。这次全球化经历了两次泡沫经济。美国挑起贸易摩擦的主因之一，是全球化泡沫严重削弱了美国的综合国力和全球影响力，贸易摩擦的作用是为美国优先服务，同时打垮竞争者。因此，应对美国单方面挑起的贸易摩擦，就要吸取美国的教训，牢牢把握发展实体经济这个坚实基础，牢牢把握推动关键核心技术创新这个战略支点，牢牢把握"一带一路"建设所蕴含的巨大商机，同时着眼于未来全球化治理体系建设。积极推动G20、金砖峰会、APEC等各种平台和机制发展，探索制定基于合作的自由、公平、包容贸易规则，解决好公平参与和公平分享全球化发展机会和成果等深层次矛盾和问题。

其次，要更加积极地推动共建"一带一路"走深走实。共建"一带一路"正在成为我国参与全球开放合作、改善全球经济治理体系、促进全球共同发展繁荣、推动构建人类命运共同体的中国方案。与之相竞争的是美国方案，美国国会正努力通过一项提高美国在国际开发领域的地位的法案，计划组建一个具有广泛权力并拥有600亿美元开发融资资金裁决权的新机构来与中国竞争。事实上，中美在全球基础设施领域的投资竞争将有利于促进世界经济再平衡。当前，全球产能过剩，而"一带一路"地区普遍短缺，基础设施短缺问题十分严重。如IMF预测，全球基础设施资金缺口每年高达1.5万亿美元，2016年发展中国家利用FDI占GDP的比重不到1%，低于2008年的2%。联合国估计，共建"一带一路"将带动超过1万亿美元的基础设施建设。在中国已投资的"一带一路"项目中，约有20%为电力领域，19%为铁路建设，其他多为公路、管道和其他设施联通领域的项目投资。要以基础设施等重大项目建设和产能合作为重点，解决好重大项目、金融支撑、投资环境、风险管控、安全保障等关键问题，形成更多可视性成果，积土成山、积水成渊，推动这项工作不断走深走实。中美在设施联通领域的竞争，不仅有利于提升中国企业的国际竞争力，而且有利于改善全球基础设施建设，还有利于美国基础设施融资服务和风险管理的技术溢出，一举多得。同时，"一带一路"也是我国企业转型的必经之路。如华为在完成从"游击队"向"正规军"转型的阶段，70%以上的产品是外销，主要进入亚非拉市场。虽然"一带一路"相关国家的各种风险很高，但这里是全球跨国公司竞争力最薄弱的地区，因此也成为中国企业培养"狼性"和核心竞争力的地区。

最后，要调动所有积极因素全面深化改革开放，补短板强弱项，培育国际竞争新优势。由于我国拥有世界上储蓄规模最大的经济，门类最齐全完整的产业体系，中等收入以上人群最多且代际更新交替速度最快的需求，最有韧性、回旋余地和潜力的实体经济，最强动员能力和抗风险能力的综合优势，是不可能被任何外力边缘化和打倒的，除非自己犯历史性失误。因此，我国要像当年加入世贸组织那样，在外部压力不断上升时，实现全民总动员，万众一心推动高水平开放、高标准改革和高质量发展；推动人的全面发展、社会的全面进步和经济的全面繁荣；推动开放型世界经济体系建设、全球包容性发展，构建人类命运共同体。在贸易摩擦和强大竞争对手的威胁下，倒逼推动本国的高质量发展、现代化经济体系建设、治理体系和治理能力现代化上一个更高的台阶，就能够趋福避祸、化弊为利、转危为机。

中美两国作为全球负责任大国，建立超越零和博弈的战略互信与全面合作关系，是唯一正确的理性选择。就像两头大象在花园里打架，一定会殃及周边的花草和生灵。而把中国"和而不同"的开放包容共享文化，美国基于规则的民主法治精神与人类社会不同文明智慧交融在一起，将为解决未来全球化治理问题提供一个新思路。这是一个更长远的目标。从可以预见的未来看，通达合作目标之路径，将经历一个较长的非理性较量和内外部动荡的时期。从非理性对抗到理性合作，可谓是福祸相依的渐变过程。要应对美国挑起的贸易摩擦，就必须做好趋福避祸的全面准备。一是坚持深化金融改革服务实体经济转型的大方向，大力发展基于有效监管的多层次资本市场体系，防范和化解美国单方面挑起的贸易摩擦可能带来的金融、货币和国际收支领域的系统性和结构性风险。二是坚持关键核心技术创新加快推动新旧动能转变的大方向，"坚持走中国特色自主创新道路，坚持创新是第一动力，坚持抓创新就是抓发展、谋创新就是谋未来"，有效应对和化解美国以贸易摩擦来从科技、创新和高技术产业等方面遏制中国的战略企图。三是坚持推动体制改革、法治建设和治理能力现代化的大方向，为企业应对美国单方面挑起的贸易摩擦创造更好的营商环境、投资环境和市场环境，形成市场机制、政府作用、社会参与的合力，在全方位开放的过程中全面提升我国的综合实力。2019年，美国政府对2000亿美元中国商品开征的关税率从10%提高到25%，这对我国应对措施的效率而言既是机遇也是考验。

四、美国挑起贸易摩擦的影响和应对之策

美国挑起贸易摩擦有可能使世界经济和贸易衰退。2017年，全球GDP增长态势明显向好。根据IMF的预测，全球GDP增速2016—2019年分别是3.2%、3.7%、3.9%、3.9%，2018年全球经济增速高于1990年以来年均增长3.74%的水平。全球货物贸易量的增长也如此，根据WTO的预测，2016—2018年全球货物贸易量的增速分别是1.3%、4.7%和4.4%，也呈现出持续向好的趋势。如果美国执意挑起全球贸易摩擦，那么全球贸易和经济增长的前景堪忧。比如，近年增长势头较好的全球制造业，尤其是高技术制造业和中高技术制造业快速增长的势头可能发生逆转。全球经济贸易和产业失序会使衰退提前到来。

美国挑起贸易摩擦对我国经济的影响。根据中国宏观经济研究院研究人员的初步预测，如果美国对我国500亿美元商品开征25%的关税，预计影响我国GDP的0.10%~0.12%；如果在这个基础上对2000亿美元商品加征10%的关税，预计影响我国GDP的0.20%~0.25%；如果在这个基础上再对2000亿美元商品加征10%的关税，预计影响我国GDP的0.40%~0.45%。如果加上美国加息、减税、增加基础设施投资等政策的外溢影响以及其他非经济因素的叠加影响，贸易摩擦的综合影响将不容轻视。具体表现在如下几个方面：

一是对我国金融、货币和国际收支的影响不容轻视。从汇率看，2018年4月20日以来的3个月，人民币对美元贬值7.6%，对港元贬值7.96%。5月30日以来不到2个月，人民币对欧元贬值6.8%，对英镑贬值4.2%。由此可见，美国挑起的贸易摩擦使我国企业、投资者和居民产生了一定的恐慌心理，形成了人民币贬值预期。要管理好美国挑起的贸易摩擦可能对我国经济社会方方面面产生影响的心理预期，就需要加强政府与金融货币市场之间的沟通，加强政府与企业、行业协会商会和投资人之间的沟通对话，加强政府与普通民众之间的沟通，增强社会各界对当前经济金融贸易形势及中美关系未来的了解，使其树立信心。

二是对我国创新、科技和人才的影响不容轻视。当前，我国制造业大而不强。"国家队"面临着美国挑起的创新战的严峻挑战，"地方队"面临着全球市场竞争压力增大的态势，"民间队"面临着公共产品和公共服务缺位

等问题，正进入从代工贴牌转向自主生产、从全球价值链的低端转向中高端、从简单模仿转向科技创新的关键时期。贸易摩擦的重点是创新战，美国想要构建知识产权、关键核心技术来源、人才交流的壁垒。这迫使我们要加快转向独立自主，奋发图强，自主掌握关键核心技术，发展高新技术产业。同时汇聚全球英才，开展全方位国际合作，增强国家创新体系中的基础研究、基础应用研究、关键共性和公共技术研究、试验和开发研究等各个环节的竞争实力。

三是对我国体制、法治的影响不容轻视。美国是现有国际秩序的引领者、守成大国，其制度经验和优势是在大国长期动态博弈中积累起来的。其在规则制定、盟国体系以及现代金融、创新科技、一流人才等方面具有显著优势。在经历国际金融危机等重大冲击后，其对危机有相当强的适应能力。但美国的短板在于综合国力和全球影响力处于衰落阶段，经济和产业空心化问题尚未真正解决，贸易保护主义不得人心，作为大国不担当全球责任引发失序等方面。我国要学习美国的制度协调和调整能力，在大国博弈中取得制度、法治方面的进步。

2018—2025年，是中美两个大国掌控分歧和风险最困难的时期，也是我国"十四五"规划研究、制定和实施的时期。我国改革开放和发展的国际环境更加错综复杂，对外开放的风险有可能显著大于机遇。这个阶段，既不能一味迎合美国的高要价，又不能一味强调同等反制，做好中国自己的事情是关键，包括补好金融货币和国际收支、创新科技和人才、体制和法治这三块短板，增强综合实力和国际竞争能力。

改革开放40年来，我国已经发展成为世界第二经济大国、第一外贸大国和第一制造业大国，发展中国家第一引资大国。改革开放和发展已经进入一个历史的新起点和现代化建设的新阶段。美国挑起的贸易摩擦，有可能演变为改变世界经济政治格局的政治战，有可能演变为改变世界多边贸易体系的规则战，有可能演变为改变世界科技革命格局的创新战，更可能演变为改变世界经济社会发展前景的持久战。能否构建基于合作的公平贸易、自由贸易、包容贸易相协调的世界秩序，能否构建中美超越零和博弈的不对抗不冲突、相互尊重、合作共赢的大国关系，能否构建共同维护和平的国际环境和稳定的国际秩序的合作格局，不仅将决定中美两个大国的前途和命运，而且将影响世界的未来前景。

我国应对美国挑起的贸易摩擦的综合优势是明显的。一是我国有世界上规模最大、人数最多、成长最快的中等收入以上人群的市场。无论是中国商会、美国商会、欧盟商会还是日本商会的调查结果都显示，中国的市场资源和需求升级潜力是最大的机遇。二是我国有世界上最完善的产业体系。全球500多种工业产品中，中国有220种，产量位居世界第一。我国东部沿海地区7个省市的研发强度超过OECD的平均水平，已进入创新驱动发展阶段。从高速增长转向高质量发展，将显著提升我国现代化农业、制造业和服务业的比重。美国试图用贸易冲突的方式让全球供应链回到美国，事实证明这很难成功。三是我国有其他国家不可比拟的高储蓄率。通过深化改革，将高储蓄有效转化为高质量投资，尤其是从基础设施、房地产、一般制造业投资转向科技创新、绿色发展和民生设施投资，同时加快推动最终消费转向个性化、小批量、智能化、高品质、多样性消费，将使扩大内需成为我国应对贸易摩擦的战略支点。四是我国经济具有潜力大、韧性大、回旋余地大的综合优势。当前我国东部沿海地区的上海、广东、浙江，中部地区的武汉、合肥、郑州，西部地区的四川、重庆、贵州等地正在进入新旧动能转换、新旧结构调整、新旧模式转型的加速期。我国内部的差异性大、多样性高、整合性好的大国优势，将形成很强的抗风险、抗冲击、抗危机的综合能力。五是我国推动新一轮高水平开放、高标准改革、高质量发展将增强应对贸易摩擦的综合实力。决定贸易摩擦胜负的不仅仅是硬实力，更重要的是软实力和巧实力。影响从来都是有利有弊、福祸相依、有危有机，比的是谁能够趋利避害、趋福避祸、转危为机，考验的是人心向背。美国目前是在三条战线上作战：第一条战线在美国国内。美国"失道"使其不可能赢得其国内人民的坚定支持，内部复杂的利益博弈格局随时会发生不确定性变化，反对贸易摩擦的力量在显著上升。第二条战线在国际。美国"失道"使其与盟友之间不可能有战略互信，盟国体系内部的分化和与非盟国之间的对抗使形势变得非常复杂。公平贸易依据的是美国标准，维护的是美国利益，用贸易摩擦的方式迫使他国让渡本国经济权利和经济利益，是不可能持久并取胜的。第三条战线在中国。美国"失道"将增强中国内部的凝聚力，使中国越战越强。尤其是促进人的全面发展、社会全面进步、经济全面繁荣的努力，将使中国更加独立自主，奋发图强，最终再次证明得道多助、失道寡助的道理。

参考文献

[1] Bhagwati JAGDISH N. Export-promoting Trade Strategy Issues and Evidence. The World Bank Research Observer, 1988.

[2] Krueger A. Political Economy of Policy Reform in Developing Countries. MIT Press, Cambridge, MA and London, 1993.

[3] Romer P. M. Endogenous Technological Change. JPE. 1990, 98(5): 71-102.

[4] ZHANG S G, ZHANG Y S, WANG Z X. Measuring the Costs of Protection in China. Institute for International Economics, 1998.

[5] WANG Z, WEI S J. The Rising Sophistication of China's Exports: Assessing the Roles of Processing Trade, Foreign Invested Firms, Human Capital, and Government Policies, Paper prepared for the NBER Project on the Evolving Role of China in the World Trade, 2007.

[6] 肯伍德, 等. 国际经济的成长. 北京: 经济科学出版社, 1996.

[7] 刘易斯. 增长与被动·中文版. 北京: 华夏出版社, 1987.

[8] 林德贝克. 转型期中国的经济社会互动关系. 北京: 中信出版社, 2007.

[9] 迈耶. 发展经济学的先驱. 北京: 经济科学出版社, 1988.

[10] 麦迪森. 中国经济的长期表现. 上海: 上海人民出版社, 2008.

[11] 诺斯. 制度、制度变迁与经济绩效. 上海: 上海三联书店, 1994.

[12] 钱纳里, 塞里昆. 发展的格局(1950—1970). 北京: 中国财经出版社, 1989.

[13] 库兹涅茨. 各国的经济增长. 北京: 商务印书馆, 1985.

[14] 世界银行. 1987年世界发展报告. 北京: 中国财经出版社, 1987.

[15] 张培刚. 新发展经济学. 郑州: 河南人民出版社, 2001.

[16] 张燕生, 刘旭, 平新乔. 中美贸易顺差结构分析与对策. 北京: 中国财经出版社, 2006.

[17] 赵穗馨. 中华人民共和国经济史(1949—1966). 郑州: 河南人民出版社, 1988.

［18］沃尔夫.全球化为什么可行.北京：中信出版社，2003.

［19］王梦奎.中国改革30年.北京：中国发展出版社，2009.

［20］杨坚白，等.新中国经济的变迁和分析.南京：江苏人民出版社，1992.

［21］海尔布罗纳.现代化理论研究.北京：华夏出版社，1989.

第五章　中国对外贸易：从小国到大国再到强国

第一节　对外贸易的发展成就和特征

1978年12月，党的十一届三中全会作出了实行改革开放的重大决策，积极推进对外开放，深化外贸体制改革，对外贸易迎来了春天。我国劳动力资源丰富，产业配套设施完善，加工制造能力比较强，改革开放以来，我国凭借这些得天独厚的优势，实现了从进口替代向出口导向的战略转换。

加入WTO后，我国开始全面接受多边贸易协定与协议，实施比较完善的以自由贸易为主的对外贸易政策，获得多边贸易机制保障和稳定的外部环境，对外贸易实现跨越式发展，使我国成为100多年来唯一跻身世界贸易大国行列的发展中国家。我国对外贸易走过了不平凡的发展历程，从调剂商品余缺、出口创汇、促进国际收支平衡，到拉动经济增长、促进结构调整，对外贸易发挥了重要作用。

改革开放使中国发生了翻天覆地的历史性变化，它深刻改变了中国的面貌，极大改善了人民的生活质量，显著提升了社会文明程度，大大提高了中国的国际地位。40年来，我国经济社会发展取得的一切成就都同坚决推进改革和对外开放分不开。

2017年以来，世界经济温和复苏，全球制造业生产回暖，国际贸易投资日趋活跃；我国经济已由高速增长阶段转向高质量发展阶段，供给侧结构性改革深入推进，创新能力不断提升，调控政策效果显现。在国内外形势向好与外贸扶持政策发力的共同作用下,我国对外贸易运行呈现增速较快、结构优化、质量提升、效益提高的发展态势。

一、对外贸易的发展成就

1. 对外贸易规模迅速扩大

改革开放40年来,我国对外贸易规模增长迅速,2017年进出口总额为27.79万亿元,是1978年的355亿元的783倍,其中出口总额为15.33万亿元,是1978年的167.6亿元的915倍,进口总额为12.46万亿元,是1978年187.4亿元的665倍。2017年我国服务贸易进出口总额达到4.7万亿元。对外贸易由小到大、由弱到强,经受住了来自世界经济政治方面的严峻考验。2017年中国经济实力实现新跃升,2018年以来"一带一路"倡议大力实施,外贸企业积极转型,国内市场需求向好,外贸发展整体扭转了过去2年连续下跌的局面,呈现企稳回升走势。2018年进出口总额持续增长,顺差收窄。5月我国进出口总额为2.53万亿元,同比增长8.6%;其中,出口总额为1.34万亿元,增长3.2%;进口总额为1.19万亿元,增长15.6%;顺差为1565.1亿元,收窄43.1%,已经连续3年下降。

2. 对外贸易结构持续优化

2017年我国进出口总额为27.79万亿元,反映我国对外贸易自主发展能力的一般贸易增长18%,占我国进出口总额总额的56.5%。在市场结构方面,国际市场多元化格局更加显著,我国对欧盟、美国和日本三大传统市场进出口有所恢复,分别增长16.2%、17.2%、14.2%。我国对"一带一路"沿线国家进出口增长20.1%,高出同期进出口总体增速3.5个百分点,对新兴经济体俄罗斯、波兰、哈萨克斯坦等进出口分别增长27.7%、24.8%和41.1%,比重持续提高。在区域结构方面,布局更加均衡,中西部地区和东北三省进出口增速高于全国增速。中西部地区18个省市外贸增速达到24.7%,超过全国外贸增速8.1个百分点;东北三省外贸增速达到18.5%,超过全国外贸增速1.9个百分点;东部地区10个省市外贸增速为15.3%。2018年商品结构持续改善:1—5月,我国机电产品出口3.61万亿元,增长7.9%,占出口总额的58.8%;劳动密集型产品合计出口1.13万亿元,下降4.1%,占出口总额的18.4%。

3. 市场多元化格局更趋合理，扩大进口取得积极成效

在我国加入世贸组织之后，自由贸易区成为对外开放的新形式、新起点。"十一五"期间，我国出口市场格局发生重要变化，布局渐趋合理，对发达国家市场依赖程度明显下降，对新兴经济体和发展中国家进出口持续快速增长，占比进一步扩大。同时，我国中西部地区进出口潜力显现，增长加快，进出口占比由"十五"末的7.2%提高到9.6%。随着中西部地区开放型经济发展加快，中国外贸发展的国内区域布局更趋均衡。

二、对外贸易的发展特征

对外贸易规模不断扩大；中国进出口贸易的平均增长速度不仅高于世界贸易的平均增长速度，而且高于国民经济的平均增长速度；中国对外贸易在世界贸易中的比例不断提高；对外贸易在国民经济中的地位不断提高，经济开放度（外贸依存度）明显提高；在进出口贸易规模迅速扩大的同时，进出口商品结构不断优化，进出口市场分布也逐渐向多元化发展。

1. 进口增速高于出口增速，顺差有所下降

2018年1—5月，我国对欧盟、美国、东盟和日本等主要市场进出口均增长，对"一带一路"沿线国家进出口增速高于整体。其中，中美贸易总值为1.57万亿元，增长5.3%，占我国外贸总值的13.5%。我国对欧盟进口7061亿元，增长11.8%，对欧贸易顺差为2915.2亿元，收窄10%。我国对东盟进口6796.6亿元，增长13.7%，对东盟贸易顺差为1317.9亿元，收窄4%。而对日贸易逆差为874.7亿元，扩大53.6%。

2. 对外贸易体制改革不断深化，大经贸格局基本形成

我国原有的以国家统一经营、统负盈亏为主要特征的对外贸易体制，是与传统的计划经济体制相适应的，在特定历史时期，这一体制对我国经济建设和对外经济贸易发展曾发挥过重要作用。但随着国内和国际形势的变化，特别是自党的十一届三中全会决定实行改革开放和党的十四大提出建立社会主义市场经济体制以来，原有外贸体制的垄断经营、"大锅饭"、财政补贴的弊端日益显现，成为我国外贸发展的障碍。经过40多年的改革，我国外贸体制发生了根本变化。一是行政性直接干预大大弱化，外贸宏观管理逐步走

上以经济、法律手段调控为主的轨道。二是外贸经营主体多元化格局初步形成，自负盈亏的经营机制不断得到加强和完善，国有外贸企业从计划经济体制下国家计划的执行者转变为社会主义市场经济条件下自主经营、自负盈亏、自我约束、自我发展的经营者。三是外贸政策的统一性和透明度进一步增强，涉外法规日益健全。四是外贸经营的领域和渠道进一步拓宽，总体效益和竞争能力大大提高。

大经贸格局基本形成。改革开放以前，我国对外贸易的基本格局是：进出口贸易由少数几家国家级的国有专业外贸公司垄断经营，生产企业不能直接面向国际市场。改革开放以来，这种格局发生了根本性变化，形成了由各级各类专业外贸企业以及自营进出口生产企业、科研院所、商业物资企业和外商投资企业等共同经营，国有、私营、中外合资、股份制等多种所有制形式相互竞争的多层次、多渠道的经营体制。内容单一、渠道狭窄的传统外经贸格局被打破，各项外经贸业务相互渗透、相互促进，初步形成了外经贸、生产、科研、金融、税务等部门共同参与、协同配合的大经贸格局。政府行政性直接管理职能大大弱化，运用经济、法律等间接调控手段的力度大大增强，外经贸宏观管理正在向适应社会主义市场经济要求和符合国际经济通行规则的方向转变。

3. 对外贸易高质量发展

2018年，世界经济保持温和增长，发达经济体再工业化取得成效，新兴经济体需求得到满足，大宗商品价格基本稳定，全球资产负债情况有所改善；我国经济高质量发展特征更趋明显，"三去一降一补"取得成效，经济结构更趋优化，工业生产保持稳定，服务业发展动力较强，消费需求的基础性作用突出。国内外经济环境总体有利于我国对外贸易继续保持回稳向好态势，但是国际贸易保护主义加剧、人民币汇率走势不确定、全球产业竞争更加激烈、进出口价格波动较大等因素，将在一定程度上影响对外贸易增长。

我国正在由贸易大国向贸易强国转变，货物贸易已经由中高速增长阶段向高质量发展阶段转变：一是世界经济温和增长，全球经济逐步摆脱低速运行态势，工业生产、贸易和投资等领域缓慢复苏，国际货币基金组织、世界银行等主要机构纷纷上调2018年经济增长预期。二是主要国家经济形势好转，美国、欧元区和日本等发达经济体结构调整取得进展，经济先后步入上行通道,全球市场需求增加带动新兴经济体恢复增长。受益于世界总需求改善,我国出口有望保持平稳增长。三是2017年人民币兑美元整体走低,有利于提高我国产品出口的国际价格竞争力,促进出口扩容。四是我国外贸发展的新动能不断聚集,民营企业对外贸易竞争力逐步提升,高附加值产品出口比重提高,外贸出口商品结构优化,外贸领域新业态、新模式不断涌现,人民币国际地位提高。五是制度环境不断优化,有关部门近年来出台了一系列促进外贸稳增长调结构政策,有利于提振贸易发展信心,降低企业成本。但是,美国对我国发起"301调查",制约我国重点领域出口发展;美联储加息及启动缩减资产负债表,对国际金融市场和各国货币政策带来冲击;全球经济政治形势复杂,恐怖袭击、地缘冲突等突发事件增多;国际大宗商品价格震荡波动,我国出口面临的不确定性仍然较大。

伴随着第三产业成为经济增长的主导产业,我国服务贸易近年来实现较快增长:一是服务贸易发展基础不断增强,国内第三产业发展水平不断提升,生产性服务业规模扩大、结构优化;二是制造业数字化、网络化、智能化进程深入推进,新产品、新技术层出不穷,为货物贸易和服务贸易融合发展提供新的重要动力;三是"一带一路"国际合作积极推进,国际产能合作和装备产品出口为相关配套服务贸易发展创造更多机会;四是跨境电子商务、外贸综合服务企业、市场采购贸易方式等外贸服务新业态方兴未艾,形成未来发展的新增长点;五是服务贸易制度环境改善,服务贸易创新发展试点、服务外包示范城市的成功经验不断扩散,相关财税支持政策保持较大力度,有利于激发服务贸易的发展潜力。但是,我国服务贸易发展面临的国际形势并不乐观,世界服务贸易发展速度放缓,2012—2015年服务出口年均增速仅2.2%。此外,不同国家的劳工雇佣、技术标准存在壁垒,服务贸易的本土化程度不高等因素将制约我国服务贸易的进一步扩围。

经过半个多世纪的不懈努力,经过改革开放的伟大实践,我们走出了一条中国特色的外贸发展道路,形成了对外贸易的指导方针、发展战略、政策体系,坚定了对中国特色社会主义的道路自信、理论自信和制度自信。我国成为世界货物贸易第一大国,我们有理由为此感到自豪。但也要清醒地看到我国外贸仍是大而不强,不能骄傲懈怠,要巩固大国地位、推动强国进程。

第二节 中国对外贸易战略和体制的变迁历程

对外贸易发展的最大动力是改革开放。从最初的外贸体制改革，兴办经济特区，开放沿海城市，设立经济技术开发区，到全面深化财税、金融、外汇等涉外经济体制改革，扩大货物贸易、服务贸易开放，我国通过深化改革开放，释放了对外贸易的活力，形成了自东向西、由南及北的大开放格局，对外贸易的方式、结构、主体和市场发生了深刻变化。

改革的前三个阶段，虽然增长率均值比较高，但是波动性也很大。这是因为改革初期处在探索的阶段，而且表现为强制性的方式，在推行的过程中于某些领域或地区并不适用，随着改革深化和对外贸易扩大，制度中的不合理因素开始显现，针对各种现象调整政策也会造成数据的波动。第四个阶段的波动性最小，因为加入WTO之后，对外贸易体制的改革力度加大，并表现为诱致性的变迁方式，更适应对外贸易经营主体的需要。总体而言，中国的对外贸易体制改革对中国的对外贸易发展起到了积极的促进作用，增长率的波动性说明制度变迁本身就是一个不断探索创新、反复试验、不断完善的过程，没有一种制度是可以完全照搬套用的，探索和创新本身就包含着失败的风险。而中国对外贸易保持快速增长，且增长率的波动也趋于平缓，说明中国对外贸易体制的演化向着更有效率的方向发展。

一、我国对外贸易战略变迁历程

1. 闭关自守阶段（1949—1972年）

新中国在成立之初，面临着选择哪种对外经济关系的问题。考虑到当时的政治同盟和国际战略，中国对外贸易实行了"一边倒"的政策，即以苏联和其他东欧社会主义国家为主要贸易伙伴。中国对外贸易的基础本身比较薄弱，1950年进出口额仅有11.35亿美元，当年世界进出口总额为1134亿美元，中国占世界的比重为1%。1951年抗美援朝战争爆发，以美国为首的西方国家对中国实行经济封锁和贸易禁运，导致整个20世纪50年代的中国与社会主义国家的贸易约占中国对外贸易的70%。

60年代初中苏关系恶化，这对于当时的中国来说，无疑是雪上加霜。1959—1969年，中国出口额占世界出口总额的比重从1.9%下降到0.8%。1970年中国进出口额占世界进出口总额的比重小幅降至0.71%。到1978年，中国进出口额上升至355亿元，在世界进出口总额中占比小幅升至0.78%。从20世纪60年代初到70年代末，中国基本上处于一个与世隔绝的状态，这一段时间也是中国历史上最封闭的时期之一。自力更生、自给自足的传统意识，而中央集权的计划经济又在理论上强调了政府对国际贸易的控制，结果导致当时的贸易被限制，外商投资被排斥，经济发展受到阻碍。

2. 改革开放前的进口替代阶段（1972—1978年）

进口替代战略又称为"内向发展战略"，指发展中国家优先发展本国制成品生产，用本国产品代替原先进口的商品，以带动其他经济部门发展的战略。由于实施该战略必须伴以贸易保护政策，因而不利于促进本国劳动生产率提高和工业技术进步，更不利于产品出口；若时间过长，则不利于经济的进一步发展。进口替代一般要经过两个阶段：在第一个阶段，先建立和发展一批最终消费品工业，如食品、服装、家电制造业以及相关的纺织、皮革、木材工业等，以求用国内生产的消费品替代进口商品，当国内生产的消费品能够替代进口商品并满足国内市场需求时就进入第二个阶段；在第二个阶段，进口替代由消费品转向国内短缺的资本品和中间产品的生产，如机器制造、石油加工、钢铁工业等资本密集型工业。经过这两个阶段的发展，进口替代工业日趋成熟，为全面的工业化奠定了基础。

当时中国开展对外贸易的目的是"互通有无，调剂余缺"。举国强调自力更生，只有自己不能生产的才进口，而不是根据国际分工的比较优势原则参与国际分工、发展对外贸易。这主要是由中国当时的国内外环境、经济建设的指导思想和经济体制等主客观因素决定的。

进口替代战略在一定程度上促进了中国贸易的发展。长期实行进口替代战略也对中国经济的发展带来了不利影响。由于进口替代战略从本质上排斥进口同时也造成了对出口的歧视，而且它不是以比较优势为原则发展对外贸易，加上中国采取的是一种极端的进口替代战略，因此，中国一直孤立于世界经济之外，不能获得国际贸易的各种静态利益和动态利益。

3. 有限开放时期的混合发展阶段（1978—1992年）

混合发展战略的根本考虑是把进口替代战略和出口导向战略各自有效的部分组合起来，在继续大力发展进口替代的同时，积极利用出口导向战略的某些政策，兼容并蓄，最大限度地促进经济发展。混合发展战略主要包括进口替代战略中的面向国内市场独立自主的工业化，改进后的政府干预和保护，出口导向战略中的出口鼓励政策等。综合运用两种战略的优势，实行双层次的、重点有序的综合发展战略。平衡交叉运用进口替代战略和出口导向战略；进口替代战略以国内市场为目标，出口导向战略以国际市场为目标。

有限开放时期中国基本上实行的是混合发展战略。在战略转变之初，中国对外贸易战略仍是具有内向型特征的进口替代战略。随着经济的发展，这种战略逐渐表现出与改革进程的不适应性：国内经济体制的改革逐步实现由高度集中的计划经济体制向市场经济体制的转变；在进口替代战略的实施过程中中国采取了高估汇率的政策抑制了出口的发展；中国在1986年提出复关申请，为了适应关贸总协定所倡导的自由贸易原则，需要对实施高度保护的进口替代战略进行调整。

4. 出口导向阶段（1993—2005年）

出口导向战略也称为"出口替代战略"，是指国家采取种种措施促进面向出口的工业部门的发展，以非传统的出口产品来代替传统的初级产品出口，扩大对外贸易，使出口产品多样化，以推动工业和整个经济的发展。出口导向战略着眼于出口对经济发展的积极作用，对初级产品进行深加工，然后组织产品出口，以代替的原先初级产品出口。

实施出口导向型战略的关键转折点是在1994年1月1日，取消了官定汇率，实行"以市场供求为基础、单一的、有管理的人民币浮动汇率制度"，即实现了双重汇率并轨。这一时期中国对外开放面临极其复杂的外部环境，如苏联解体、亚洲金融危机爆发等。在此阶段，1992年邓小平南方谈话开启了我国对外开放的新篇章。一是利用外资跃上新台阶，着力打造全方位开放格局，不断完善特殊经济区体系，基本建立了以产业导向为特点的外商投资政策体系；二是实行汇率并轨与经常项目可兑换；三是深化外贸体制改革，对外贸易快速增长。

汇率改革当年，我国对外贸易规模首次突破2000亿美元，达到2366.2亿美元。到2004年，对外贸易总量首次进入万亿美元的行列，达到11545亿美元。其中，出口在世界上的排名由1994年的第11位跃身到1997年的第10位，到了2004年进一步跃至第3位。也就是从1994年开始，我国对外贸易进入持续顺差阶段，到2005年，我国对外贸易顺差达到1020亿美元，首次突破1000亿美元大关。

5. 全面开放时期的对外贸易战略

大经贸战略是指实行以进出口贸易为基础，商品、资金、技术、劳务合作与交流相互渗透和协调发展，外经贸部门与生产企业、科技和金融等部门共同参与的对外贸易战略，包含全面开拓国际市场、大融合、大结合和大转变等内容。

该战略主要由以下三个方面的内容构成：

一是充分发挥自身的国际比较优势，走开放型的发展道路。建立自己的出口产业和主导产业，以保证本国贸易和经济的长期持续发展。

二是重视发挥国内市场的作用。

（1）对出口产业的规模经济作用。发展中大国的国内市场较大，规模经济效应较强，可以使本国产品成本降低，有利于获得国际竞争优势。

（2）对国外资本、技术等生产要素流入的吸引作用。发展中大国富有潜力的市场是吸引国外生产要素的一个重要原因。国外生产要素尤其是技术的流入对于发展中大国的工业化和现代化具有十分重要的作用。

（3）对出口产品的"蓄水池"作用。发展中大国具有较为广阔的国内市场，其出口产品若在国际市场上受阻，可以通过扩大国内市场销售的办法来加以缓冲。

（4）对外国贸易壁垒的抵制作用。一国对本国市场进行保护，就意味着它丧失了发展中大国的巨大市场，其在奉行贸易保护政策时不得不有所收敛。

三是实行政府适度保护下的自由贸易政策。

6. 新时代下中国贸易战略的转型

新常态是新时代的经济学表述。新常态也同时意味着常态下中国经济已不再是一个需求决定型经济，而是一个供给决定型经济。如前所述，在此种情况下，推动经济增长的主要动力已不在需求侧，而在供给侧。供给决定型经济不仅是中国对内经济发展战略——供给侧结构性改革的逻辑起点，同时也是中国对外开放战略转型的逻辑起点。

在一个供给决定型的经济社会中，出口意味着输出本来已经十分紧缺的经济资源，以换回一大堆最终很可能无用的印刷品，因此，它将抑制经济增长。相反地，进口和贸易逆差意味着用纸币净进口了境外资源，从而可以缓解本国经济资源的紧缺，借助境外资源助推本国的经济增长。这样一种结论不仅能够用数学模型加以解释，同时也能获得经验数据和计量检验的支持。例如，研究发现，当失业率大于某一指标（如8.45%）时，贸易顺差通常能促进增长，当失业率小于该指标时，贸易逆差通常能促进增长。

我国社会主要矛盾已经转化为人民日益增长的美好生活需要和不平衡不充分的发展之间的矛盾。社会主要矛盾转化直接推动中国国家战略的变化。新中国70年左右的发展史和40年的改革开放史都充分证明，科学认识和把握社会主要矛盾，是中国确立发展理念和制定发展战略的关键。进入新时代，中国发展呈现出一系列新的阶段性特征，主要有：需求层次发生深刻变化，如对物质的需求逐步升级，只讲物质文化需要不能真实反映人民群众已经变化了的需求；综合国力提升较为明显，如220多种工业产品产量为全球第一，中国已经成为世界第二大经济体。满足人民的美好生活需要，离不开现代化经济体系的建设。上述中国社会主要矛盾的转化是关系全局的历史性变化，关键点在于如何建设好以供给侧结构性改革为主线的现代化经济体系。现代化经济体系一定是建立在经济全球化基础上的经济体系，其中大国贸易是新动能的重要组成部分。由此，新时代中国对外贸易战略应聚焦现代化经济体系建设需要，特别是要解决好发展不平衡、不充分的问题。

二、我国对外贸易体制变迁历程

中国的对外贸易体制改革基本上是贸易自由化的过程，由于中国原先保护对外贸易体制的基础是计划经济体制，因此对外贸易自由化过程必须在经济体制从计划经济体制向市场经济体制转变的过程中完成。首先，逐步放松对外贸易计划，代之以许可证、配额及其他行政控制手段。其次，随着国内市场化改革的深入,市场扭曲程度逐步减少,对外贸易数量控制也随之减少,对外贸易制度朝着中性化方向演变,大幅度降低关税水平。

中国的对外贸易体制改革对中国的对外贸易发展起到了积极的促进作用,增长率的波动性说明了制度的变迁本身就是一个不断探索创新、反复试验、不断完善的过程,没有一种制度是可以完全照搬套用的,探索和创新本身就包含着失败的风险。而中国对外贸易保持持续快速的增长,且增长率的波动性也趋于平缓,说明中国对外贸易体制的演化向着更有效率的方向发展。

中国对外贸易体制的演变可以划分为以下几个阶段。

1. 外贸体制改革的探索时期(1978—1987年)

这一时期外贸体制改革的举措主要有:下放外贸经营权、开展工贸结合试点、简化外贸计划内容和实行出口承包责任制。改革开放初期,中国对外贸易制度改革处在探索时期,其主要措施为精简政府管理职能,并向地方政府及微观经营主体下放权力。第一,下放外贸经营权,简化贸易计划的内容。第二,试行工贸结合和外贸专业进出口公司代理制度。第三,实行出口承包经营责任制。这一时期,政府已经开始通过改革逐步发挥市场的调节作用,调动微观经营主体的出口积极性,但是改革并没有真正触动外贸企业的财务体制、管理体制,外贸宏观调控手段仍以直接调控为主。国家的对外贸易政策由改革开放前的完全封闭逐渐向鼓励出口、有选择地限制进口的方向转变。

2. 外贸承包经营管理改革时期(1988—1993年)

这一时期的外贸管理体制改革处于深化阶段,改革的主要任务是推行对外贸易承包责任制,并逐步加以完善。具体举措是:1988—1990年全面推行外贸经营承包责任制,并将放宽外汇管制和出口退税等作为配套措施;1991—1993年完善外贸经营承包责任制。向国家承包出口收汇的执行主体由外经贸部下属的外贸企业扩展到各省、自治区、直辖市和计划单列市各外贸专业公司,这些公司向国家承包出口收汇、上缴中央外汇额度和经济效益指标。主要目标是建立外贸企业自负盈亏的机制。这一时期的改革使中国出口企业逐步成长为自负盈亏的市场主体,打破了以往"大锅饭"式的财务体制。但外贸经营承包责任制只是一种在改革中的过渡体制,存在很多不符合国际贸易规范的做法，而且，外贸经营企业的规模和数量有了很大发展，急需建立一套多层次的、既灵活又规范的宏观管理体制。

该时期中国的外贸改革首先是从外贸管理体制入手，减少国家对外贸的直接控制，放宽外贸经营权，减少外贸领域中的计划经济成分。其次是实行一系列鼓励出口措施，包括外贸承包责任制、出口退税、鼓励加工贸易等，刺激出口增长，以带动经济增长和工业化进程。改革的特点是国家不断引入一些积极措施，促进出口的发展，这实际上起到了抵消传统进口替代战略的反出口倾向的作用，因此，对外贸易的激励机制朝着中性化方向演变。必须指出的是，这一时期的贸易保护形式也悄悄地发生了变化，即关税和非关税等商业政策开始逐步取代原来的计划经济手段。在以行政手段为主对对外贸易进行直接控制的情况下，商业政策的作用就显得无足轻重。随着直接控制程度的减弱，中国的贸易保护开始更多地依赖关税等手段。

3. 新型外贸管理体制建立时期（1994—2001年）

这一时期的外贸管理体制改革的主要特点是建立符合社会主义市场经济体制的外贸体制框架，其主要任务是完善外贸宏观管理体系。主要措施有：进一步实施对外贸易企业的自负盈亏管理，继续强化经济手段的调控作用，完善出口退税制度，中央财政承担了所有的出口退税。实现汇率并轨，制定有利于出口的信贷和税收制度。放宽对外贸易企业的行政管制，改革经营体制，建立现代企业制度，从注重出口创汇的数量转向注重效益。完善外贸立法，在这一时期，初步建立起外贸宏观体制的基本框架，显著特征是放宽直接的行政管理手段，加强经济和法律手段在调控外贸发展中的作用。这一阶段颁布的《中华人民共和国对外贸易法》是中国第一部比较全面、比较系统的对外贸易基本法，在维护对外贸易秩序，促进对外贸易发展，与国际贸易规则接轨等方面发挥了重要作用。

这一时期贸易自由化的进程发生了转变，主要集中于进口方面，其标志便是进口壁垒的不断下降。20世纪90年代初，中国贸易政策的特征，有人形容为"保护性的出口促进制"，即在引入刺激出口做法的同时，进口壁垒仍维持在较高水平。这种状况既妨碍了中国经济改革的进一步深化，也与国际经济全球化的大趋势不相吻合。这一时期，中国的外贸改革重点转向进口制度方面，推行了一系列更加自由化的政策改革，贸易自由化的速度和力度都是史无前例的。这一时期的贸易自由化措施主要包括:关税减让,从1994年起进行了三次大的关税削减;减少、规范非关税措施;依据GATT/WTO的规则,对中国的涉外法律体系进行完善,其中包括建立了大量的技术法规、反倾销条例等;继续促进出口鼓励政策的实行等。

4. 外贸体制不断完善时期(2002—2012年)

2001年12月11日,中国正式成为世界贸易组织成员,这是中国对外贸易体制进一步改革和完善的转折点,改革的力度和速度都得到了加强。这一时期国家及地方政府就对外贸易方面的法律法规进行了大规模清理、修改和重新制定,力求在内容上与WTO法律制度趋同,许多条款吸收了国际贸易的通行做法。制度设计的重点在于通过推动对外贸易增长方式的转变,在带动经济增长的同时实现产业结构的持续优化和升级,同时,逐渐提高贸易法规的透明度,简化行政审批制度等。中国在近几年也开始逐渐加强与区域经济一体化组织之间的合作,为中国经济发展和对外贸易发展创造良好的周边环境。目前中国对外贸易体制的基本框架已经形成,大体分为三个层面:第一个层面是法律制度,由国家颁布的关于对外贸易管理的多部法律构成,包括《中华人民共和国对外贸易法》《中华人民共和国海关法》《中华人民共和国进出口商品检验法》等,是整个对外贸易体制框架中最具权威、最有强制力的一部分,决定了制度的其他层面。第二个层面是由国务院及其各部委制定颁布的各项条例、规定组成,如《中华人民共和国货物进出口管理条例》《中华人民共和国技术进出口管理条例》等,这一层面的制度规范较法律制度层面在内容上更为具体,是整个框架的主体部分。第三个层面是各省、市级政府部门根据各地区自身的对外贸易状况,制定的针对具体地方产业、具体商品进出口的规定。这一层面的规定是第一、第二层面的制度的具体化、技术化,具备更强的可操作性。

中国按入世承诺对贸易制度和与贸易有关的国内政策进行了全方位的改进,顺利融入多边贸易体制中,并在多边贸易谈判中发挥越来越大的作用。入世后,中国的平均关税从2001年的15.6%降到2005年的9.7%,其中,非农产品平均关税降为8.8%,农产品关税降至15.3%。非关税措施大幅度削减或废止。在服务业开放上,中国做出的承诺超过了发展中国家水平,涉及WTO服务贸易总协定(GATS)12个大部门中的9个服务业部门。经过多年的努力，中国的贸易制度发生了根本性变革，开放程度越来越高，在贸易自由化进程中走在了发展中国家的前列，并成为全球贸易自由化的重要推动力量。在中国贸易自由化取得巨大成就的同时，中国对外贸易不断腾飞，特别是入世以后，对外贸易出现了更为强劲的增长势头，在世界贸易中的排位不断上升。

5. 统筹协调的管理体制和促进机制基本建立（2012年至今）

党的十九大报告提出，"拓展对外贸易，培育贸易新业态新模式，推进贸易强国建设""扩大服务业对外开放""形成面向全球的贸易、投融资、生产、服务网络"。2017年中央经济工作会议要求，大力发展服务贸易。国务院常务会议也指出，优先发展服务贸易是推动经济转型升级和高质量发展的重要举措。各试点地区成立了跨部门的贸易联系或协调机制，加强对贸易工作的统筹、领导、协调和推进；建立了政府、中介组织、企业共同推进的贸易促进机制，建设了一批公共服务平台，为贸易企业提供人才培训、信用评价、信息等方面的公共服务。各试点地区结合自身优势，激发贸易发展潜力，云服务、大数据营销、语言服务等新业态、新模式成为服务贸易的特色和亮点。随着中国开放型经济发展进入新阶段，做强做大"中国服务"，有利于构建高效运作、配套齐全、协调发展的现代化产业体系，推动效率变革；有利于提升中国技术、中国标准、中国品牌在全球价值链中的地位，推动质量变革；有利于引进先进技术、管理模式和专业服务，不断提升创新能力，发掘新动能，激发新活力，推动动力变革。通过促进效率变革、质量变革、动力变革，服务贸易将更有力地推动经济高质量发展。

党的十九大报告提出，要推动形成全面开放新格局。商务部国际贸易经济合作研究院院长顾学明认为，推动形成全面开放新格局，是对中国改革开放的新提升，更是在中国特色社会主义进入新时代背景下的重大战略部署，具有特殊意义。党的十九大报告从"一带一路"建设、对外贸易、区域开放布局、自由贸易试验区改革等方面对推动开放新格局作出了一系列部署。开放新格局包含了新模式、新平台、新业态、新领域、新优势等深刻内涵，推动形成全面开放新格局也需要在这些方面发力。在新模式方面，要以"一带一路"建设为统领，坚持共商共建共享，形成与经济发展新形势相适应的开放和合作模式；在新平台方面，自由贸易试验区将获得更大的改革自主权，将探索建设自由贸易港等，加快推动贸易投资便利化；在新业态方面，运用新的信息技术发展跨境电商、外贸综合服务平台等；在新领域方面，扩大服务业等领域的开放；在新优势方面，主要是提升开放水平，加快培育国际经济合作和竞争新优势。

第三节　各类外贸发展载体的发展历程和特点

一、海关特殊监管区域的发展历程和特点

海关特殊监管区域是指经国务院批准，设立在中华人民共和国境内，赋予承接国际产业转移、连接国内国际两个市场的特殊功能和政策，以海关为主实施封闭监管的特定经济功能区域。区域内实行普遍优于境内其他地区的海关监管政策，具有"境内关外"的特色，即在该区域内流通的货物视同于在关境以外，基本不受本国进出口税收政策和贸易管制政策的约束，同时区域内的海关监管方式较为简化。究其根本，国家建立海关特殊监管区域的目的在于通过降低特殊监管区域内各国间货物的流通成本，吸引和发展转口贸易和进出口贸易，利用外资，引进先进技术和科学管理方法，提高就业率，开拓国际市场，扩大出口，增加外汇收入，最终实现促进本地区乃至本国经济发展的目的。

1. 海关特殊监管区域发展历程

自改革开放以来，我国积极借鉴国际上的成功经验，不断探索建设有中国特色经济的道路，在海关特殊监管区域层次上逐渐推进，取得了一个又一个新的突破。

（1）保税区。

1990年6月，国务院批准设立了我国第一个海关特殊监管区域——上海外高桥保税区，定位为保税仓储、出口加工、转口贸易三大功能。保税区作为我国海关特殊监管区域最早出现的一种形式得到迅速发展，短短6年，国务院又相继批准设立了天津港、深圳沙头角、深圳福田、广州、大连、海

口、厦门象屿、张家港、宁波、福州、青岛、汕头、深圳盐田和珠海等保税区，基本覆盖了所有沿海重要口岸。但1996年之后，鉴于保税区在建设和发展过程中出现的一系列问题，尤其是在出现较为严重的走私案件后，国家取消了初期设计的入区退税功能，这使保税区的发展受到严重制约。之后国务院停止批准设立新的保税区。

（2）出口加工区。

2000年4月，经国务院批准，另一种海关特殊监管区域形式——出口加工区开始试点，首批试点出口加工区15个。基于之前的保税区政策，出口加工区主要侧重于发展加工贸易，扩大产品出口，其分布不仅限于东部沿海经济发达地区，还包含了成都、武汉、北海、西安、重庆、郑州、芜湖、乌鲁木齐、九江、南昌、郴州等中西部地区。目前全国批准设立的出口加工区已多达69个。但由于存在缺少保税物流功能、减免税设备无限期监管、边角废料难以出区处理等问题，出口加工区的进一步发展受到制约。

（3）保税物流园区。

2003年12月，国务院批准上海在保税区的基础上，设立上海外高桥保税物流园区，进行区港联动试点。保税物流园区是在探索保税区与港区协调发展的基础上建立起来的又一种海关特殊监管区域形式，其侧重点是依托港口资源，加快发展国际物流产业，实现采购、配送、分拨等物流功能。2004年8月，国务院又批复同意在天津、深圳、大连、厦门、张家港、宁波和青岛等保税区设立物流园区。截至2013年底，全国运作中的保税物流园区已超过50个。

（4）保税港区。

2005年6月，国务院批准设立上海洋山保税港区，2006年8月，又分别批准设立天津东疆保税港区和大连大窑湾保税港区。保税港区具备港区、物流、加工、展示四大功能，全面发展港口作业、中转、国际配送、国际采购、转口贸易、出口加工、展示七个方面的业务，是我国目前形式最新颖、布局最完备、功能最齐全、政策最优惠、运作最宽松的海关特殊监管区域，其运作模式也最接近国际上自由贸易区的运作惯例。2014年5月5日，国务院批准设立的第14个保税港区——福州保税港区正式封关运作。

2. 海关特殊监管区域发展特点

从保税区到出口加工区，从保税物流园区到保税港区，我国的海关特殊监管区域从无到有、从少到多，形式不断创新，面积逐步扩大，并成为促进对外贸易和经济发展的重要力量。

（1）通关快捷，税收优惠。

海关特殊监管区域的特别之处归纳起来，主要在于以下几个政策优势：一是海关监管政策。特殊监管区域实行海关物理围网封闭管理，进行简化快速通关作业。二是税收政策。入区企业生产自用的设备、原材料、办公用品可以免税；同时区外入区的国产设备、原材料、基建物资等可以退税。三是进出口政策。海关特殊监管区域内企业一律实行以企业为单元的电子账册监管，加工贸易限制类商品可以在区内生产，且不实行保证金台账制度。四是物流政策。各特殊监管区域之间的货物可以自由流转。

（2）区域布局不尽合理，区域产业同构现象严重。

海关特殊监管区域成为中国外资高度集聚区和地区经济的重要增长点，但海关特殊监管区域总体布局存在南多北少、东多西少；东部沿海地区分布较为集中且种类齐全、中西部经济区域种类布局相对单一且分散的问题。而且海关特殊监管区域依地方政府的申请而批准设立，存在区域化发展产业同构甚至恶性竞争的现象。

（3）法律法规和监管制度不一致，亟须建立新型保税监管体系。

20多年来，我国保税区、出口加工区等各种海关特殊监管区域都得到了充分的发展，但功能、政策、适用法律法规和海关监管制度不一致，既不利于我国保税监管格局的一体化建设，也不利于其自身的发展，因此区域整合势在必行。早在2005年，国务院在全国出口加工区工作会议上就提出"要继续深化保税加工和保税物流监管制度改革，对各类特殊监管区域和场所进行功能整合""配合特殊监管区域功能整合，实现各类特殊监管区域优惠政策叠加和整合"。2006年国务院把区域整合工作提高到转变外贸增长方式这一高度，提出要"推进海关特殊监管区整合，充分发挥特殊监管区域的示范、导向和辐射作用，增强国内配套能力，延长加工贸易价值链。加快建立新型保税监管体系，积极支持大型物流枢纽、区域性物流中心建设，更好地承接国际现代服务业转移"。2008年国务院强调应逐步统一海关特殊监管区的监管模式。

（4）区域整合和政策功能整合亟待进行。

区域整合不仅是我国外贸发展的内在需求，也已经成为海关特殊监管区域可持续发展的重要命题。整合意味着对我国海关特殊监管区域各种因历史因素而被分散化的要素重新进行组合，形成新的发展模式，以利于在经济建设中发挥更大的作用。一是从宏观发展策略上进行整合，打破行政区域限制，统一区域规划，探索区域可持续发展之路。二是从经济优惠政策功能方面进行整合，逐步形成更加符合当代国内外经济发展要求的新模式。三是从海关监管模式中进行整合，减少因为监管模式不同而对海关特殊监管区域发展产生的制约。鉴于我国海关特殊监管区域的发展现状，应重点关注现有海关特殊监管区域功能的提高与完善，通过对现行特殊监管区域的整合，让现有区域资源得到充分利用，发挥最大效能，最新的海关特殊监管区域——综合保税区的设立即为体现这一思路所采取的明显举措。

二、国家级开发区的发展历程和特点

当前中国经济总量跃居世界第二，我国经济实力的飞速崛起，开发区起着至关重要的作用。开发区紧跟国家改革开放发展战略，努力把握新时期开发区工作的特点及规律，在扩大开放、深化改革中有效发挥了示范带动作用，成为我国经济发展的强大引擎。开发区作为先导区，发挥地方首创精神，因地制宜进行探索和实践，坚持改革创新先行先试，形成综合投资环境的优质品牌，坚持大力发展开放型经济，不断探索对外开放的新模式新领域，用先进文化及开放理念推动我国经济社会的全面发展。改革开放40年的实践证明，开发区走出了一条中国特色园区的发展道路，积累了十分宝贵的中国经验，得到世界各国的赞赏，特别是为广大发展中国家提供了可借鉴的范例。开发区的历史作用和贡献已经得到社会广泛认可。

1. 国家级开发区的发展历程

（1）开始起步阶段。

1984年5月4日，党中央、国务院转批《沿海部分城市座谈会纪要》，决定在14个港口城市中选择较为合适的地方设立经济技术开发区。1986年8月21

日,邓小平同志视察天津经济技术开发区并欣然题词"开发区大有希望"。这一时期是我国开发区的摸索阶段。虽因资金缺乏而发展速度缓慢,但开发区作为新型的经济模式还是充分吸引了各地政府和投资商的目光,发展迅速。

(2)高速发展阶段。

1992—1994年,营口、长春等18个地区被批准为第二批经济技术开发区。2000—2002年,合肥、郑州等17个地区被批准为第三批经济技术开发区。与此同时,各省市也都在大规模地建立各自的开发区。这一阶段,开发区引进了大量外资和先进的技术、管理理念,推进了我国现代工业的发展,但开发区过多、盲目占地、开而不发等问题也随之出现。因此,国务院对开发区进行了大规模的整顿,使开发区得以更好地成长。

(3)规范、调整阶段。

在加入WTO后,中国经济开始融入世界经济,开发区得到了进一步的发展。但很快,国内外经济环境和政策的变化就导致开发区利用的外资大幅减少,招商引资竞争激烈,开发区分化明显,由此我国开发区进入了规范、调整和稳定发展的阶段。这一阶段,我国开发区达到了新的高度。但随着土地资源开始供不应求导致土地成本相对增加,开发区进入了以服务为主的阶段。

2. 国家级开发区的发展特点

国家级开发区是我国为实行改革开放政策而建立的现代化园区,主要用于解决长期存在的审批手续繁杂、机构叠床架屋等制约经济社会发展的体制问题。而国家级开发区是由国务院批准建立的。

国家级开发区在我国对外开放地区中占据着重要位置,它们大多位于各省的中心城市或沿海开放城市。在这一区域内,集中建设完善的基础设施,创造国际性的投资环境,再利用吸收的外资,形成以高新技术产业为主的现代化工业结构,从而成为重要的对外经济贸易区域。国家级开发区特点有以下三点:占我国城市的GDP比重大,对中央财政和地方财政贡献大;GDP增长率远高于国家平均水平;合同外资总额增幅、进出口总额增幅等数值均远高于国家平均水平。

三、自由贸易区的发展历程和特点

1. 自由贸易区的发展历程

自由贸易区从自由港发展而来。通常设在港口的港区或邻近港口地区，以经济发达国家居多，如美国有自由贸易区92个。早在20世纪50年代初，美国就提出：可在自由贸易区发展以出口加工为主要目标的制造业。20世纪60年代后期，有发展中国家利用这一形式建成特殊工业区，并发展成出口加工区。20世纪80年代开始，许多国家的自由贸易区向高技术、知识和资本密集型发展，形成科技型自由贸易区。

（1）自由贸易区探索阶段。

2007年12月，中国天津东疆保税港区一期封关后，天津就将自由贸易港区作为自己未来的发展方向，并提上议事日程。2008年3月国务院批复的《天津滨海新区综合配套改革试验总体方案》明确表示，东疆保税港区在"条件成熟时，进行建立自由贸易港区的改革探索"。2011年批复的《天津北方国际航运中心核心功能区建设方案》，又再次重申在天津东疆进行自贸区改革探索的目标。2012年底召开的天津市委十届二次会议和2013年初公布的天津市推进滨海新区新一轮开发开放十大任务，均将建设自贸区作为天津市2013年的重点工作。2013年6月前，天津自贸区方案由天津市上报中央相关部门。

（2）自由贸易区大发展阶段。

党的十七大把自由贸易区建设上升为国家战略，党的十八大提出要加快实施自由贸易区战略。中共十八届三中全会提出要以周边为基础加快实施自由贸易区战略，形成面向全球的高标准自由贸易区网络，探讨我国加快实施这个战略的思路，准确把握经济全球化新趋势和我国对外开放新要求。

2013年9月27日，《国务院关于印发中国（上海）自由贸易试验区总体方案的通知》颁布，明确上海自贸区实施范围为28.78平方公里，涵盖四个片区：外高桥保税区、外高桥保税物流园区、洋山保税港区和上海浦东机场综合保税区。2015年4月20日，《国务院关于印发进一步深化中国（上海）自由贸易试验区改革开放方案的通知》，决定扩展上海自贸区实施范围。上海自贸区实施范围为120.72平方公里，涵盖七个片区：外高桥保税区、外高桥保税物流园区、洋山保税港区、上海浦东机场综合保税区、金桥出口加工区、张江高科技园区、陆家嘴金融贸易区。

2015年4月20日，《国务院关于印发中国（广东）自由贸易试验区总体方案的通知》《国务院关于印发中国（天津）自由贸易试验区总体方案的通知》《国务院关于印发中国（福建）自由贸易试验区总体方案的通知》颁布，明确广东自贸区实施范围为116.2平方公里，涵盖三个片区：广州南沙新区片区、深圳前海蛇口片区、珠海横琴新区片区；天津自贸区实施范围为119.9平方公里，涵盖三个片区：天津港片区、天津机场片区、滨海新区中心商务区片区；福建自贸区实施范围为118.04平方公里，涵盖三个片区：福州片区、厦门片区、平潭片区。

2017年3月31日，《国务院关于印发中国（辽宁）自由贸易试验区总体方案的通知》《国务院关于印发中国（浙江）自由贸易试验区总体方案的通知》《国务院关于印发中国（河南）自由贸易试验区总体方案的通知》《国务院关于印发中国（湖北）自由贸易试验区总体方案的通知》《国务院关于印发中国（重庆）自由贸易试验区总体方案的通知》《国务院关于印发中国（四川）自由贸易试验区总体方案的通知》《国务院关于印发中国（陕西）自由贸易试验区总体方案的通知》颁布，明确辽宁自贸区实施范围为119.89平方公里，涵盖三个片区：大连片区、沈阳片区、营口片区；浙江自贸区实施范围为119.95平方公里，涵盖三个片区：舟山离岛片区、舟山岛北部片区、舟山岛南部片区；河南自贸区实施范围为119.77平方公里，涵盖三个片区：郑州片区、开封片区、洛阳片区；湖北自贸区实施范围为119.96平方公里，涵盖三个片区：武汉片区、襄阳片区、宜昌片区；重庆自贸区实施范围为119.98平方公里，涵盖三个片区：两江片区、西永片区、果园港片区；四川自贸区实施范围为119.99平方公里，涵盖三个片区：成都天府新区片区、成都青白江铁路港片区、川南临港片区；陕西自贸区实施范围为119.95平方公里，涵盖三个片区：中心片区、西安国际港务区片区、杨凌示范区片区。

2018年4月13日，习近平在庆祝海南建省办经济特区30周年大会上郑重宣布，党中央决定支持海南全岛建设中国（海南）自由贸易试验区。

2. 自由贸易区的发展特点

随着自由贸易区实践的发展，自由贸易区发展逐渐呈现以下特点：

（1）功能趋向综合。

随着自由贸易区数量的持续增长，自由贸易区的功能也在不断扩展。从20世纪70年代开始，以转口和进出口贸易为主的自由贸易区和以出口加工为主的自由贸易区就已经开始相互融合，自由贸易区的功能趋向综合化。原料、零部件、半成品和成品都可在区内自由进出，在区内可以进行进出口贸易、转口贸易、保税仓储、商品展销、制造、拆装、改装、加标签、分类、与其他货物混合加工等商业活动。因此，世界上多数自由贸易区通常都具有进出口贸易、转口贸易、仓储、加工、商品展示、金融等多种功能，这些功能综合起来就会大大提高自由贸易区的运行效率和抗风险能力。

（2）管理趋向规范。

各国的自由贸易区在初创时由于条件不同，功能各异，管理水平也相差较大，但是经过几十年的竞争发展，各国自由贸易区的管理已逐渐趋向规范化。而且随着科学技术的进步，自由贸易区的基础设施和管理手段也大大改善，形成了各自颇具特色的管理体制。世界上四个主要的自由贸易区（阿联酋迪拜港自由港区、德国汉堡港自由港区、美国纽约港自由贸易区、荷兰阿姆斯特丹港自由贸易区）的管理机构权威性非常强。上述四国对自由贸易区管理机构在授权上大体相近，都是港区合一，成立经联邦政府授权的专门机构，负责管理和协调自由贸易区的整体事务，投资建设必要的基础设施，有权审批项目立项。特别是着眼于自由贸易区与城市功能的相互促进，超前进行整体规划和建设，极富特色和成效，带动了周边城市的经济发展，尤其是在金融、保险、商贸、中介等第三产业发展上成效显著。

四、自由贸易港的发展历程和特点

中国香港是发展较成功的世界自由贸易港之一。香港自由港又称为"香港自由贸易港"，包括整个香港地区，由香港岛、九龙和新界组成。在1840年鸦片战争之后，香港成为自由港，推行自由贸易政策。香港从转口贸易起步，现在已经成为经济结构多元化的自由港。香港能保持自由港的优势，其完善的政策和制度功不可没。香港自由港具有较好的赋税环境、简便的通关程序、自由的金融政策和资金流通等鲜明特征，使其具有不可替代的地位。

2018年4月,党中央决定支持海南全岛建设自由贸易试验区,支持海南逐步探索、稳步推进中国特色自由贸易港建设,分步骤、分阶段建立自由贸易港政策和制度体系。在改革开放40周年的节点上宣布建立海南自由贸易港,既吹响了中国新一轮改革开放的进军号,同时也表明海南有望在未来30~50年之间成为全面开放的新高地,以及成为东南亚,乃至整个亚太地区新的经济增长极。在海南全岛建设自由贸易试验区,然后再逐步探索、稳步推进自由贸易港,既是国家全面深化改革开放的重大举措,也是海南进一步深化改革开放的重大的选择,意义重大。

海南自由贸易港建设对我国对外贸易主要产生以下影响:

第一,自由贸易港建立以后,会极大地促进我国的对外贸易,特别是进口和转口贸易的发展。第二,自由贸易港还有一个很显著的特点,就是在投资环境方面非常开放,这就非常有利于集聚资本和技术等高端的生产要素。这些高端生产要素的集聚将进一步促进经济发展,推动供给侧结构性改革。第三,开放的政策环境有利于聚集国际上的高端人才,而人才是当前推动经济社会发展的重要资源。

第四节　中国外贸发展面临的新形势和新问题

我国对外贸易发展面临新的战略机遇期。多年来,我国紧紧抓住国际制造业加快转移的机遇,正在成为世界重要的加工基地。另外,服务贸易在世界贸易中的份额不断提高,研发、物流等服务环节的国际转移日益加快,为我国服务贸易的发展带来了新的机遇。

我国对外贸易的市场空间更加广阔。作为世贸组织成员,我国积极推动贸易投资自由化,促进多边贸易体系更趋完善,这必将为我国扩大商品出口、发展服务贸易提供更为广阔的国际市场空间,也将有助于从国际市场中获得国内短缺的资源和技术。

跨国直接投资将进一步推动对外贸易发展。经济全球化的发展,有利于我国更好地参与国际分工,提高吸收外资的质量和水平,也将进一步推动对外贸易的发展。在"引进来"的同时,我国还将积极推动有实力、有条件的企业"走出去",拓展经济发展空间。对外投资的扩大,必将带动我国对外贸易的发展。

技术创新和金融改革将为外贸发展创造良好条件。产业转移的加快为我国提供了大量获得外部技术和提高研发能力的机会,有利于增强我国的后发优势,提高我国的国际竞争能力。金融的对外开放有利于我国借鉴国际经验,加强国际金融合作,进一步完善我国的金融体系,利用国际金融市场促进国内经济贸易发展。

一、中国外贸发展面临的新形势

当前我国对外贸易发展的内外部环境呈现新变化,世界经济增长动能增强,我国处于由高速增长阶段到高质量发展阶段的转换期,对外贸易发展面临的环境总体向好。

1. 世界经济发展处于由衰退向复苏转变的关键时期

2018年,世界经济发展处于由衰退向复苏转变的关键期。世界范围内,以页岩油气革命为代表的新能源技术取得较大突破,以移动支付为代表的新一代信息技术快速发展,以人工智能为引领的智能制造方兴未艾,全球技术创新长周期增长初现端倪;美、欧、日、中国等世界主要经济体制造业呈现筑底回升态势,能源和资源需求趋于稳定,世界经济以制造业复苏为支撑逐渐步入上行周期。但是由于世界经济深层次结构性矛盾尚未解决,全球金融政策与财政政策出现调整,贸易保护主义愈演愈烈,地缘政治风险依然存在,世界贸易复苏进程将呈现曲折往复的特点。

2. 对外贸易发展处于全面开放新阶段

改革开放以来,我国对外贸易发展取得了历史性跨越,中国贸易大国地位进一步巩固,到2017年为止,我国连续9年保持全球货物贸易第一大出口国地位;我国对外贸易的繁荣为全球经济和贸易复苏做出了重要贡献,"中国制造"增加了全球消费者福利,中国市场为相关国家的经济发展提供了空间,中国经济对世界经济增长的贡献率在金融危机后年均超过30%;我国外贸动力转换和结构调整步伐加快,国际市场结构更加多元,当前发展中经济体和新兴市场、"一带一路"沿线国家占我国外贸出口的比重分别为45%和

28%左右;我国外贸自主发展能力提升,本土的外贸民营企业逐步发展成为核心力量,创新能力、品牌建设能力、营销能力不断增强。但同时,我国对外贸易增长的要素优势与环境优势发生了深刻变化,劳动力、土地、资金、环保等制造品生产成本普遍上升;制造业产品面临发达国家与发展中国家的双重竞争;各国针对我国的贸易保护措施日渐繁多。外贸领域面临的转方式、调结构任务更加迫切。

3. 经济全球化深入发展,外贸内生动力明显增强

以新材料、新能源、新技术为代表的科技创新活动蓬勃兴起,以大数据、云计算、平台经济、移动智能网络为代表的信息经济、电子商务迅猛发展。贸易与科技、产业的融合不断加深,全球贸易体系正发生深刻变化,为我国外贸发展带来了新机遇。我国外贸管理体制日渐成熟,发展机制不断完善,应对贸易摩擦能力得到提高,贸易便利化水平继续提升。加快构建开放型经济新体制,将在更深层次、更宽领域释放改革红利,增强外贸发展后劲。外贸综合服务平台、供应链管理企业以及跨境电子商务等蓬勃发展,拓展了外贸发展的新空间。

4. 外贸发展环境趋向好转

多边贸易体制继续发挥主渠道作用,多哈回合早期收获的达成,增强了各方的信心。区域和双边合作稳步推进,我国正在建设18个自由贸易区,自贸伙伴贸易占到我国外贸总额的27%。"一带一路"倡议的实施,推动通向欧亚内陆的贸易大通道和对外经济走廊的建设起步,我国企业进入全球和区域市场的机会增多。

二、中国外贸发展面临的新问题

当前,我国对外贸易进入了爬坡过坎、攻坚克难的关键阶段,既面临难得的机遇,也存在不少挑战和风险。

1. 全球经济前景不容乐观

世界经济有所回暖,但不确定不稳定因素依然存在。美国退出量化宽松政策的后续影响有待评估,欧盟和日本经济发展仍遇到不少困难,部分新兴经济体存在经济下滑风险。全球市场竞争更趋激烈,美国退出"跨太平洋伙

伴关系协定"（TPP），国际经贸规则博弈加剧，对我国扩大开放和发展对外贸易带来新的挑战。

2. 结构问题仍较为突出

我国已成为货物贸易大国，但服务贸易与发达国家相比尚有较大差距。2013年，我国服务贸易进出口不及美国的一半。金融、保险、咨询、计算机与信息等技术密集型的服务贸易水平相对较低。国内企业大多处于价值链中低端，产品档次不高，附加值有待增加。

3. 外贸竞争力亟待增强

我国企业国际化经营起步较晚、水平较低，海外贸易网络不够发达。中国500强企业中，海外收入占营业收入高于30%的企业不到30家，国际经营能力明显较弱。一些民营企业存在抗风险能力不强、同质化竞争严重、国际化人才不足等问题。

4. 转型升级压力增大

劳动力成本低曾是我国外贸发展的主要优势。但近年来用工成本上升，劳动力供求紧张，传统外贸竞争优势出现弱化。国内劳动密集型产业开始向周边地区转移，劳动密集型产品在发达国家的市场份额出现下降。依靠数量和价格的粗放型增长模式难以为继，必须加快培育外贸竞争新优势。

粗放型的外贸增长方式亟须转变。改革开放以来，我国对外贸易取得了举世瞩目的成就，但总体上来说，我国外贸仍然没有改变数量扩张型的粗放增长方式，与世界贸易发展的特点和趋势相比，还存在一些明显的问题和差距。表现在以下三个方面：第一，我国货物贸易出口的层次较低，自主知识产权和自主品牌出口商品所占的比重不高。第二，服务贸易出口发展严重滞后。服务贸易出口占我国出口贸易总额的10%，明显低于世界20%左右的平均水平。1995年以来，我国服务贸易持续逆差，而且逆差规模总体呈不断扩大的态势。第三，引进技术的消化吸收和再创新能力不足。由于缺乏科技创新意识，我国企业长期满足于引进和模仿，科技研发投入严重不足。我国虽然成为世界彩电、计算机和手机等第一生产大国，但并不拥有核心技术，仅仅是世界的"加工车间"，无法分享到更多利润。这种粗放型增长如果得不到根本性改变，我们将付出高昂的资源和环境代价，对外贸易的持续增长也难以为继。

5. 贸易摩擦持续增加

随着我国经济的持续增长和贸易规模的迅速扩大，我国在很多领域与世界各国的竞争日趋激烈，与其他国家的贸易摩擦呈日益增多的趋势。中外贸易摩擦之所以愈演愈烈，根本原因在于国际贸易保护主义的存在。同时，我们也应看到，我国自身在经济结构、体制和政策等方面存在的问题容易诱发贸易摩擦。今后，随着经济的快速发展和参与经济全球化程度的不断加深，我国所遭遇的贸易摩擦很可能会进一步增加。对此，既要以平常心看待，又要采取有效的办法积极应对。

第五节 中国迈向贸易强国的主要任务

我国已经成为贸易大国，主要是基于我国的消费、外贸、外资和对外投资指标都已经居世界前列。贸易大国是指贸易数量和金额占全球份额比较高，贸易强国则是指质量和实际增加值占全球份额比较高，所以从贸易大国向贸易强国发展是我国经济由高速增长阶段转向高质量发展阶段的必然要求。从贸易大国到贸易强国是一个飞跃，衡量标准应该是不同的，建成贸易强国的目标不是通过继续扩大消费、外贸和对外投资就能实现的。中国由贸易大国迈向贸易强国的主要任务有以下几个方面。

一、增强消费对经济发展的基础性作用

党的十九大报告提出，要"完善促进消费的体制机制，增强消费对经济发展的基础性作用"，这不仅要求从体制与机制的高度解决居民消费不足的问题，更是首次强调了消费的基础性作用。由此可见，当前中国对消费的重视程度达到了前所未有的新高度。

中国居民的消费需求始终没有得到显著提升，居民消费率（居民消费占GDP比重）一直处于较低水平。特别是2000—2010年，居民消费率从46.7%持续下滑至35.6%的历史低点，2010年之后虽然有所回升但仍然处于相对低位，截至2016年居民消费率不足39%。相比之下，2016年美国的居民消费率

高达68.8%，英国也达到65.5%，欧元区平均为54.6%。即使与经济发展处于相似阶段的国家和地区相比，中国的居民消费率也明显偏低，2016年金砖国家（不包括中国）居民消费率平均为58.5%，高出中国20个百分点之多。

近年来，教育、医疗、旅游、养老、休闲等领域催生了巨大的产业发展空间，推动互联网与服务业融合，打造智慧生活，推进绿色餐饮、绿色生活，加大对公共服务的投资扶持力度，特别是对短板性公共服务的投资，引导民间资本和社会力量向服务消费领域集聚，重点转向市场需要的新型服务领域，加快消费转型升级步伐。增强消费对经济发展的基础性作用主要着力于发展服务消费，也是提升发展新动能的主体。推动中高端消费，深化消费领域供给侧结构性改革，加大优质产品供给。切实引导企业开发适销对路产品，开展个性化定制、柔性化生产，增加高质量、高水平有效供给，满足个性化、多样化消费需求。要实施与消费相匹配的供给侧结构性改革，促进优质产品、中高端消费品的供给和需求能力的释放。

二、提升外贸竞争新优势

优化我们的国际市场布局、国内区域布局、商品结构、经营主体结构和贸易方式，推动货物、服务、技术和资本输出相结合，加快形成以技术、品牌、质量、服务为核心的综合竞争优势，积极打造创新驱动的增长动力，大力营造法治化、国际化营商环境，主动参与国际经贸规则制定。推动对外贸易从规模扩张向质量效益提高转变，做好"五个优化、三项建设"，即优化国际市场布局、优化国内区域布局、优化外贸经营主体、优化商品结构、优化贸易方式，加快外贸生产基地建设、加快贸易平台建设、加快境外营销网络建设。坚持货物贸易与服务贸易并重，坚持进口与出口并重，在稳定出口的同时，积极扩大进口，优化进口结构。

（1）将提升新优势与保持传统优势有机结合。在强调提升新优势的同时，也对保持传统优势提出要求和政策措施。既要稳定劳动密集型产品的出口，稳定传统市场的份额，为提升新优势提供有利条件；又要大力推进外贸结构调整和转型升级，提升新的竞争优势，巩固稳增长的基础，提高外贸发展的质量和效益。

（2）将提升新优势与深化改革相结合。党的十八届三中全会提出全面深化改革，为外贸领域改革开放指明了方向。要深化外贸体制改革，加强行政审批事项下放后的事中事后监管，依法完善商品进出口管理和外贸促进政策体系，完善财税、金融、产业、贸易等外贸政策协调机制。通过深化改革，正确处理政府和市场的定位，进一步激发市场和企业活力。

（3）将提升新优势与"一带一路"倡议紧密结合。要全面提升与"一带一路"沿线国家经贸合作水平，在深化沿线国家的贸易合作、拓展产业投资和优化周边经贸发展格局等方面提出思路和落实举措。

（4）将提升新优势与创新驱动发展战略相结合。实施创新驱动发展战略，对我国形成国际竞争新优势、增强发展的长期动力具有战略意义。过去40年外贸的发展，主要源于我们发挥了劳动力和资源环境的低成本优势。要加快转变外贸发展方式，提升新优势，必须通过技术创新，增强自主创新能力。

（5）将提升新优势与培育新的增长点相结合。在深耕传统市场的基础上，要大力开拓新兴市场，明确对跨境电子商务、市场采购贸易、外贸综合服务企业等新型贸易方式的引导和支持，寻求新的增长点。

三、促进货物贸易与服务贸易融合发展

充分发挥传统货物贸易优势，加快提升服务贸易创新能力，促进货物贸易和服务贸易融合发展，激发外贸新动能，推动我国产业向全球价值链高端跃升。一是结合我国产业结构升级，落实"中国制造2025"相关政策，引导和支持高端装备制造出口企业延伸服务链条，加强信息、金融、物流保险、劳务、咨询等方面的服务配套贸易。二是借助"一带一路"建设和国际产能合作机遇，以重大工程为抓手，整合工程规划、设计、承包、建设、制造、金融、运营等领域的企业参与，形成产业联盟，通过合作共赢方式增强我国对外贸易的竞争力。三是进一步发展跨境电子商务，全方位打造电商平台、经营主体、仓储物流、快递配送、售后服务等跨境电子商务系统，形成有利于货物和服务融合发展的跨境电子商务完整的生态链和产业链。四是塑造龙头企业和平台，引导跨国企业聚焦核心业务，发展服务外包；鼓励有条件的

企业实施全球供应链战略;推动企业与供应商合作由以加工制造环节为主向合作研发、联合设计、市场营销、品牌提升等转变。

四、进一步优化贸易结构,营造稳定透明的发展软环境

加快推动货物贸易优化升级,挖掘服务贸易的发展潜力。一是结合国际制造业升级方向,提升我国出口产品竞争力,实现出口主导产业优化升级。建议将智能家电、智能手机、高铁机车、核电机组等高端产品作为未来我国货物贸易出口的重点产品,通过政策引导、财税支持、创新补贴等措施进行大力扶持,提高我国出口发展的质量和效益,落实"优进优出"战略。二是在提升传统服务出口的同时,积极扩大新兴服务出口,提升以信息服务、金融服务、软件服务等为代表的新产业贸易竞争优势;加快完善服务贸易管理协调机制,加强产业政策、贸易政策、投资政策的协调性,展开服务贸易创新发展试点工作。

营造稳定透明的发展软环境。加快转变政府职能,建立适应全球化和对外开放需要的外贸法律体系,推动形成平等的市场准入、公平的竞争条件和法治化营商环境。通过建设中国(上海)自由贸易试验区、推进中美中欧投资协定谈判等,全面深化涉外经济体制改革,优化外贸发展的制度环境。健全反垄断、贸易救济和安全审查等机制,更好地维护国家经济安全。

五、降低外贸企业成本负担

结合国家降低实体经济成本政策措施,建议针对外贸企业劳动力成本上升、融资成本加大、汇率成本增加等方面问题,在提质增效、财税支持、金融汇改等方面寻求降低企业成本负担的办法。一是引导并推动外贸企业树立创新发展意识,通过技术、管理、流程、模式、商业等方面创新,提高企业生产经营效率,增加产品与服务附加值,提高企业利润。二是筛查涉及外贸企业进出口环节收费情况,对政府提供的基本公共服务减免收费,大幅降低公共属性较强的科目收费标准,结构性调降经营服务性收费。三是提高贸易便利化程度,最大限度地简化通关手续,推进区域通关一体化,加强海关国

际合作,提高通关效率。四是完善支持外贸发展的财税金融政策,提高部分产品出口退税效率,缩短退税时间,加大出口信用保险支持力度,完善人民币汇率市场化形成机制,保持汇率在合理均衡水平上基本稳定。

六、构建多双边区域合作新格局,加强"一带一路"国际合作

构建多双边区域合作新格局,以更加积极主动的姿态参与多边贸易体制谈判,加快形成高标准的自由贸易区网络。深度参与国际经贸规则制定,主动提出反映我国利益和诉求的新议题、新方案、新倡议,增强我国在国际经贸规则制定中的话语权和主动权。全面深化双边经贸关系,推进在货物贸易、服务贸易、投资等领域的相互开放,通过协商妥善解决经贸分歧和贸易摩擦,不断拓宽合作领域,促进共同发展。

加强同"一带一路"沿线国家的战略对接,增进战略互信,努力实现政策沟通、设施联通、贸易畅通、资金融通、民心相通;推进周边国家产业合作,输出高端优质产能,输入战略资源与产品,推进金融一体化发展,扩大人民币互换范围;重视创新能力开发合作,支持外贸企业利用内部和外部创新资源实现创新发展,一方面充分挖掘自身研发能力,另一方面注重利用外部创新力量,整合各种资源提高创新能力。

中国由贸易大国迈向贸易强国,要紧紧围绕转变外贸发展方式这一主线,下大力气提升以技术、品牌、质量、服务为核心的外贸竞争新优势,实现对外贸易由大到强的跨越,更好地服务于"两个一百年"目标和实现中国梦。

参考文献

[1] 龚刚. 转型中的外贸战略：拥抱新时代. 小康, 2018 (15): 26-27.

[2] 许经勇. 以新发展理念引领现代化经济体系建设. 湖湘论坛, 2018, 31 (3): 96-103, 2.

[3] 国家统计局核算司. 新动能推动我国经济稳中向好和转型升级. 中国战略新兴产业, 2018 (17): 82-83.

[4] 国家统计局核算司. 新动能助力中国经济稳中向好，推动产业结构优化. 产业创新研究, 2018 (4): 124-125.

[5] 叶辅靖, 李大伟, 杨长湧. 推动形成全面开放新格局. 宏观经济管理, 2018 (3): 21-28.

[6] 刘元春, 刘晓光, 邹静娴. 新常态迈向新阶段的中国宏观经济：2017—2018年中国宏观经济分析与预测. 经济理论与经济管理, 2018 (2): 20-38.

[7] 贾大山. 2017年沿海港口发展回顾与2018年展望. 中国港口, 2018 (1): 10-19.

[8] 牛犁, 闫敏. 2018年中国经济展望和宏观调控政策建议. 发展研究, 2017 (12): 23-29.

[9] 郭林涛, 朱松琳. 中国的新时代，世界的新机遇——专家代表解读十九大报告. 决策探索, 2017 (11): 14-20.

[10] 祝宝良, 牛犁, 闫敏. 2017年上半年中国宏观经济形势分析与全年形势预测. 发展研究, 2017 (8): 30-34.

[11] 从自贸区前瞻未来中国. 环球聚氨酯, 2016 (1): 70-81.

[12] 商务部. 加快培育竞争新优势，推动我国由贸易大国向贸易强国转变：商务部解读《关于加快培育外贸竞争新优势的若干意见》. 国际商务财会, 2015 (7): 5-6.

[13] 中国经贸导刊评论员. 加快培育外贸竞争新优势. 中国经贸导刊, 2015 (17): 1.

[14] 符晓燕. 对外贸易视角下的我国行业协会研究. 南京：南京师范大学, 2006.

[15] 赵爱玲. 以国际化视野推进转型升级——2014中国（昆山）品牌产品进口交易会召开. 中国对外贸易, 2014（6）: 40-41.

[16] 高虎城. 从贸易大国迈向贸易强国. 中国商贸, 2014（10）: 12-13.

[17] 刘晓玲. 我国外贸战略的发展历程及政策建议. 湖南工程学院学报（社会科学版）, 2013, 23（4）: 17-21.

[18] 舒莎. 改革开放以来我国对外贸易管理制度的演化. 中外企业家, 2012（21）: 161-165.

[19] 朱庆. 我国对外贸易改革开放的巨大成就和发展展望. 科技资讯, 2011（18）: 214-215.

[20] 郭宇环. 我国对外贸易的现状及发展趋势分析. 技术与教育, 2010, 24（1）: 22-24.

[21] 蓝春汛, 周升起. 改革开放以来中国对外贸易管理制度演变特征及趋势分析. 经济研究导刊, 2010（1）: 159-161.

[22] 李坤望. 改革开放三十年来中国对外贸易发展评述. 经济社会体制比较, 2008（4）: 35-40.

[23] 仇燕苹, 宣昌勇. 国外自由贸易区的发展对我国保税区转型的启示. 云南财贸学院学报（社会科学版）, 2007（1）: 25-27.

[24] 高怀民. 进口替代战略和出口导向战略之比较. 科技情报开发与经济, 2006（14）: 119-120.

[25] 张小珂. 论我国当前贸易战略的转变. 南京工业大学学报（社会科学版）, 2003（3）: 68-71.

[26] 曹罗欣, 马宜斐. 扩大内需：贸易战略改变的必然选择. 黑龙江对外经贸, 2002（2）: 30-31.

[27] 谢娟. 浅谈两种贸易战略对中国的适用性. 新疆财经, 2001（3）: 29-31.

[28] 刘丽. 论国内市场与发展中大国的贸易战略. 国际经贸探索, 1996（5）: 7-11, 91.

[29] 闫敏. 2018年我国对外贸易将呈现高质量发展特征. 中国证券报, 2017-12-30.

第六章　提升我国在全球价值链中的位势

第一节　改革开放以来我国在全球价值链中位势的变化

一、我国在全球价值链中的位势是我国对外贸易转型升级的核心问题

推动对外贸易转型升级不仅是20世纪90年代以来党和国家文件中的重要概念，也是我国学术界长期以来研究的方向。对于如何衡量对外贸易转型升级，学术界一直有多种指标，如高技术产品在出口中的比重、对外贸易对经济增长的拉动作用等，但这些指标并未得到学术界的公认。

事实上，对外贸易如何转型升级和我国对外贸易的发展方向、发展目标有着直接的关系。脱离当前我国对外贸易的发展方向和发展目标，单纯地谈论对外贸易转型升级是没有意义的。近年来，特别是金融危机后我国历届政府针对对外贸易的发展方向和发展目标均有明确的陈述。党的十八大报告明确指出，在贸易领域，要"坚持出口和进口并重，强化贸易政策和产业政策协调，形成以技术、品牌、质量、服务为核心的出口竞争新优势，促进加工贸易转型升级，发展服务贸易，推动对外贸易平衡发展"。中共十八届三中全会则着重强调了对外贸易体制改革方面的内容，明确提出促进国际国内要素有序自由流动，资源高效配置，市场深度融合，推进金融、教育、文化、医疗等服务业领域有序开放。李克强总理在十二届人大二次会议上的工作报

告明确指出,从战略高度推动出口升级和贸易平衡发展,要稳定和完善出口政策,加快通关便利化改革,扩大跨境电子商务试点。实施鼓励进口政策,增加国内短缺产品进口。引导加工贸易转型升级,支持企业打造自主品牌和国际营销网络,发展服务贸易和服务外包,提升中国制造在国际分工中的地位。鼓励通信、铁路、电站等大型成套设备出口,让中国装备享誉全球。党的十九大报告中继续强调要拓展对外贸易,培育贸易新业态新模式,推进贸易强国建设。

商务部2012年制定的"十二五"对外贸易发展规划中则称,目前我国对外贸易在"十二五"期间的目标:一是要保持进出口平稳增长,贸易平衡状况继续改善;二是要保持优化对外贸易结构,保证机电产品出口稳定增长,提高劳动密集型产品出口附加值,提高自有品牌和知识产权产品、大型成套设备出口比重,提高先进技术、关键零部件、国内短缺资源和节能环保产品进口比重,适度扩大消费品进口;三是要优化发展空间布局,包括国际市场空间布局和国内市场空间布局;四是要提高国际竞争力,形成以技术、品牌、质量、服务为核心的竞争新优势,增强贸易渠道控制力,并形成一批具有全球资源整合能力的跨国企业。

从上述权威官方文件的论述中可以看出,我国对外贸易的发展方向包含以下几个方面的核心内容:一是总量规模的平稳增长和贸易平衡状况的改善;二是在全球价值链分工地位中的提升;三是出口竞争新优势的培育;四是扩大国内短缺商品和服务的进口。

这几个方面彼此有着紧密的联系。其中,提升在全球价值链中的位势是提高我国对外贸易发展水平的核心。在我国传统比较优势逐渐减弱的大背景下,要想保持我国对外贸易规模的平稳增长,特别是稳定在国际市场中的份额,提高我国在全球价值链分工中的地位是必走之路;而出口竞争新优势的培育则是提高我国在全球价值链分工中的地位的前提;由于目前我国在高水平研发、高质量服务等价值链的高附加值环节并不占优势,扩大国内短缺商品和服务的进口则是提高我国在全球价值链分工中的地位的重要举措。

基于上述分析,本章将重点分析改革开放以来我国在全球价值链中的位势的变化情况。目前社会各界均认可我国正处于由全球价值链的中低端环节向中高端环节攀升的过程中,但对于我国具体处于全球价值链中的何种位势则缺少学术的判断。本章将从全球价值链的理论基础出发，运用各种定量分析工具对其作出判断。

全球价值链理论是伴随着跨国公司在全球范围内配置不同环节（包括中间产品生产、最终产品生产、营销、研发等）这一经济现象而出现的国际贸易理论，是目前国际贸易理论研究的热点。该理论将产品从原材料到最终消费者的整个生产过程划分成多个相对独立的环节，并通过定量研究方法对不同环节的增值情况进行测算。

在使用全球价值链理论进行分析时，需要注意以下几点：一是全球价值链的每一层级均拥有产品的生产、研发、销售等环节。在目前研发和销售环节所创造的附加值要明显高于制造环节的背景下，每一个中间产品的价值链均可以视为近似一条U形曲线，而整条价值链则可以被视为一条由多个中间产品、最

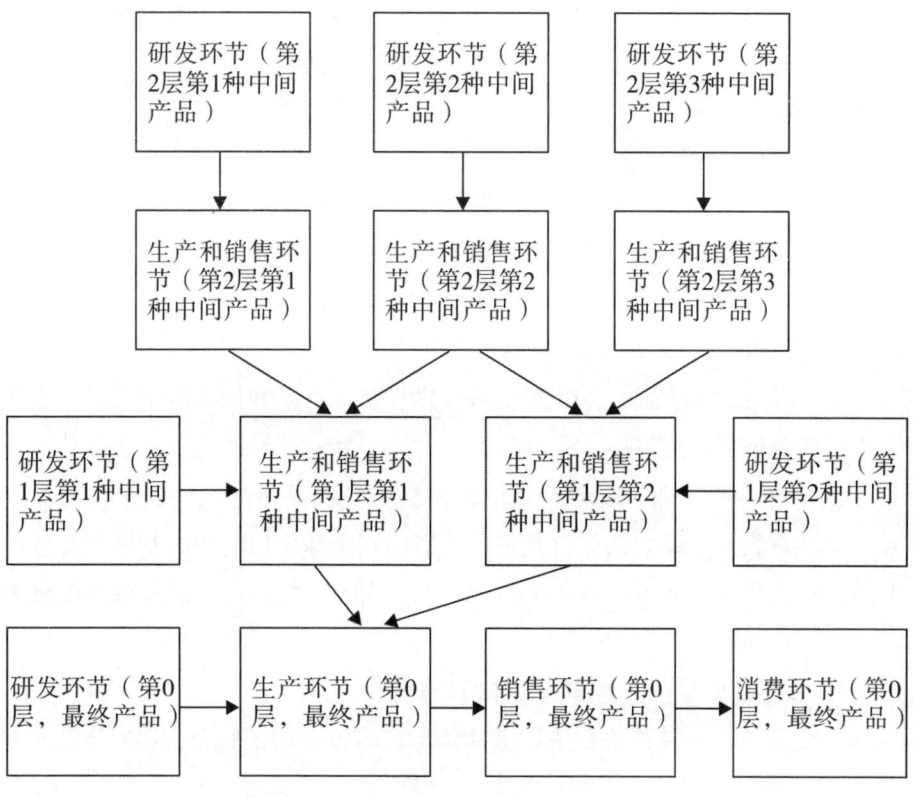

图6-1 一条3个层级的全球价值链示意图

资料来源：作者根据Kaplinsky（2000）理论绘制。

终产品的小U形曲线组成的大U形曲线。二是全球价值链是一种分析方法,并不一定涉及跨国贸易。极个别产品的整条价值链甚至可能仅在一个国家之内完成,不涉及跨国贸易。全球价值链的终端市场既可以是国际市场,也可以是本国市场。贸易摩擦给出了一条拥有3个层级的全球价值链的示意图[①],如图6-1所示。

对于我国在全球价值链中的位势,需要回答两个问题:一是我国在全球价值链中究竟处于何种位势,生产的是中间产品还是最终产品,是哪一个层级的中间产品,有无研发和销售环节?二是我国在全球价值链中所获取的实际价值究竟如何?下文将针对这两个问题进行实证分析。

二、我国在全球价值链中的位势

从贸易摩擦中可以看出,一国在全球价值链中所处的位势既可能在中间产品的生产环节,也可能在原材料开采或最终产品的生产环节;同时,既可能在某一层级产品的生产环节,也可能在其研发或销售环节。对此,本章采用下面的方法予以实证研究。

第一步,找出全球价值链不同层级的各种代表性产品。

第二步,运用G-L指数(格鲁贝尔-劳埃德指数)、TC指数(贸易竞争力指数)、IIT指数(产业内贸易指数)等一系列定量分析工具,系统分析我国在不同层级生产环节中的贸易状况,并确定其地位。

第三步,运用品牌、跨国公司等辅助性指标判断我国在各个层级产品研发、营销等环节中的位势。

由于在不同产业、不同产品的价值链中,我国所处的位势存在明显差异,本文首先基于综合的统计数据,对我国在全球价值链中的整体位势进行判断,再选择几个重点行业中的重点产品,对我国在具体产品全球价值链中的位势进行判断。

1. 我国在全球价值链中的整体位势判断

对于我国在全球价值链中的整体位势,本书采用了联合国BEC分类的方

[①]对于中间产品而言,消费者是下一个生产环节的厂商,因此为简便考虑,将中间产品的生产环节和营销环节进行了整合。

法，将所有产品分为中间产品、资本品和消费品3个大类以及17个小类，具体分类如表6-1所示。

表6-1 联合国BEC商品分类一览

SNA代码	BEC代码	BEC商品分类名称
资本品	41	资本品（不包括交通运输设备）
	521	工业化生产的交通运输设备（不包括载客汽车）
中间产品	111	初级食品和饮料，主要用于工业生产
	121	加工后的食品和饮料，主要用于工业生产
	21	初级工业原料
	22	加工后的工业原料
	31	初级能源
	322	加工后的能源
	42	资本品的各种零部件（不包括交通运输设备）
	53	交通运输设备的各种零部件
消费品	112	初级食品和饮料，主要用于消费
	122	加工后的食品和饮料，主要用于消费
	522	非工业化生产的交通运输设备（不包括载客汽车）
	61	耐用消费品
	62	半耐用消费品
	63	易耗消费品
	51	载客汽车

资料来源：联合国贸易统计数据库。

显然，可以将综合商品的全球价值链划分为两大层级，第一个层级是中间产品，第二个层级是最终产品，包括资本品和消费品。这两级产品共17个小类，产品2002年、2007年、2015年的TC指数如表6-2所示。从中可以得出如下结论：

一是我国在全球价值链中正在转向中间产品的生产环节。从表6-2中可以看出，我国在大多数中间产品，特别是零部件类的中间产品的比较劣势明显下降,如资本品零部件的TC指数由2002年的-0.258上升到2015年的-0.132,交通运输设备的各种零部件的TC指数到2015年更是上升到0.232,这说明我国企业更多是出口相关的中间产品而非进口。

二是我国正在由消费品的生产环节转向资本品的生产环节。2002年以来,在绝大多数消费品中,我国的比较优势虽然一直维持在较高水平,但整体呈现下降趋势,其中易耗消费品等技术含量较低的劳动密集型产品下降得较为明显;相反,在资本品中的比较优势上升非常明显。这说明我国企业更倾向于使用中间产品生产资本品而非消费品。

表6-2 基于BEC分类的我国对外贸易17类产品的TC指数

SN代码	BEC商品分类名称	TC指数		
		2002年	2007年	2015年
中间品	初级食品和饮料,主要用于工业生产	-0.485	-0.713	-0.886
	加工后的食品和饮料,主要用于工业生产	-0.757	-0.784	-0.806
	初级工业原料	-0.548	-0.873	-0.919
	加工后的工业原料	-0.212	0.076	0.095
	初级能源	-0.524	-0.861	-0.965
	加工后的能源	-0.074	0.02	-0.621
	资本品的各种零部件(不包括交通运输设备)	-0.258	-0.198	-0.132
	交通运输设备的各种零部件	-0.001	0.224	0.232
资本品	资本品(不包括交通运输设备)	0.019	0.317	0.395
	工业化生产的交通运输设备(不包括载客汽车)	0.08	0.395	0.51
消费品	初级食品和饮料,主要用于消费	0.565	0.495	0.294
	加工后的食品和饮料,主要用于消费	0.542	0.477	0.282
	非工业化生产的交通运输设备(不包括载客汽车)	0.976	0.974	0.916
	耐用消费品	0.909	0.854	0.787
	半耐用消费品	0.916	0.891	0.889
	易耗消费品	0.715	0.749	0.587
	载客汽车	-0.975	-0.646	-0.828

本章使用PCT专利和知名品牌数量两个指标来反映我国在研发和营销等价值链两端的服务环节中所处的位置。基于WIPO提供的数据，美国、中国、日本、德国、韩国五国2001年以来每年的PCT专利申请数量如图6-2所示。可以看出，金融危机以来，中国的PCT专利申请数量增长十分迅速，目前已明显超过韩国，接近德国，和美国、日本的差距也有所缩小。

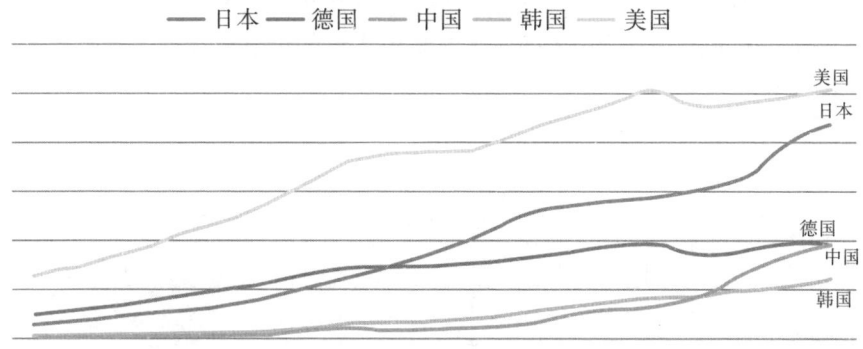

图6-2　中、日、德、韩、美五国PCT专利申请数量对比

资料来源：WIPO数据库。

另外一个用于衡量是否进入价值链中研发、销售、品牌建设等环节的指标是各国的全球知名品牌数量。从企业发展经验看，一个知名品牌的形成实际上是研发、销售、设计等多种服务环节综合比较优势的结果。因此企业品牌的价值排名可以在一定程度上反映在价值链两端的服务环节所处位置的情况。对目前国际上较为权威的世界品牌实验室所公布的全球品牌500强进行统计分析的结果如下：

一是我国进入全球品牌500强的品牌数量持续增长。2015年我国进入全球品牌500强的品牌数量达到了25个，较2008年增长了1倍以上。

二是我国制造业品牌数量增长非常缓慢。对我国不同品牌的价值分析表明，我国近年来排名上升的品牌多属于垄断行业领域，如CCTV、中国移动、国家电网等。这些品牌虽然也处于价值链两端的较高附加值环节，但与制造业的关联度偏低，并不能反映我国制造业从加工制造环节向两端延伸的实际情况。而在与制造业相关的品牌中，目前仍然只有联想、华为、海尔、长虹、青岛啤酒等5个品牌具有较高的国际知名度。

综上所述，可以判断我国已经由价值链的制造环节逐渐向研发、销售、品牌构建等高附加值的服务环节转变,但目前在这些环节中和发达国家仍然有明显的差距。

2. 对我国在IT产业典型产品全球价值链中的位势分析

IT产业是垂直专门化分工程度和模块化程度最高的产业,因此一直是全球价值链理论重点讨论的对象。基于IT产业研究的现实,本文选择了两种最有代表性的产品——个人电脑(包括笔记本电脑)和智能手机进行分析。个人电脑的价值链具体如图6-3所示,智能手机的价值链和个人电脑基本一致,因此从略。

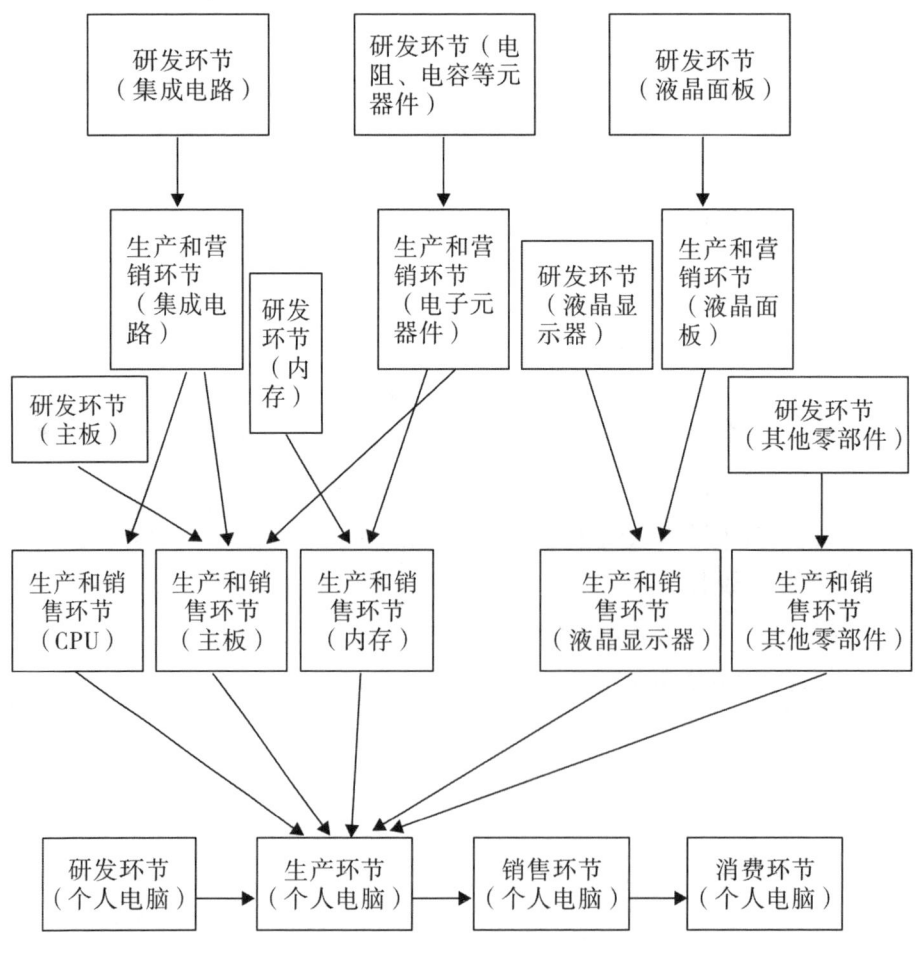

图6-3 个人电脑价值链示意图

按照前文所述的方法，表6-3给出了我国在这两种产品（个人电脑和智能手机）价值链中的TC指数。

表6-3 个人电脑和智能手机价值链中各环节相关产品的TC指数

所处价值链层级	产品名称	TC指数		
		2002年	2007年	2015年
0	个人电脑（包括笔记本电脑）	0.783	0.982	0.988
1	键盘和鼠标	0.729	0.608	0.266
1	硬盘驱动器和光盘驱动器	0.144	−0.124	−0.157
1	CPU、主板、显示卡和内存	0.176	0.314	0.264
0	智能手机	—	0.902	0.961
1	其他智能手机组件	—	0.212	0.099
1	闪存	—	0.295	0.318
1	传统CRT显示器	—	0.861	0.532
1	液晶显示器	—	0.876	0.931
2	电容器	−0.476	−0.52	−0.358
2	固态电容	−0.37	−0.382	−0.146
2	钽电容	−0.621	−0.412	−0.276
2	铝电容	−0.276	−0.45	−0.324
2	单层陶瓷电容	−0.718	−0.603	−0.625
2	多层陶瓷电容	−0.453	−0.609	−0.437
2	电阻器	−0.427	−0.208	−0.222
2	固态碳电阻	−0.527	−0.689	−0.581
2	其他固态电阻	−0.526	−0.095	−0.305
2	线圈电阻	−0.654	−0.873	−0.659
2	印刷线路板	−0.158	−0.061	−0.026
2	集成电路	−0.719	−0.687	−0.564
2	处理器和控制器用的集成电路	—	−0.736	−0.6
2	存储器用的集成电路	—	−0.523	−0.451
2	放大器用的集成电路	—	−0.661	−0.343
2	LCD面板	−0.653	−0.356	−0.161

从中可以看出，我国在这两种IT产业主要产品中的位势呈现以下态势：

一是在终端产品制造领域中的优势仍在持续。虽然近年来我国的劳动力、土地等生产要素成本有所上升，但2015年我国在个人电脑和智能手机这两个最终产品的劳动密集型加工制造环节中仍然处于绝对优势地位，其贸易竞争力指数超过0.95。

二是我国已经逐渐爬升至第1层级的中间产品生产制造环节。在液晶显示器、键盘、鼠标、CPU等核心部件领域，整体上我国的TC指数呈现上升态势，且大多数产品均在0~0.5之间。这说明我国在这一层级已处于产业内分工，但比较优势尚不明显。

三是我国正处在努力向第2层级的元器件领域爬升的过程中，但整体上看目前并未达到这一层级。在电阻、电容、液晶面板、集成电路这些核心元器件中，我国的TC指数基本为负，明显处于劣势地位；但相较2002年和2007年，2015年我国的TC指数均明显上升，说明我国部分企业已经进入了该层级的生产环节。

同样，本文用类似的方法对我国在IT行业典型产品全球价值链的研发、营销环节中的位势进行判断。在IT技术相关技术领域，美、中、日、韩四国相关技术所占PCT专利的比重如表6-4所示。可以看出，我国在相关技术专利中的比重均呈现明显上升趋势，特别是在最终产品生产的相关专利技术（如数字通信技术设备）方面已经超过美国和日本，居世界第一位。

表6-4 美、中、日、韩四国IT相关技术PCT专利占比

单位：%

项目	美国		中国		日本		韩国	
	2008年	2015年	2008年	2015年	2008年	2015年	2008年	2015年
通信技术设备	35.22	22.75	8.22	23.06	23.61	22.24	11.63	15.92
数字通信技术设备	32.85	21.42	19.75	42.37	14.00	11.77	6.97	8.09
基础通信技术设备	35.93	30.13	2.62	10.30	31.65	31.91	3.69	4.26
计算机技术	54.68	47.07	2.87	11.02	19.20	21.92	4.81	6.07
半导体技术	34.14	26.74	1.85	8.48	43.98	41.59	4.61	7.78

资料来源：作者根据WIPO数据库数据测算。

同时，本章对个人电脑、智能手机、主板、CPU、内存和集成电路等主要产品进行了品牌分析。结果表明，在最终产品——个人电脑和智能手机领域，我国已经拥有了联想、华为、小米等一批较为知名的品牌，这些品牌价值在该行业中均列入前10位甚至前5位，但仍远低于排名前二的三星、苹果品牌。

在第1层级的中间产品领域，我国也拥有一些有一定知名度的品牌，如联想的主板、长城的液晶显示器等。但整体上看，我国企业的品牌价值要远低于发达国家相关企业的品牌价值，在各产品的品牌排名中均相对靠后。

在技术含量较高的第2层级，我国则缺乏相对知名的品牌，全球十大集成电路设计商中没我国企业，全球知名的电子元器件生产企业中也没我国企业。

因此，综合来看，可以判断我国在IT产业的价值链处于由第0层级的最终产品制造、研发、营销向第1层级的制造、研发、营销等环节升级的阶段。

3. 对我国在汽车产业典型产品全球价值链中的位势分析

同样，仿照IT产业的分析方法，汽车产业典型产品（轿车）的全球价值链如图6-4所示。

按照与个人电脑和智能手机类似的方法，下面计算了我国在相关中间产品和最终产品上的TC指数，如表6-5所示。从中可以看出，由于汽车价值链和IT价值链存在一定的差异，我国在生产环节中所处的位置也有所不同。

一是我国尚未处于轿车价值链中较为核心的中间产品生产环节。发动机、变速箱等中间产品是轿车价值链中较为关键、直接影响轿车性能的产品。我国在这些产品上的TC指数明显偏低，整体上大部分依赖进口。

二是我国在部分技术含量较低的中间产品生产环节上的优势已经得到巩固。在车体、轮胎、车架等技术含量较低的中间产品生产环节，我国的TC指数较高，部分产品甚至已经接近1，说明我国已经具有较强的国际竞争力。

三是在技术含量较高的整车组装和生产环节，我国同样处于明显的劣势地位。与个人电脑不同，汽车的整体设计和生产线组装在价值链中同样处于极为重要的环节，其技术含量相当之高。而我国在这个环节并不占优势，虽然大量合资企业和本土企业在国内建立了相当多的汽车生产基地，但相当一部分轿车仍然依赖进口。

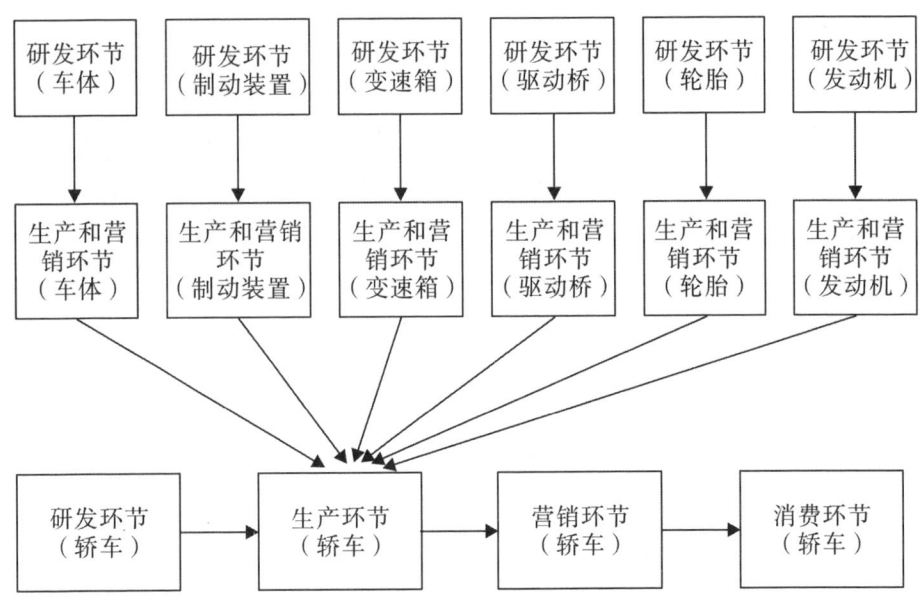

图6-4 轿车价值链示意图①

表6-5 我国在轿车价值链上各种中间产品的TC指数

产品名称	TC指数		
	2002年	2007年	2015年
低于50CC的汽油发动机	0.998	1	1
50~250CC的汽油发动机	0.993	0.994	0.996
250~1000CC的汽油发动机	−0.817	−0.714	0.94
1000~4000CC的汽油发动机（主流产品）	−0.989	−0.274	−0.535
超过180HP的柴油发动机	−0.99	−0.619	0.413
轿车（第一种）	−0.981	−0.574	−0.896
轿车（第二种）	−0.988	−0.996	−0.998
轿车（第三种）	−0.747	−0.881	−0.495
车体	−0.987	0.77	0.049

① 为简便起见，此处只列出了几种主要的汽车配件。

（续表）

产品名称	TC指数		
	2002年	2007年	2015年
制动器	—	0.389	0.553
变速箱	−0.808	−0.852	−0.752
驱动桥	−0.755	0.146	0.085
轮胎	0.873	0.929	0.893
车架	−0.374	0.143	0.238

我们同样用PCT专利和知名品牌两方面的指标来反映我国在研发和销售环节的位势。从表6-6中可以看出，我国在轿车行业相关关键技术方面的比重虽然有所提升，但仍然远低于德国、日本和美国，在部分技术方面的比重甚至低于韩国。而在知名品牌方面，目前全球的著名轿车品牌和轿车零部件厂商名单中，基本没有我国企业。因此，可以综合断定，我国在轿车行业主要处于部分技术含量较低的零部件生产环节，而在整车生产、整车研发和品牌建设，发动机等高端零部件生产和品牌建设领域的位势较低。

表6-6 美、中、德、日、韩轿车行业相关PCT专利情况

单位：%

技术类型	美国		中国		德国		日本		韩国	
	2008年	2015年	2008年	2015年	2008年	2015年	2008年	2015年	2008年	2015年
操控技术	35.23	31.07	2.75	5.69	16.12	15.85	19.67	20.52	2.62	4.54
引擎、泵和涡轮机	22.69	19.89	3.00	5.64	27.41	27.62	26.41	28.39	2.60	4.26
交通设备	21.71	13.95	2.19	4.14	27.16	26.47	24.58	31.38	2.34	4.37

4. 对我国在纺织服装产业典型产品全球价值链中的位势分析

同样，仿照IT产业和汽车产业的分析方法，纺织服装产业典型产品（服装）的全球价值链如图6-5所示。

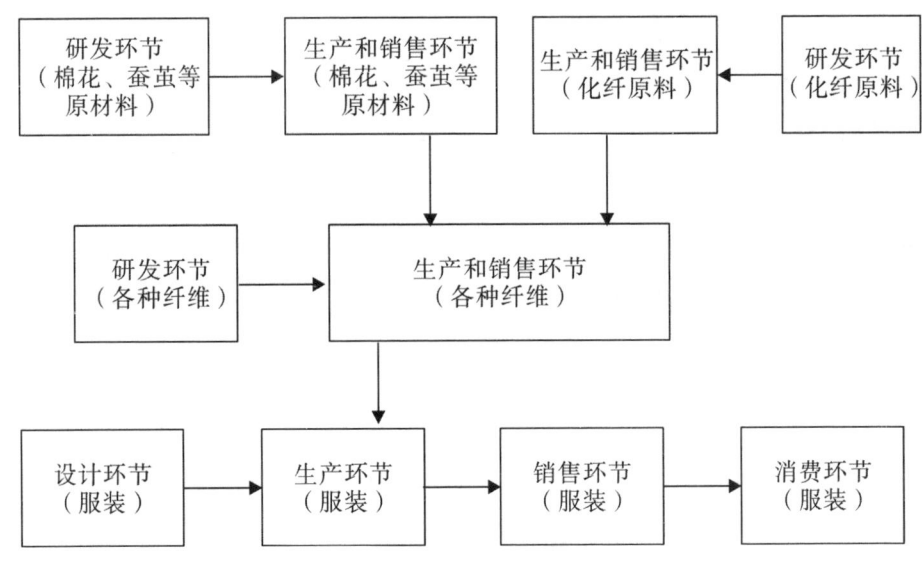

图6-5 服装价值链示意图

按照与个人电脑和智能手机类似的方法，下面计算了我国在相关中间产品和最终产品上的TC指数，如表6-7所示。在这些产品中，蚕丝、植物纤维等产品的TC指数主要依赖于自然资源禀赋，因此我国在蚕丝领域的比较优势较为明显，在棉花领域则已经转为比较劣势；而在化学纤维领域，我国的比较优势已经明显上升；在服装领域，我国同样处于绝对比较优势地位。这说明，我国在除完全依靠自然资源禀赋的个别中间产品外，在大多数服装产品的生产环节中均有明显的比较优势。

表6-7 我国在服装价值链上各种中间产品和最终产品的TC指数

产品名称	TC指数		
	2002年	2007年	2015年
蚕丝和蚕丝纤维	0.777	0.853	0.894
其他动物毛	−0.263	−0.119	−0.162
棉花和棉花纤维	0.191	0.096	−0.115
其他植物纤维	0.2	0.103	0.278
人造丝	−0.157	0.35	0.582
人造短纤维	−0.085	0.388	0.517
服装，编织品	0.937	0.975	0.97
服装，非编织品	0.928	0.958	0.917

然而，与个人电脑和轿车不同，服装价值链中极为重要的是终端产品——服装的设计和品牌构建环节。根据相关调查研究：在全球和亚洲最知名的50个服装品牌中，没有一个中国品牌；而在我国本土公众认可度中，欧美高档服装品牌的价值也远高于本土品牌。因此，我国在服装行业的设计以及营销网络、品牌构建等环节还处于弱势地位。

三、我国在全球价值链中生产环节所获得的附加值的情况分析

1. 我国在全球价值链中生产环节所获得的附加值情况

测算一国在全球价值链中生产环节的附加值的方法，目前最为成熟的是运用多国的投入产出表，计算一国出口或国内消费单位产品中所直接消耗或间接消耗的进口品数量。Hummels D.（2001）从垂直专门化的角度提出了加工贸易出口对国内增加值贡献的测算方法。根据这一方法，中国科学院数学与系统科学研究院陈锡康教授率领的科研小组基于统计局、海关调研数据以及海关公布数据重新编制了投入产出表，该表充分考虑了我国出口商品存在着加工贸易和非加工贸易两类不同贸易形式的特点，据此对该指标的计算进行了严密的推导和证明，具体从略。下面基于这一投入产出表，对2002年、2007年、2015年三个年份（分别代表"十五""十一五"和"十二五"）时期我国42部门中16个制造业部门单位出口的增加值进行了计算，计算结果如表6-8所示。

一是所有行业的单位加工出口所创造的增加值均要明显低于非加工出口，以加工贸易方式出口的大量高技术产品并没有创造出与高技术相当的国内增加值。电气机械及器材制造业和通信设备、计算机及其他电子设备制造业是我国高技术产品出口的两个最主要行业，但也是加工贸易占比较高的行业，根据陈锡康教授编制的投入产出表推算，2015年这两个行业加工出口占总出口的比重均接近2/3。受这一因素影响，2015年这两个行业的单位出口完全增加值分别为0.5530和0.3928，虽然较2002年、2007年有了一定的提升，但仍远低于纺织业等劳动密集型行业的水平。

二是我国相当一部分行业加工出口和非加工出口所创造的完全增加值均

不断上升，说明我国在价值链的生产环节中正逐渐向更高的中间产品生产转移。如在交通运输设备制造业中，2015年我国的单位加工出口完全增加值为0.5074，较2007年的0.334有大幅度增长；在电气机械及器材制造业中，2015年我国单位加工出口完全增加值为0.4001，远高于2007年的0.2784。

表6-8　2002年、2007年、2015年我国单位出口所创造的完全增加值（美元）

行业名称	2002年			2007年			2015年		
	单位加工出口完全增加值	单位非加工出口完全增加值	单位出口完全增加值	单位加工出口完全增加值	单位非加工出口完全增加值	单位出口完全增加值	单位加工出口完全增加值	单位非加工出口完全增加值	单位出口完全增加值
食品制造和烟草加工业	0.4717	0.9346	0.8124	0.3722	0.801	0.6857	0.1967	0.8585	0.7161
纺织业	0.3388	0.8724	0.718	0.4081	0.8616	0.7832	0.5366	0.8788	0.8203
服装皮革羽绒及其制品制造业	0.3787	0.8526	0.6328	0.3648	0.8815	0.7157	0.4951	0.8823	0.7744
木材加工及家具制造业	0.3921	0.8831	0.6793	0.5799	0.791	0.7327	0.5741	0.8166	0.7770
造纸印刷及文教用品业	0.4342	0.9007	0.5657	0.4573	0.7307	0.5662	0.4577	0.8249	0.6289
石油加工、炼焦及核燃料加工业	0.255	0.7923	0.6672	0.1509	0.3642	0.2835	0.1645	0.6218	0.3955
化学工业	0.3458	0.8504	0.6478	0.1978	0.6469	0.4822	0.1959	0.7569	0.5955
非金属矿物制品业	0.4237	0.8841	0.8008	0.3105	0.8447	0.773	0.5912	0.8517	0.8060
金属冶炼及压延加工业	0.2945	0.875	0.6546	0.2191	0.6274	0.5807	0.2370	0.6875	0.6319
金属制品业	0.2495	0.8675	0.5825	0.4236	0.8258	0.6949	0.1810	0.8092	0.6410
通用、专用设备制造业	0.2886	0.8279	0.6218	0.2614	0.7577	0.5935	0.2864	0.7315	0.6064
交通运输设备制造业	0.2891	0.8356	0.5642	0.334	0.7738	0.5893	0.5074	0.7722	0.6284

（续表）

行业名称	2002年			2007年			2015年		
	单位加工出口完全增加值	单位非加工出口完全增加值	单位出口完全增加值	单位加工出口完全增加值	单位非加工出口完全增加值	单位出口完全增加值	单位加工出口完全增加值	单位非加工出口完全增加值	单位出口完全增加值
电气机械及器材制造业	0.2607	0.8597	0.4631	0.2784	0.7517	0.4737	0.4001	0.7557	0.5530
通信设备、计算机及其他电子设备制造业	0.1716	0.8577	0.269	0.3565	0.6214	0.3875	0.3539	0.6168	0.3928
仪器仪表及文化办公用机械制造业	0.3827	0.7029	0.4112	0.3307	0.791	0.416	0.3509	0.7050	0.4377
其他制造业	0.3594	0.8951	0.6014	0.2038	0.8638	0.6337	0.4402	0.8949	0.6655

2. 我国在全球价值链中最终产品研发、销售等环节所获得的附加值情况

前文所提出的方法只能对我国出口或当地消费（出厂价）的最终产品中所蕴含的附加值进行测算。然而，在实际经济运行中，国际大型跨国公司的利润并不仅仅在于生产环节，而在于凭借其在研发、设计、渠道掌控方面的优势，使商品在流通环节存在巨大的增值。这种增值中的相当大部分成为这些知名品牌跨国公司的利润。Jason Dedrick（2012）的一项研究表明，虽然iPod的所有中间产品生产和组装环节均不在苹果公司，甚至不在美国完成（如存储器为东芝生产，内存为三星生产），但苹果公司基于自身的研发实力和品牌价值，所获得的利益占iPod最终零售价（299美元）的25%，而日本公司仅占9%，韩国公司仅占不到1%。此外，营销环节所获得的价值占iPod最终零售价的比重也高达25%。对我国联想笔记本电脑的研究也能得到类似的结论。虽然我国联想笔记本电脑的绝大部分中间产品同样由日本、韩国乃至中国台湾的企业生产，但联想基于其笔记本的设计理念和品牌价值所获得的利益仅占联想笔记本最终零售价（1479美元）的15%，营销和零售环节所获取的利益则占到最终零售价的25%，而日本虽然承担了联想笔记本内存、硬盘等多个高附加值中间产品的生产环节，但所获取的利益仅占最终零售价的

5.5%。

显然，研发实力和营销渠道所带来的价值在价值链中占了绝大部分比重，由最终产品生产转向最终产品研发、销售和品牌构建所带来的价值链提升要高于转向简单的中间产品生产。但从目前情况看，我国绝大多数企业无论在最终产品领域，还是在中间产品领域，研发和营销能力都较为薄弱。我国的营销企业基本没有走出国门，缺乏类似沃尔玛、家乐福这样的跨国大型营销企业；除在IT产业中我国的联想、华为、中兴等少数几家企业能够位居行业品牌价值前列外，在绝大多数产业我国基本缺乏知名国际品牌。因此，整体上我国在研发、营销和品牌方面所创造的价值是非常低的。

第二节 提升我国在全球价值链中位势的路径选择

一、我国在提升全球价值链的位势中面临的国内外环境变化

金融危机爆发前我国对外贸易的迅速发展，和我国自身的比较优势以及全球贸易发展的特殊格局有着深刻的关系。自20世纪末以来，全球贸易出现了几个显著的特征：一是发达经济体，特别是东亚发达经济体国内劳动力、土地、环境等成本大幅度提升，大型跨国公司将劳动密集型以及部分资本密集型和资源密集型制造业向要素成本更低的新兴市场国家转移；二是以IT产业为代表的新兴产业具有明显的模块化特征，其价值链中具有可以独立外包的劳动密集型环节，为以我国为代表的新兴市场国家参与全球产品内价值链分工创造了条件；三是信息技术的进步和以WTO为代表的多边贸易规则的构建大幅度降低了各种生产要素流动的成本。

对于我国而言，从生产要素禀赋看，当时我国在熟练普通劳动力、土地等生产要素上具有明显的比较优势，在当时的发展阶段中对环境污染的约束力度也要明显小于发达国家。同时，与其他发展中国家相比，我国经过了改革开放前30年基础工业体系建设，形成了较为完善的工业配套体系，在承

接发达国家产业转移和推进工业化建设方面具有明显的优势;加入WTO的重要决策使得我国迅速融入全球经济体系,显著降低了我国产品的出口壁垒,也推进了我国经济体制改革的步伐;我国独特的制度优势客观上使得政府能够在短期内动用土地、电力等经济资源,并给予一定的财政、金融等扶持措施,从而迅速实现工业基地建设。

在这两方面因素的共同作用下,我国成功成为全球大多数产品,特别是劳动密集型产品和机电产品的全球主要生产基地。

然而,金融危机爆发以来国际经济格局已经发生了重大变化。从新兴产业看,虽然以移动计算机为代表的IT制造业在短期内仍是拉动全球经济增长的重要力量,但大多数学者认为,未来最有希望成为新一轮产业革命主要动力的是信息技术在各个制造业领域的推广应用,以及新能源技术和生物技术的迅速发展;从全球产业发展形势看,目前发达国家和地区的工业产能已经基本向新兴市场国家转移完毕,美国、欧盟等国家和地区的政策重心均在向新兴制造业领域转移,因此虽然未来发达国家和地区仍会基于各个国家和地区的要素优势在全球范围内布置生产基地,但金融危机爆发前的大规模制造业转移不可能重新出现;从产业组织形式看,随着信息技术和其他技术的不断融合,未来的产业组织方式正在由"二战"之后的大规模定制向分散化生产和大规模定制并重转变,未来有可能改变全球贸易方式。

从国内情况看,整体劳动力和土地的比较优势下降已经为学术界所公认。目前在东部发达地区,劳动力成本已经远高于其他发展中国家,土地资源也基本使用完毕;中西部地区以及部分东部发展相对较慢地区的劳动力成本也在快速上升,土地资源虽然相对富裕,但也受到耕地红线、拆迁成本等一系列外部环境的制约。而无论是从我国的环境承载力,还是从公众对环境的诉求方面看,东部地区及中西部地区企业的环境成本均会明显提高。同时,经历了数十年的引进技术和自主创新,我国已经有了相当程度的技术储备,在大学生等中高端素质的劳动力方面也逐渐处于比较优势地位。

这些外部环境的变化,对提升我国在全球价值链中的位势既有有利的一面,也有不利的一面。有利的一面是在新技术变革的大背景下,我国和发达国家在新技术领域的起点差距有所缩小,我国有希望在较短时间内接近甚至赶上发达国家水平;新型的全球经济合作方式(如分散式创新、创客等)在相当程度上为微观主体之间的经济合作提供了更多便利,在这种新型的合作模式下,先进技术所有者对追赶者的技术溢出效应进一步增强。

然而,不利的一面也是非常明显的。一是在我国贸易发展方式上存在着严重的路径依赖的背景下,从传统发展路径转向新型发展路径需要较高的成本,相当一部分微观主体可能难以转型成功;二是在传统的价值链分工格局中,我国和发达国家各自处于不同的环节,彼此之间的合作多于竞争,若我国也向新的价值链环节转移,则和发达国家跨国公司的竞争性将加强,企业发展面临的外部竞争压力将上升;三是我国传统的政策支持体系的重心位于传统大规模定制化生产组织方式下的生产环节,而随着我国整体价值链位势的变化,政策支持体系也要进行较大的调整。

二、提升我国在全球价值链中的位势的路径选择

目前学术界在谈及提升我国在全球价值链中的位势时,其重点集中于价值链中不同层级的产品生产环节,即从以往的针对最终产品的加工组装环节逐渐转向相对高附加值的中间产品的生产环节。例如,在垂直专门化分工程度较高的IT行业,由个人电脑、智能手机等最终产品的生产逐渐转向手机主板、液晶显示屏等中间产品的生产。然而,这只是提升我国在全球价值链中的位势的一种途径。事实上,全球价值链是一个复杂的拥有多个层级的网络状结构,每一层级的产品都有研发、生产和营销等多个环节,不同层级、不同环节的附加值均有明显差异。显然,从微观主体的角度看,提升我国在全球价值链中的位势有三种途径可以选择:一是从中间产品和最终产品的维度出发,将企业的位势由最终产品的各个环节转向中间产品的各个环节;二是所生产的产品层级不变,但由简单的加工制造向研发、营销、品牌设计等环节延伸,这也是目前学术界谈论最多的路径;三是虽然环节和层级均未发生变化,但产品的质量和工艺明显提高。

从微观主体——企业的视角分析,选择何种途径是经济人经过理性思考得出的结论。而这种理性的选择是建立在企业对选择这条路径所带来的收益和风险进行综合评估的基础上的。

从最终产品转向中间产品的生产制造环节的关键在于是否能够以较低的

成本迅速获得中间产品的生产设备、技术和人才。从最终产品的生产环节向最终产品或中间产品的研发、营销等环节延伸的要求则要复杂得多。一是研发环节和营销环节对人才的要求要高于生产环节，在没有足够技术和人才积累的情况下，单纯靠引进生产设备和技术很难迅速实现短期内的消化吸收和再创新。二是进入这些环节的风险很大，且很难进行预判。投入大量资金进行研发能够实现产品性能的改进实际上是一个不确定因素；而建立和完善销售渠道、塑造品牌除需要大量的资金投入外，境外市场或合作伙伴对产品的认可程度也非常重要。因此，企业选择这种升级路径的前提是企业对自身的技术、人才和资金实力有充分的信心，能够承担研发和市场推广所带来的风险。而提升产品质量和工艺也需要满足两个基本前提：一是企业认为自身有可能提升产品质量和工艺。二是企业预期提升产品质量之后企业能够获取更大的利益。

从目前情况看，我国自身的要素禀赋情况对不同路径的影响也是不一样的。选择第一种路径，对于培育我国企业出口竞争的新优势，或者引导我国企业转型而言是相对容易的。其原因在于，第一，相当一部分中间产品的生产基本上已经有了成熟的技术路径和模式。企业只需要基本按照这种路径和模式，从国外购买先进设备和投入大量资金，辅以一定的技能培训，就可以顺利地实现大规模生产，选择这种路径的准入门槛较低。第二，相较于其他发展中国家，我国在发展中间产品生产领域的产业配套、基础设施建设以及中等素质人才成本等方面仍然具有一定优势，有利于企业，特别是参与全球产品内分工的主体——跨国公司将中间产品的生产环节从其他国家"搬"到我国。第三，我国政府拥有较多的手段引导企业采用这种升级方式。政府通过降低水、电、气和土地生产要素成本，提供优良的基础设施条件，给予优惠的财政专项资金、补贴以及低息贷款，通过产业目录调整更多地给予中间产品税收优惠待遇等措施均能在短期内迅速降低企业的生产成本。

从金融危机爆发以来这几年的经验看，我国企业更多地选择了第一种路径。如在IT产业中，我国企业在引进大量先进设备后，已经开始由传统的个人电脑、智能手机等最终产品的组装环节转向液晶显示屏、电容、电阻、集成电路等零部件的生产环节；在汽车产业中，我国已经转向出口车体、保险杠等一些技术水平稍低的中间产品等。

我国企业选择第二种路径的困难程度要明显高于第一种路径。无论是中间产品，还是最终产品，在研发和销售环节占据优势地位所需要的要素和生产环节是存在较大差异的。

整体上看，对于创新和研发环节，可以借鉴价值链的理念，将其看作一条创新链。该链条可以分为四个环节：第一个环节为提出原始创意；第二个环节为基于原始创意通过获取知识、与市场需求相结合等方法生产出创新型产品（或工艺、流程、组织方式等），并进入市场；第三个环节为对创新型产品（或工艺、流程、组织方式等）加以改进，使之成为成熟的产品；第四个环节为对成熟的产品结合自身实际情况进行模仿或小幅改进。

不同链条环节的风险程度和对生产要素的依赖程度存在明显差异。原始创意这个环节，所需要的是一个开放、自由、非功利的研发环境；将创意转化为商业产品的环节，需要的是冒险精神、大规模资本投入、高素质人才和知识产权保护；将不成熟的商业产品予以改进转为成熟的产品的环节，由于产品已经有了较好的市场前景预期，因此对资本投入和冒险精神的需求要低于前者，而对健康规范的市场环境、中高素质人才和知识产权保护的需求则非常高；而简单仿制成熟产品的环节，最需要的是短期内的大规模资本投入和各种原材料、土地等生产要素，对知识产权、人才的需求均不高。

对于市场渠道和品牌建设而言，所需要的条件则更为复杂。从一个知名品牌形成的历程看，品牌价值的提升需要几个必不可少的条件：一是产品技术、质量和工艺。若产品质量和功能不过硬，甚至属于劣质产品，基本不可能成为具有品牌价值的产品。即便是一些所谓的平民品牌，或者是廉价品牌，产品质量也是有保证的。二是产品或服务具有一定的独特性，即需要具有一定的个性化特征，能够满足消费者独特的需求。三是拥有广大的客户群体，这是具有认可度的保证。从国内外诸多知名品牌成长的经验看，这几个方面是彼此促进的，有的企业是先凭借技术和质量的优势，拥有了广大的客户群体，从而实现良性循环，如苹果；有的企业则是先把握住市场的机会，率先拥有了巨大的市场渠道，进而实现了良性循环，如腾讯。但无论如何，一个知名品牌在形成过程中，显然需要一个尽可能完善、公平的市场环境，以保证企业能够凭借自身的技术、服务等方面的优势获取广大的客户群体；需要良好的知识产权保护体系，以保证自身的个性化产品不被别人盗用；需

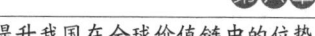

要高素质的专业型服务人才来承担品牌推广工作；也需要高素质技术人才来从事研发工作。

对于第三条路径——提升产品的质量和性能而言，则可以分为两种情况。一种情况是目前企业已经具备了生产更高质量、更好性能产品的能力，但在充分考虑国内市场环境的基础上，没有采用这种生产策略。其原因在于，基于微观经济学理论，在一个不够透明、标准不健全、竞争程度不高，外在冲击特别是政策冲击影响较大的市场环境下，企业生产高质量产品未必是实现自身利润最大化的最优途径。与之相反，利用市场体系的漏洞（特别是消费者难以辨别优质和劣质产品这一点），降低产品标准，甚至生产一些劣质产品，在短期内所获得的利润往往是最高的。这种情况在我国的服装、鞋帽、五金等产品领域非常普遍。由于发达国家的进口商有着相对严格的质量控制，相关企业在从事出口业务时不得不按照严格的工艺流程进行生产；而相同企业在面对国内市场环境时，其最优解则是生产质量相对较低的产品。另一种情况是企业尚不具备生产更高质量产品的能力，因此需要大量的中高素质人才和资本投入。因此，对第三条路径的分析，可以在一定程度上归入第二条和第一条路径的层面。

从推进我国对外贸易转型升级的高度看，这三种路径均是必需的，不应有所偏废，但第二条路径的意义要大于第一条和第三条。虽然对于一条价值链的生产环节而言，中间产品生产环节的重要性要大于最终产品，甚至可能是具有决定性意义的；但从价值链整体的角度看，一条价值链的核心环节一般是研发和销售环节，只有占据了这两头的环节（即便是最终产品的研发和销售环节），才能真正成为这条价值链的"领军者"，带动相关产业的发展方向。从前文的分析中也看出，可以考虑两种极端情形：一种是仅仅由最终产品的生产环节提升到中间产品的生产环节，另一种是由最终产品的生产环节提升到最终产品的研发、销售和品牌建设环节。在第二种情形中我国所获增加值的提高幅度要高于第一种情形。

前文的实证分析表明，目前我国在沿着第一条和第二条路径提升全球价值链位势时，均取得了一定的成效。但从实际绩效看，我国在第一条路径上取得的绩效要高于第二条路径。其原因在于，这两条路径所需要的外部环境不同。从前文的分析中可以看出，两条路径均既需要"软"环境，也需要

"硬"环境,但第一条路径对"硬"环境的需求要高于"软"环境,第二条则相反。我国的资本规模、中高素质劳动力以及工业技术基础已经具备了向中间产品生产迈进的条件,但我国在知识产权保护,更高的产品质量标准建设,高素质精英科技人才培养,公平、透明、规范的国内市场环境构建等方面仍与欧美发达国家和地区有一定差距。此外,虽然从宏观政策层面看,近年来我国为了让企业按照这两条路径提升全球价值链位势均出台了一系列政策,但整体上看,支持企业按照第一条路径发展的政策更多是应用方面的,如调整产业目录、财政贴息贷款、金融支持等,相关政策能够在短期内迅速降低企业生产成本,因此短期政策效益十分明显。而支持企业按照第二条路径发展则更多需要人才培养、市场环境构建、知识产权保护等间接性的政策,需要多个部门的密切配合才能有效执行,其短期效果相对不明显。特别是,由于这些政策执行难度相对较大,且在短期内效益并不明显,从调研的情况看,从中央政府到地方政府,客观上仍存在更偏重短期见效快的产业政策,而忽视构建相关环境政策的倾向,这也使得企业更倾向于选择第一条路径。

然而,必须看到,第二条路径对提高我国对外贸易发展水平的作用要高于第一条路径。德国、日本、美国等贸易强国,均拥有一大批能够稳居某些产品(可能是中间产品,也可能是最终产品)的研发和营销环节主导地位的企业。为此,提升我国在全球价值链中的位势,应在第一条、第二条路径并重的情况下,适当侧重于第二条路径,具体而言,应从以下几个方面着手。

1. 短期内仍需保留,但应逐渐弱化对某个产业、某种产品生产的直接支持

前文所提及的对某类产品予以税收优惠待遇、财政直接扶持、政策性金融贷款等一系列直接的支持政策属于选择性产业政策的范畴,能够在短期内直接影响某些行业甚至某些企业的生产成本,对短期内扩大产能规模有着明显的积极作用。必须承认,在目前我国于相当一部分中间产品生产上并不具备明显要素禀赋优势的背景下,这一政策客观上仍对我国价值链提升有一定积极意义,在短期内仍应继续维持。但必须看到,政府实际上很难判断哪些产业、哪些产品的市场前景更为广阔,哪些产品更具有战略意义,特别是在新的技术变革正在不断发生,新兴产业层出不穷也不乏昙花一现的大背景下,政府的决策可能并不一定能引导我国企业走向最优的价值链提升路径,甚至不排除政府出现决策失误，导致企业选择了错误路径，甚至造成产能严重过剩的可能性。此外，在实际操作中，企业有着充分的动力向政府提供各种修改过的信息，以引导政府作出有利于企业的决策；企业也有动力为相应的优惠政策进行寻租行为。这显然是严重不利于一个公平竞争市场环境的构建。而如前所述，在更为重要的第二条路径中，一个公平竞争的市场环境是必要条件。因此，从长期看，这种功能性产业政策应逐渐淡出，切不可过分强化。

2. 采用"以内促外"的战略，将完善和优化国内市场环境作为下一步提升我国在全球价值链中的位势的重点

改革开放前30年我国对外贸易发展的成功经验在于，选择一个我国最具比较优势的环节参与全球分工，积极进入全球价值链，因此对国内市场环境的要求并不高。然而，目前的形势、目标和任务均已发生重大变化。一方面，我国企业向研发和营销、品牌构建等环节升级，必须能够便利地获取人才、技术、各种专业服务等一系列新的生产要素，而这些要素中的大部分仍然需要从国内获取，这必然对国内市场环境的建设和完善提出更高的要求；另一方面，从国内外企业成长为跨国公司的经验来看，企业在当地市场和国内市场中进行品牌构建难度要远小于国际市场，大部分知名品牌均是从当地市场出发，逐渐转向国内市场和国际市场。而只有在一个公平、透明、有秩序的市场环境下，企业才容易凭借自身的技术、市场、个性化等优势建立优秀的品牌。因此，未来提升我国在全球价值链中的位势的关键不在国外，而在国内市场环境的建设上。

3. 将政策重心转向支持企业研发、建立营销渠道以及品牌构建等行为

美国、日本等发达国家在工业化阶段，均采取了对研发行为进行税收减免、贴息贷款等一系列供给端的创新政策，部分政策甚至延续至今。相较于针对具体产品、技术工艺进行微观干预的选择性产业政策，这种针对企业研发行为予以激励的产业政策能够有效发挥市场对资源配置的指导作用，同时减少研发外部性对企业研发行为的负激励，应成为未来政策倾斜的重点。此外，在不断优化国内市场环境的同时，政府完全可以在金融、财政、外部环境、信息等方面对企业设立海外营销中心、进行品牌构建及推广等行为予以大力支持，激励企业将更多资源投入营销渠道的建设和品牌构建。

4. 夯实我国价值链位势提升的微观基础

要素禀赋是决定一国价值链位势的根本因素。我国价值链位势的提升，特别是向研发、营销和品牌构建等环节提升最终必然是我国要素禀赋变化的自然结果，因此夯实价值链位势提升的微观基础这一中长期战略是重中之重。其中，科技资源、人力资源和基础设施是提升我国在全球价值链中的位势的关键要素。一是加大对科技研发的投入力度，逐步建立和完善更加注重科研绩效、能够充分调动科研人员积极性的科研制度，从根本上提升我国的基础科研水平；二是在进一步提高基础教育，特别是中西部落后地区基础教育质量的同时，加大教育体制改革力度，更加注重人的全面发展，特别是注重培养人的道德品质和创造力；三是加大职业技能培训力度，在真正意义上实现将职业技能教育和基础教育、高等教育同等看待，彻底改变目前职业技能人才相对缺乏的现象；四是继续加强交通、能源、信息技术网络等相关的基础设施建设，为各种生产要素流动创造良好的外部环境。

第三节　提升我国在全球价值链中位势的重要保障措施

虽然提升全球价值链位势是提高我国对外贸易发展水平的重中之重，但其并不能涵盖提高我国对外贸易发展水平的全部内容。虽然贸易质量在我国对外贸易发展中的意义将逐渐上升，但对于我国这一全球第一大贸易国而言，保持贸易规模的稳定增长仍然是十分必要的，和提升贸易质量也是不矛盾的。随着我国逐渐进入工业化中后期，经济的发展必然带动对商品和服务需求的提升，特别是对高质量的物流、金融、科技、专业服务等生产性服务的需求将会明显增长，服务贸易在我国对外贸易中的地位和作用也将上升。因此，如何正确看待我国对外贸易规模的稳定增长、如何正确认识服务贸易在我国对外贸易中的地位以及我国进口政策的基本原则等问题也是提高我国对外贸易发展水平的关键。

一、应将稳定全球市场份额作为保证对外贸易规模稳定增长的出发点

对于一个大国,特别是和全球经济有着密切联系的大国而言,保持一定量的对外贸易规模是该国提升全球价值链位势的基本前提。但一国对外贸易规模的增长速度受制于国内外的诸多因素,实际上存在相当大的不确定性。特别在金融危机之后全球经济下行风险加大的大背景下,在规模方面更应突出强调稳定全球市场份额的重要性。从内涵上看,份额的稳定和提升意味着本国产品在全球充分竞争市场中保持足够的竞争力,因此稳定全球市场份额兼具提高贸易竞争力和稳定贸易规模双重意义。

对稳定全球市场份额的理解要突出以下两点:一是从较长的时间尺度上去判断全球市场份额是否稳定,而不必过度关注市场份额的短期小幅波动;二是除总量份额外,也需要单独就一些关键性产品的全球市场份额予以重点关注。所谓关键性产品,主要有以下两类:第一类是符合我国未来要素禀赋变化趋势和产业结构升级趋势,也有着巨大发展潜力的产品。对于这类直接关系到我国对外贸易核心竞争力提升的产品,不但要稳定全球市场份额,而且要逐渐提升全球市场份额。第二类是在我国对外贸易中所占比重较高,但不符合我国未来要素禀赋变化趋势的产品。这类产品(如劳动密集型产品)从长期看并不符合我国未来要素禀赋的变化趋势,但若份额下降太快可能会导致经济剧烈波动,因此应致力于避免其市场份额迅速下降。

二、在现阶段降低服务贸易隐性壁垒的意义要大于扩大服务贸易出口

基于我国整体服务业发展水平偏低等原因,我国服务贸易逆差规模近年来明显有所增长。根据国家外汇管理局提供的数据,2017年我国服务贸易逆差高达2654亿美元。为此,部分学者认为扩大服务贸易出口是我国服务贸易发展的当务之急。然而,我们要客观看待这一问题。首先,必须看到我国服务贸易逆差的主要来源是运输服务和旅游服务,2017年这两大服务贸易逆差

数额是服务贸易逆差总额的1.08倍。其中，运输服务是货物贸易的直接派生需求，运输服务逆差高速增长的原因是随着我国对外货物贸易规模的迅速增长，本土的国际货运供给能力无法满足这一需求。运输行业自身的特性决定了其供给存在短期的刚性，因此我国本土企业运输供给的增长是一个长期的过程。同时，运输行业贸易逆差的增长并不意味着我国运输行业国际竞争力落后。从航运行业全球竞争力排名看，我国本土大型运输企业的国际竞争力一直在明显提升之中，中海、中远等龙头企业已位列全球航运企业前10位。而在旅游方面，我国旅游贸易逆差的大规模增长的原因在于近年来随着我国居民收入的提升，居民出境旅游规模大幅度增长，和我国服务业发展水平问题并无直接因果关系。其次，进一步降低服务贸易壁垒，推进国企民企、内资外资公平竞争是提升我国服务业发展水平的必由之路。目前我国服务业针对外资及很多民营企业存在各种显性、隐性的壁垒，市场竞争并不充分，缺乏规范的制度和标准约束，制约了我国服务业发展水平的提升。最后，过度注重服务贸易出口有可能不利于提升我国服务业发展水平。发展服务贸易的目的应是提升我国服务业发展水平，服务贸易逆差的减少甚至转为顺差是我国服务业发展水平逐渐提高的自然结果。与商品贸易不同，绝大多数服务是面向本地和国内市场的，脱离国内服务市场，过分强调出口的重要性可能会导致我国服务业的发展过分注重和发达国家市场相接轨的服务外包等环节。从印度等国的经验看，这种发展战略虽然对相关行业的发展具有一定的积极作用，但其对国内制造业价值提升的作用并不强，也并不能充分满足国内日益增长的服务需求，对我国中长期经济稳定发展的作用未必全部是正面的。因此，在目前阶段，对于不断增长的服务贸易逆差，应深刻了解背后的深层次原因，并从提升我国服务业发展水平这一点出发，制定中长期发展战略逐渐予以解决，而不宜在短期内通过倾斜性政策强调扩大个别部门的服务贸易出口，简单追求数字上的平衡。

三、在大多数工业品领域，进口政策应逐渐趋于中性

虽然我国自加入WTO以来关税水平明显降低，目前已经处于全球较低水平，但必须看到，在整体降低关税水平的同时，我国实际上实施的是一种"双

有偏"的进口政策,对不同类型产品的进口政策是存在一定差别的。对于一部分高技术零部件和设备以及紧缺的资源,不但免除进口关税,而且通过贴息信贷等方式予以扶持;对于外资企业进口在进口许可证管理上也给予一定的超国民待遇。而对另外一部分产品,特别是家电、化工产品(包括化妆品)等相当一部分制成品领域,我国又实施了一定程度的关税保护政策。在改革开放之后相当长一段时间内,这种政策对我国迅速确立加工制造环节的比较优势,从而在短期内成为全球制造业大国是有明显的积极作用的。然而,随着我国发展阶段的不断攀升,这种政策的消极作用也逐渐显露。在家电、五金、服装、部分机械设备等制成品的加工制造环节,我国的技术水平和国外差距已明显缩小,产能规模已经位居世界首位,需要更为公平竞争的市场环境来倒逼企业提升产品质量、提高品牌价值,保留目前的关税水平已经没有必要;而在大多数高附加值的中间产品领域,如果继续给予鼓励性的进口政策,客观上也不利于企业向附加值较高的中间产品生产环节提升。因此,从中长期看,在大多数制成品领域,我国的进口政策应逐渐转为中性。

第四节　提升我国在全球价值链中位势的对策建议

一、在整体转向中性贸易政策的同时,加强检验检疫、技术标准等领域的国际合作力度

1. 适当降低大多数制成品关税税率,并减少对于进口部分零部件和机械设备的鼓励政策

虽然我国近年来降低了大量商品的税率,但家电、服装乃至部分日用品领域的关税税率仍然高达10%甚至更高。在这些产品领域中本土品牌产品已经占据较大市场比重,其整体竞争力和国际大型厂商差距不大,基本呈现出外国知名品牌占据少数高端产品、特色产品,我国本土品牌占据大众化主

流产品的市场结构，整体进口规模并不大。因此，在这些领域适当降低制成品关税税率，对国内市场整体竞争状况的正面效应很可能大于负面效应。同时，也应逐渐取消针对部分中间产品进口的鼓励政策，让市场逐渐自发引导企业发挥自身优势并向价值链的各个环节转移，避免导致低端价值链固化情况的出现。

2. 在稳定出口退税水平的同时，着重从检验检疫、技术标准等领域的国际合作方面扩大出口

从本质上看，出口退税政策是一种避免双重征税的政策，将其用作出口鼓励政策是存在一定局限性的。但在目前的情况下，过快取消出口退税政策可能会严重影响企业在短期内的生产经营活动，因此在短期内仍应保持出口退税水平的稳定。同时，从中长期看，我国出口的核心竞争力必将从价格转向质量和技术，因此在检验检疫、技术标准等领域的国际合作方面，力争和主要贸易伙伴实现检验检疫、技术标准等资格互认对扩大出口的积极作用将更为显著，应成为未来扩大出口工作的重点。

二、分短期和中长期逐渐推进加工贸易转型升级，最终构建一般贸易和加工贸易合二为一的贸易管理体制

1. 在短期内，进一步运用加工贸易目录等政策工具，促进来料加工产业和进料加工产业以及产品升级

来料加工和进料加工这两种"狭义"的加工贸易的自身特征决定了其一般处于全球价值链中的中间产品生产环节，而很难进入研发、销售和品牌构建环节。在短期内，由于来料加工和进料加工对我国，特别是中西部地区就业、经济增长、城镇化的积极作用仍将存在，因此对加工贸易转型升级的重点应集中于由低附加值的最终产品生产向高附加值的最终产品和中间产品生产转移。为此，建议动态调整加工贸易允许类、限制类和禁止类目录，将附加值较高、符合我国要素禀赋变化趋势、国内产业处于发展期、对国内经济带动作用较大的新能源、新材料、生物医药等新兴产业，电子信息等技术密集型产业，装备制造等资本密集型产业，列入加工贸易允许类目录；将技术含量不高、附加值不大但对经济仍有一定拉动作用的产业，如纺织服装、箱

包鞋帽、玩具、家具等一般劳动密集型产业等，列入加工贸易限制类目录；将附加值很低、资源能源消耗大、不符合我国要素禀赋变化趋势的产业，如"两高一资"行业列入禁止类目录。此外，可通过税收、增值税账面"空转"等一系列政策，延长加工贸易企业在国内的价值链长度。如可让加工贸易企业进行研发、设计、检测等所需要的设备、料件等享受保税政策；对部分诚信守法的加工贸易企业跨关区结转免收风险保证金；进一步提高深加工结转审批效率；对加工贸易企业进口深加工设备的增值税由原有的"先征后退"政策转为增值税账面"空转"等。

2. 在中长期内，逐渐减少专门针对来料加工和进料加工的保税优惠政策，最终实现加工贸易和一般贸易管理模式的统一

对于来料加工和进料加工这些传统加工贸易，我国目前的支持政策仍以保税政策为主，即对以加工贸易方式进口的货物免征关税和进口环节增值税。但这种政策管理模式降低了企业进口高附加值关键零部件的成本，客观上鼓励企业将资源投入进口零部件、生产制成品等低附加值环节，并不完全具有鼓励企业将资源投入研发、市场开拓等高附加值的服务环节的政策导向。同时，这一政策和海关特殊监管区域保税政策实际上是重合的，取消这一政策，对海关特殊监管区域内的加工贸易企业从事传统加工制造环节的负面影响并不大。建议在中长期内，分阶段、分区域、分产业逐渐减少乃至最终取消对来料加工和进料加工的保税优惠政策，以形成除海关特殊监管区域外加工贸易和一般贸易统一的税收管理模式。

三、在短期内着重促进我国高水平学习型产业建设的同时，为我国成为原始创新重要来源地创造条件

我国在全球创新链中的位势偏低，是多种因素共同作用的结果，既有要素禀赋因素，也有市场环境因素、制度因素、政策因素和历史因素。经过了40年的积累，从要素禀赋上看，我国无论在基础研究，还是在具体的实践领域，虽然仍不足以取得全面原创性的突破，但其知识存量已经在发展中国家中处于先进水平，具备了全面掌握先进技术并进行改进的能力。从具体的产业发展状况看，我国在家电、手机等产业的产品已经不仅仅满足于低层次的

模仿,而开始在某些功能上予以优化。而在制度、政策、市场环境、科学精神等方面的不利因素正是需要通过政策、制度的相关调整予以逐渐消除的。因此,在战略机遇期将我国在全球创新链中的位势由低水平的模仿转向相对高水平的改进是完全有可能实现的。

1. 优化社会风气,树立严谨、诚信的创新精神

树立严谨、诚信的创新精神是取得高质量创新成果的必要条件。即便我国的人才禀赋和知识积累已经明显改善,若我国的研发人员满足于敷衍了事、欺骗市场、投机取巧,就不可能在真正意义上消化吸收先进的技术、理念和生产方式,我国创新能力也不可能真正提高。因此,必须从高等教育着手,加强科研道德、科研作风方面的教育,将科研作风作为考核研发人员绩效的主要标准,从而彻底摒弃浮躁、轻率、武断的不良作风,为提升我国在创新链中的位势创造条件。

2. 加强跨国创新合作

思想的交流是好创意的基础,也是学习知识的重要手段。目前我国在跨国创新领域合作方面仍然较为僵化,过度注重"走出去",长期派出大量学生赴海外进行学习,虽然这种模式也能够有效地利用发达国家的相关资源培养人才,但客观上也造成了大量的人才外流,对国内人才和国际交流思想、理念、知识的促进作用也相对不足。建议未来适当加强"引进来"的作用,即加大引进外籍高技术人才、国外培训机构、高等教育机构和相关院所方面的力度;减轻跨国人才交流的相关障碍,为自发性的跨国人才交流创造良好的外部条件;加大对跨国技术、管理等领域合作的支持力度。

3. 深化教育和科技体制改革

我国缺乏创新型人才和高价值的相关知识的根本原因在于教育和科技体制不完善。从长期看,需要从本质上逐渐改变目前这种倾向于"官本位"的教育体制,将独立、严谨、求实的治学精神作为所有高等教育和研究生教育的出发点,培养学生的创造性思维能力和独立思考能力;从根本上改革目前单纯注重数量指标和以职称、职级决定学术地位的科研评价机制,在保证科研人员基本生活水平的前提下,充分发挥科研人员的自主性,使其实现自我价值,为我国最终成为创新价值链中的"领跑者"创造条件。

4. 适当调整目前的产业导向型政策激励机制

人类投入创新活动的根本动力并不仅仅是经济动力，而是人类自身发展的外在体现。创新是一个无法事先预期的行为，存在很大的失败风险。如果将短期的经济总量增长作为创新的根本目标，是很难从真正意义上激励创新行为的，反而容易将大量资源投入简单的模仿和低水平的重复。因此，未来应逐渐调整目前的产业导向型政策激励机制，加大对企业创新活动，特别是改进型、原创型创新活动的资金支持力度，而适当减少以税收优惠为主的产业政策；改革地方政府绩效机制，将企业创新能力的相关指标列入地方政府考核范围；逐渐减少财政、开发性金融等对市场能够优化配置资源的新技术领域的直接补贴，代之以贷款贴息、税收抵扣等间接调控方式。

第七章　提升利用外资水平积极引进先进要素

第一节　改革开放以来我国提升利用外资水平的历史进程回顾

外资企业在我国的发展伴随着改革开放进程的始终。改革开放初期，我国经济发展面临资金、技术等关键生产要素短缺这一重大短板，利用外资作为引进资金和技术的重要手段，为弥补我国外汇短缺、扩大出口、拉动就业和促进国内企业技术进步发挥了非常重要的作用。我国加入WTO之后，积极把握信息技术革命的重大机遇，通过吸收欧美、日韩的大型跨国公司的资本和先进技术，有力地推动我国深度融入全球经济体系和东亚生产网络，成长为全球第一大贸易国和第二大经济体。近年来，随着我国比较优势的变化，利用外资的规模增速有所放缓，但随着外资重点流向先进制造业和高端服务业，外资对改善我国供给结构、推进产业转型升级等方面仍然发挥着十分重要的作用。从整体上看，可以将外资企业在我国的发展历程划分为四个阶段。

一、起步发展阶段（1978—1991年）

1. 外资法律法规体系初步形成，鼓励利用外资政策陆续出台

在改革开放之前，虽然毛泽东、陈云等党和国家领导人也对利用国外资金做出过诸多论述，但由于种种国内外因素，我国利用外资基本处于空白阶段。在中共十一届三中全会确定了将党的工作重心转移到经济建设上来，制

定了改革开放的总方针之后，我国开始实施积极利用外资的政策。1979年1月邓小平同志在同几位工商界领导人谈话中指出："现在搞建设，门路要多一点，可以利用外国的资金和技术，华侨、华裔也可以回来办工厂。"[①]陈云同志也曾经指出，"资金不够，可以借外债，这是打破闭关自守以后的新形势"，"今后在自力更生的条件下，还可以借不吃亏的外债"[②]。在这一背景下，我国政府为了将外资企业的设立和运营进行规范管理，将外资企业划分为中外合资经营企业、中外合作经营企业和外商独资企业，并分别制定了相应的法律法规。1984年10月，中共十二届三中全会通过的《中共中央关于经济体制改革的决定》这一重大纲领性文件明确指出，"利用外资，吸引外商来我国举办合资经营企业、合作经营企业和独资企业，也是对我国社会主义经济必要的有益的补充"。

在这一背景下，针对外资的法律法规体系逐渐成形。第一个出台的外资相关法律法规是《中华人民共和国中外合资经营企业法》，于1979年7月五届人大二次会议通过。1986年4月、1988年4月我国又先后出台了《中华人民共和国外商独资企业法》《中华人民共和国中外合作经营企业法》，三者统称"三资企业法"。"三资企业法"的出现对我国外资发展具有十分重要的意义。首先，在法律上规定了外资企业的合法性和合理性，并明确政府保护其合法权益；其次，这三大法律法规规定了中外合资、中外合作、外商独资三大类外资企业的定义、内涵和划分标准，如规定合资企业中外资所占比重一般不能低于25%；最后，规定了三类企业的具体运营方式、外资企业的投资模式、外籍员工工资收入汇回等具体的经营模式，为外资企业合法运营提供了制度保障。

此外，在对外资企业予以法律规范的同时，为鼓励引进资金、技术，我国政府对外资给予了大量的优惠政策，其中最主要的优惠政策是所得税优惠政策。1980年发布的《中华人民共和国中外合资经营企业所得税法》明确规定，中外合资企业的所得税率为30%，明显低于当时我国内资企业55%的所得税率；并规定合营期在10年以上的企业可从获利年度起，第一年和第二年

[①] 邓小平：《邓小平文选》（第2卷），人民出版社，1994，第156页。
[②] 陈云：《陈云文选》（第3卷），人民出版社，2015，第276页。

免征所得税，第三年至第五年减半征收所得税，俗称"两免三减半"。1986年出台的《国务院关于鼓励外商投资的规定》对于先进技术企业和产品出口企业除进一步延长了所得税优惠政策的期限外，还在工商统一税、场地使用费、进口许可证乃至工资标准自主权等方面给予了相当多的优惠措施。各地政府在用水、用地、厂房等方面也开始给予外资企业一定的优惠政策。这些政策在早期利用外资的进程中发挥了重要的作用。

2. 外商直接投资规模稳定增长，但仍明显低于对外借款规模

在一系列积极利用外资政策的有力支持下，我国利用外资规模呈现出稳定增长态势。1991年，我国合同利用外资规模、实际利用外资规模分别达到119.77亿美元、43.66亿美元，分别首次突破100亿美元和40亿美元大关，较1983年分别增长了5.24倍和4.35倍。从年度走势上看，实际利用外资额基本上保持了稳定增长的态势，如图7-1所示。

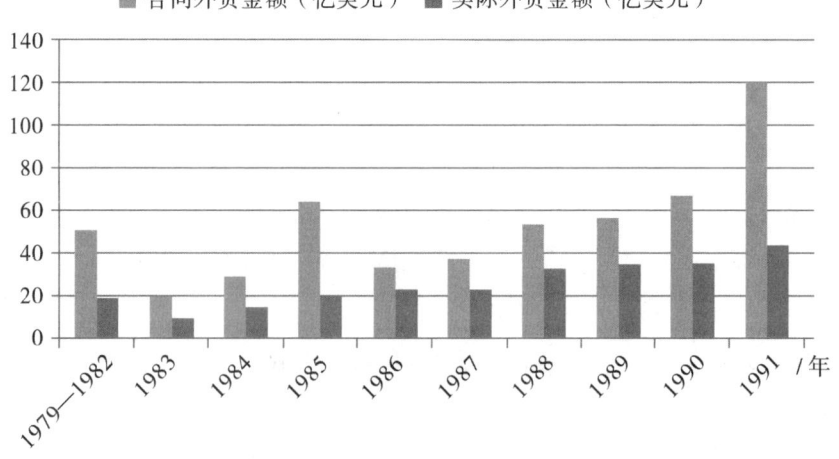

图7-1　1979—1991年我国利用外商直接投资情况

资料来源：《中国统计年鉴》。

然而，从客观上看，20世纪80年代我国利用外商直接投资（FDI）处于起步阶段。在改革开放初期，我国尚不允许设立外商独资企业，1986年之后才放开这一限制，但相当一部分行业仍对外资企业有较大准入限制。除广东、福建、江苏等沿海省份外，大多数地区政府对于外资对经济发展作用的认识尚不够深刻。同时，世界银行、亚洲开发银行等对外借款由于具有利率

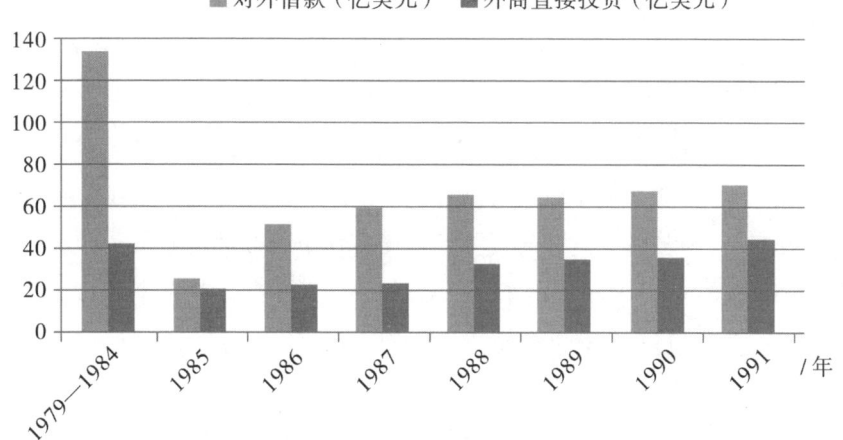

图7-2 1979—1991年我国对外借款与外商直接投资情况对比

资料来源：《中国统计年鉴》。

较低、能够集中用于建设短期回报率偏低的重大项目等优点，成为同期我国利用外资的主要方式。1979—1987年，我国在世界银行、亚洲开发银行及发达国家政府的中长期贷款规模达到250亿美元以上，明显高于同期我国利用外商直接投资规模，如图7-2所示。与外商直接投资不同，一半以上的对外借款用于能源、交通、通信等基础设施领域，在产业领域的借款也更多投向石化、钢铁等国民经济支柱行业，有效地帮助了我国改善基础设施"短板"和在国民经济关键领域形成先进产能。虽然对外借款利用外资增速低于外商直接投资增速，但在1991年，我国对外借款规模仍然高达68.9亿美元，是当年利用外商直接投资规模的1.57倍。

3. 特区成为吸引外资的热土，外资重点投向劳动密集型行业

我国对外开放以及吸引外资的过程和特区的创立密切相关。经济特区的历史最早可以追溯到1979年1月党中央、国务院决定设立的蛇口工业区。1979年1月31日，招商局常务副董事长袁庚和交通部副部长彭德清向国务院副总理李先念、谷牧汇报由招商局在广东建立蛇口工业区的设想，当即得到批准，招商局蛇口工业区从此创立[①]。1979年7月，中央批准了广东、福建两

---

① 中共中央党史研究室第三研究部：《中国改革开放史》，辽宁人民出版社，2002。

省在对外开放领域实行特殊政策和灵活措施，为设立经济特区奠定了基础。1980年5月，中央决定在深圳、珠海、汕头、厦门4个地区设立经济特区，在计划、投融资、工资、土地管理、财税金融和政府管理等方面采取与内地不同的政策。这些特区整体上走在向市场经济体制转轨的最前沿，对于在市场经济体制下运行的外资企业具有巨大的吸引力，成为外资进入我国的主要平台。1984年，国务院决定开放大连、青岛等14个沿海港口城市，1985—1990年又先后将长三角、珠三角、闽南、海南、辽东半岛、胶东半岛等地区列入对外开放范围，特别是1990年成立上海浦东新区，初步形成东部沿海地区的全面开放格局。

在这一阶段，深圳、珠海、厦门等特区由于整体体制改革的先行一步，成为我国利用外资的试验田。据统计，截至1984年底，四大特区利用外资规模占我国利用外资总规模的五分之二以上，仅深圳一地利用外资规模就累计高达5.8亿美元，其中有三分之一属于当时国际先进水平。1991年，广东、福建两省利用外资规模占我国利用外资总规模比重仍高达55.4%。

4. 港澳台企业成为投资主体，欧美大型跨国公司开始进入中国

由于港澳台地区和内地（大陆）有着"血浓于水"的联系，加之招商局集团、中国银行等内地大型企业和香港有着长期的合作基础，港澳台地区对我国内地（大陆）政策变化的敏感性要明显高于欧美日的大型跨国公司，成为我国改革开放之后进军内地（大陆）的"排头兵"，毗邻香港地区的深圳特区更是成为港澳资本进入内地的重要窗口。据统计，1991年港澳台地区对内地（大陆）直接投资规模占比高达65%。当时，港澳台地区正处于产业升级的过程中，港澳正大力发展金融、进出口贸易等服务业，台湾则重点发展半导体、计算机等新兴制造业，三地均为将已经逐渐不再具有比较优势的传统劳动密集型企业向劳动力成本更低的地区转移的动力。因此，纺织、服装、皮革、玩具等劳动密集型行业成为港澳台向内地（大陆）投资的重点行业。

随着我国鼓励外资政策的不断出台，特别是20世纪80年代中期后允许外资设立独资企业，欧美大型跨国公司也逐渐认识到了我国的市场潜力和劳动力成本优势，开始进入中国。1991年，日本、美国对华直接投资规模分别为5.3亿美元和3.2亿美元，分别位居发达经济体的第一位和第二位，松下、IBM、肯德基等知名欧美日跨国公司均已在华设立了分公司。

二、健康发展阶段（1992—2001年）

1. 外资法律体系基本完善，在鼓励外资的同时重视维护国家安全

1992年邓小平视察南方时明确提出"只要政权在我们手里，就不用害怕外资"①，进一步明确了鼓励利用外资的政策大方向。同年，党的十四大报告明确指出：必须进一步扩大对外开放，更多更好地利用国外资金、资源、技术和管理经验，形成多层次、多渠道的全方位对外开放格局。在这一理念指引下，我国政府对待外资，特别是欧美、日韩的跨国公司来华投资的态度更为积极，且逐步开始利用国际证券市场引进外资，为外资企业的发展创造了良好的政策环境。

然而，在外资大量进入我国，对我国经济发展起到积极作用的同时，也出现了外资以较低成本获取民族企业技术、品牌等重要资源的现象，"血汗工厂"、破坏环境等现象也开始出现，从而引发了全社会对于外资是否会冲击民族经济、是否造成国有资产流失乃至是否危害国家经济安全的大讨论。如左大培（2007）认为，早在20世纪90年代，外资的大量流入已经成为我国经济安全的最严重隐患②。而叶辅靖（2004）③、裴长洪（2006）④等则运用各种定量分析方法，认定外资对我国的经济安全并未造成严重损害，且对就业、经济增长和制度改革的积极作用均十分显著。这一讨论深化了我国对外资的认识，使得我国利用外资政策开始由普遍性的超国民待遇向以产业、技术引进和地区发展为导向的差别性外资优惠政策转变，利用外资的目标也从引进资金和技术转向促进产业结构调整和区域协调发展。1995年，《指导外商投资方向暂行规定》出台，1997年进一步升级为《外商投资产业指导目录》。该目录将外资分为鼓励、允许、限制、禁止四大类，后经多次修订，

---

① 邓小平：《邓小平文选》（第3卷），人民出版社，1993，第370页。
② 左大培：《外资并购已危及民族产业的发展》，http://news.sohu.com/20070727/n251279786.shtml。
③ 叶辅靖：《把握资本进出关——我国利用外资中的国家经济安全问题分析》，《国际贸易》2004年第1期。
④ 裴长洪：《吸收外商直接投资与产业结构优化升级——"十一五"时期利用外资政策目标的思考》，《中国工业经济》2006年第1期。

至今仍是我国利用外商直接投资的重要指导性文件。

2. 外商直接投资逐渐成为我国利用外资的主要形式

20世纪90年代，随着我国经济发展水平的迅速提高、营商环境的明显改善以及实施了积极利用外资政策，外商直接投资规模呈现出高速增长的趋势。1992年，我国利用外商直接投资规模高达110.08亿美元，同比增长152.1%；1993年，我国利用外商直接投资规模高达275.15亿美元，同比增长149.9%，之后仍然保持较高幅度的年均增幅[①]。而同期我国对外借款规模则保持在100亿美元左右的规模。因此，1992年之后，外商直接投资规模明显超过了对外借款，成为我国利用外资的主要形式，如图7-3所示。

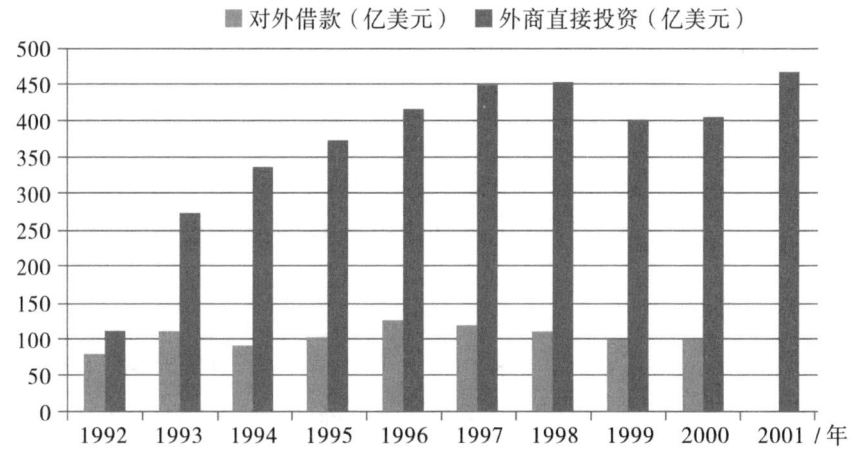

图7-3　1992—2001年我国对外借款与外商直接投资情况对比

资料来源：《中国统计年鉴》。

3. 长三角、珠三角成为外商投资热点，涉及行业范围大幅度拓宽

以长三角、珠三角等为代表的沿海地区在营商环境、体制机制等方面相较于内陆地区有明显的优势，且在纺织、服装、鞋帽等劳动密集型行业拥有良好的发展基础，也是我国重要的对外开放窗口和对外贸易基地。1992—2002年，国务院除设立浦东新区外，先后建立了35个国家级经济技术开发区、53个国家级高新技术产业开发区、15个国家级出口加工区、14个国家级

---

① 中华人民共和国国家统计局：《中国统计年鉴2016》，中国统计出版社，2016。

保税区[①]，其中相当一部分出口加工区和高新技术产业开发区位于长三角、珠三角地区。在利用外资、对外贸易、税收、财政等政策的优惠安排下，长三角、珠三角地区充分发挥了自身在体制机制上的独特优势，成为我国利用外资的热点地区。2001年，江苏、广东、浙江、上海四省（直辖市）外资企业注册资本总额高达2545亿美元，占我国外资企业注册资本总额的50.32%，如下图7-4所示。

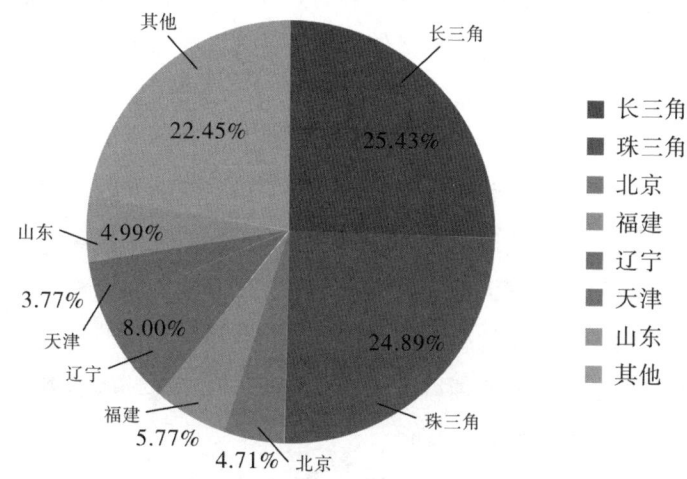

图7-4　2001年我国外资企业注册资本分布情况

资料来源：《中国统计年鉴》。

从行业分布看，随着我国大多数行业，特别是一般制造业和服务业开始对外资开放，并针对外资进入高技术行业出台了有效的激励措施，外资企业在各行业的分布日益广阔，但仍以制造业为主。2001年，流入我国制造业的外商直接投资高达309.1亿美元，占比高达66%；在制造业中，计算机制造、电器制造、机械制造、纺织服装乃至钢铁、化工、塑料等行业均成为利用外资的热点。此外，物流、商贸、金融、房地产等服务业也开始成为外资流入的新热点，2001年流入我国服务业的外商直接投资高达141.7亿美元，其中三分之一左右流入房地产业。

[①] 中华人民共和国商务部：《国家级经济技术开发区发展报告（2006）》，https://wenku.baidu.com/view/4e506fc608a1284ac850438d.html。

4. 大型跨国公司在华分部纷纷设立，加工贸易方式开始兴起

由于货物、服务、资本、技术、信息等产品与要素跨境流动成本大幅下降，劳动力要素跨境流动的制度性障碍反而上升。20世纪80年代以来，跨国公司为降低成本，提高竞争力，开始大规模从发达国家向发展中国家进行产业转移，为我国吸引境外投资提供了良好的机遇[①]。在这一背景下，随着我国积极利用外资政策的陆续出台，欧美日大型跨国公司开始纷纷进入中国设立中国区分部，同时依托我国的市场和劳动力成本优势建设生产基地。其中，IT行业的三星、英特尔等大型跨国公司对华直接投资的进展尤为迅速。1992年，韩国三星公司在东莞成立第一家合资企业。1992年底，三星在惠州建设生产基地，这一基地目前仍是亚洲重要的手机制造基地之一。随后，1993—1995年，三星又先后在天津、苏州等地设立制造业基地，并于1995年成立三星中国总部。1994年，美国英特尔公司在上海设立芯片测试和封装工厂，并在1998年成立英特尔在亚太地区的第一个研究实验室。在机械、电器乃至食品等领域，西门子、卡特彼勒、可口可乐等企业也在上海等地设立了中国区分部和生产基地；在服务业领域，汇丰、花旗、和记黄埔等金融、房地产领域的大型跨国公司也纷纷进入内地。

在大型跨国公司进入我国的同时，以港澳台企业为代表的外资企业充分发挥我国在劳动力成本方面的优势，并把握住我国积极发展加工贸易这一"两头在外"的贸易方式的机遇，大力发展外向型产业，推动了我国加工贸易规模的高速发展。2001年，我国加工贸易出口额高达1474.34亿美元，占我国出口额比重高达55.4%，较1991年上升了10.3个百分点，如7-5图所示。东莞等地凭借引进外资，发展来料加工、进料加工等加工贸易方式的优势，成为我国的外贸大市，2000年东莞市出口额高达171.6亿美元，在全国大中城市中仅次于深圳和上海，处于第三位，其中绝大部分为加工贸易。

---

①隆国强：《全球化背景下的产业升级新战略——基于全球生产价值链的分析》，《国际贸易》2007年第7期。

图7-5 1991—2001年加工贸易出口占我国出口的比重

资料来源：《中国统计年鉴》。

三、高速发展阶段（2002—2008年）

1. 我国法律体系逐渐和WTO接轨，营商环境持续改善

我国加入WTO之后的2002年，按照世贸组织的要求，我国开始了更深层次、更宽领域的对外开放和经济体制改革，进一步促进贸易投资便利化，放开外贸经营权，大幅度降低关税，取消了绝大部分的非关税措施，并不断放宽金融、商业、电信等服务业对外资的准入限制，并积极推动"边境后政策"和国际通行规则接轨。这些对外开放领域的改革既降低了外商投资股比限制、董事会成员国籍限制等"硬"门槛，也降低了国内行政审批、商事制度等领域的"软"门槛，营商环境大幅度改善。此外，在行业准入方面，我国多次调整了《外商直接投资产业指导目录》，逐渐减少限制类和禁止类项目的比重，不断调整和优化鼓励类项目，有效促进了外商直接投资规模的持续增长和结构的不断优化。

随着我国资本账户开放步伐的推进，除传统的绿地投资、并购等直接投资方式外，证券投资也开始成为外资进入我国市场的重要方式之一。2002年

11月5日,《合格境外机构投资者境内证券投资管理暂行办法》出台,外资进入境内证券市场的障碍开始消除。截至2015年6月,已经有288家合格境外机构投资者可以投资境内证券市场,总额度超过700亿美元。

2. 外商直接投资规模稳定增长,在经济增长中的作用大幅提升

我国加入WTO,大幅度减少了我国和全球经济之间的产品和要素流动壁垒,带动了流入我国外商直接投资规模在高基数下的稳定增长。如图7-6所示,2002—2008年,流入我国的外商直接投资规模由527.43亿美元迅速增长到923.95亿美元,年均增速高达9.8%,我国成长为发展中国家中第一大外商直接投资目的地和全球第二大外商直接投资目的地。随着流入我国外商直接投资规模的持续增长,外商直接投资在我国经济增长中的作用也持续增强。在对外贸易方面,2008年我国外商投资企业进出口总值高达14105.76亿美元,占全国进出口总值的55.1%;在固定资产投资方面,2008年我国源自外资的固定资产投资达5311.94亿元,占固定资产投资总额的2.9%;在对经济增长的贡献方面,2008年我国外商投资企业工业销售产值规模高达14.6万亿元,占全国工业销售产值的29.5%。

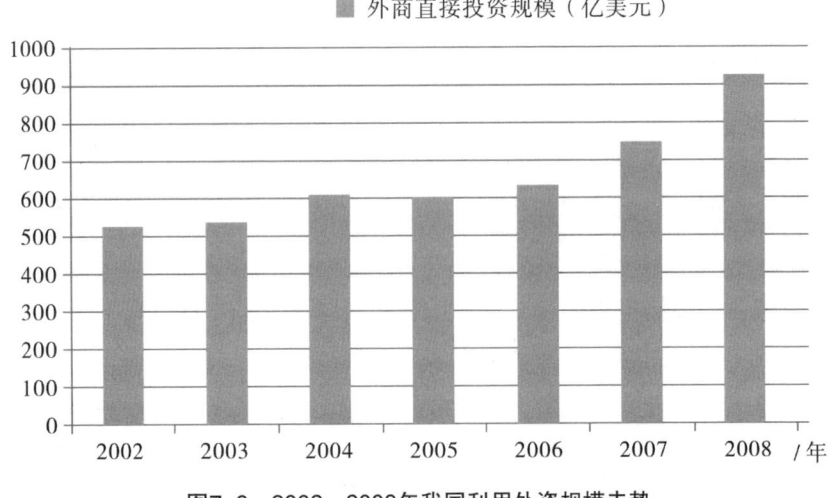

图7-6 2002—2008年我国利用外资规模走势

资料来源:《中国统计年鉴》。

3. 外资企业在东部沿海地区"遍地开花",带动我国全面融入全球价值链

我国加入WTO之后,长三角、珠三角依托其在营商环境、产业配套等方面的综合优势,仍然是我国利用外资的热点地区,胶东半岛、辽东半岛、京津冀、福建沿海其他东部沿海地区依托自身和日本、韩国、中国台湾在区位、文化交流等方面的独特优势,利用外资规模也保持持续稳定增长态势。2008年,流入东部沿海地区的外商直接投资占比超过80%,而流入西部地区的外商直接投资仅占5%左右。

这一时期,欧美、日韩等发达经济体的跨国公司充分利用信息技术等新兴产业模块化程度较高的特点,将劳动密集型的计算机制造、手机制造等环节布置在我国等劳动力成本较低的地区,形成了代工(OEM)、原始设计制造商(ODM)等基于产品内分工的生产方式。这些生产方式将某种最终消费品在全球价值链上的不同环节配置在各个效率最高的地区,在实现跨国公司利润最大化的同时,也大幅度深化了各国之间的经济联系,形成了"你中有我,我中有你"的全球分工合作格局。因此,外商直接投资也成为我国深度融入东亚生产网络和全球价值链的主要方式,对我国把握全球化机遇,成长为全球贸易大国和经济大国发挥了重要的作用。

4. 金融、商贸等服务业开始成为新的利用外资热点

在这一时期,随着我国服务业对外开放水平的不断提高,特别是增值电信、专业服务、金融等领域逐渐放宽对外资开放的限制,服务业开始成为新的利用外资热点。2008年,流入我国服务业的外商直接投资规模高达390.5亿美元,占比高达42.3%,较2001年上升了近10个百分点。

在服务业中,以下几个领域在利用外资中的地位值得重点关注:一是金融业。除外资银行在我国开展业务范围明显拓宽,在部分区域成为外资企业的主要融资渠道外,我国国有银行引入境外战略投资者对改善我国银行资产负债状况、提升银行业金融业务发展水平等方面均发挥了十分重要的作用。二是专业服务业。特别是内地和香港特区、澳门特区签署了《关于建立更紧密经贸关系的安排》(CEPA)及其补充协议之后,以香港特区为代表的专业服务机构进入内地的门槛明显降低,对提升我国咨询、法律、会计等专业服务水平,延长制造业价值链发挥了重要作用。三是商贸业。我国加入WTO之

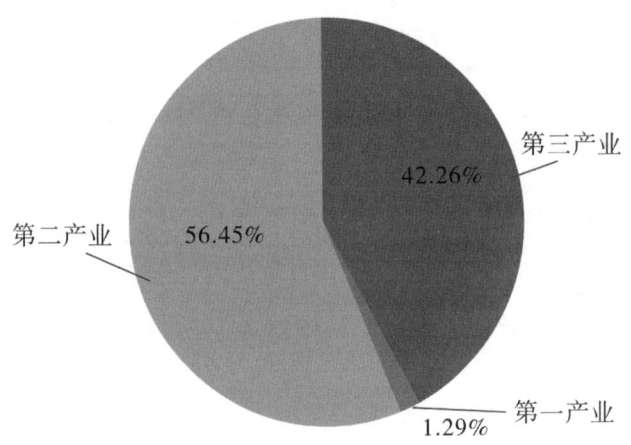

图7-7 2008年流入我国三大产业的外商直接投资占比情况

资料来源:《中国统计年鉴》。

后,商贸行业的开放幅度大幅提高,沃尔玛、乐天等国际大型商贸巨头迅速进入我国,对提升我国商业服务水平发挥了重要的作用。四是房地产业。随着我国城镇化进程的加速,我国对商业地产和住宅地产的需求大幅度上升,房地产业也一度成为我国利用外资的热点行业。

四、质量提升阶段(2009年以来)

1. 利用外资理念由规模向效益转变,正在逐步和国际通行规则接轨

2008年国际金融危机的爆发,充分证明了美国等发达国家"负债消费"的传统发展模式的不可持续,也间接体现出我国在经济发展中存在着增长方式粗放、对外需依赖程度较高、在全球价值链中位势较低等问题。为此,我国政府明确提出要将利用外资的重心由规模转移到质量上来,并在"十二五"规划中明确指出"引导外资更多投向现代农业、高新技术、先进制造、节能环保、新能源、现代服务业等领域,引进先进技术,鼓励外资企业在华设立研发中心,借鉴国际先进管理理念、制度、经验,积极融入全球创新体系"的新时期利用外资理念。

利用外资理念的调整直接导致外资政策的相关调整。在这一阶段,最为明显的体现在于初步实现了对外资企业的国民待遇。2008年,我国实现了"两税合一",在最重要的税收政策——所得税政策领域实现了对外资企业

的国民待遇。在"两税合一"之后，外资企业即便享受税收优惠政策，这种优惠也不是来自其"外资"的身份，而是来自其独特技术优势或对西部地区的经济拉动作用。在逐步取消对外资企业超国民待遇的同时，我国积极推进实施国际通行的"负面清单+准入前国民待遇"制度，《中华人民共和国外国投资法（草案）》明确了对外资原则上实施国民待遇，在国民待遇基础上对外资的限制列入负面清单，并取消超国民待遇，将鼓励外资的相关措施纳入投资促进政策范畴的理念，这一理念已经和国际通行规则高度接轨。我国的上海、天津等十二大自贸区已经实施了负面清单制度，这一制度将在"十三五"时期全面推广实施。而在习近平总书记博鳌讲话之后，刚刚出台的最新版外商直接投资负面清单进一步放宽了对汽车、金融等领域的外资的限制，同时在全国范围内全面实施了负面清单制度。

2. 外商直接投资规模增速有所放缓，直接投资国际收支基本平衡

在"十二五"期间我国利用外资规模超过1000亿美元大关之后，由于我国利用外商直接投资规模基数已经达到一个非常高的水平，长期维持流入我国的外商直接投资规模的高速增长已经不具备可持续性。同时，从投资环境上看，虽然凭借我国在基础设施、营商环境、配套产业等领域的综合优势，我国仍然是全球主要的跨国直接投资目的地，但在传统层面上吸引外资的劳动力、土地、环境容量等优势已经并不明显了。养老、医疗等新兴服务业固然是我国利用外资的增长点，但这类服务类行业更多依赖人力资本投资，其对利用外资规模的拉动作用相对要弱于制造业。同时，东盟、印度等经济体正在积极推进工业化和城镇化进程，走我国当年曾经走过的发展道路，在承接劳动密集型制造业方面相较于我国，其优势日益显著。美国等发达国家积极推进"再工业化"等政策，也在相当程度上对其对外直接投资规模增长形成一定制约。在上述诸多因素的作用下，虽然流入我国的外商直接投资规模仍然保持稳定增长态势，但增速已经明显放缓，如图7-8所示。

在流入我国外商直接投资规模增速放缓的同时，我国资本要素逐渐变得相对充裕，国内资本回报率有所降低，国内资本逐渐向外流动的动机不断增强。同时，我国不但拥有较为完备的产业体系，在基础设施建设、通信设备等领域已具备较强的国际竞争力，而且拥有一大批实力雄厚、国际化经营能力较强的企业集团，企业的"所有权优势"整体上明显优于人均GDP水平相

图7-8　2009—2017年流入我国FDI规模走势

资料来源：《中国统计年鉴》。

近的巴西、土耳其等发展中国家，通过对外投资开拓海外市场、降低交易成本以及获取能源资源和先进技术的动力较强，导致我国对外直接投资规模明显高于经济发展水平近似的其他发展中经济体。2015年，我国非金融类对外直接投资规模高达1180.2亿美元，同比增长14.7%，若考虑到金融类对外直接投资，已经和流入我国的外商直接投资规模基本持平。2016年，在"一带一路"建设、国际产能合作战略等的推动下，我国非金融类对外直接投资高达1701.1亿美元，已经高于外商直接投资规模。2017年，我国对外直接投资规模有所下降，但和利用外资规模仍然基本相当。

3. 市场导向型外资占比明显上升，外资企业逐渐向价值链高端跃升

在我国劳动力、土地等传统生产要素成本明显上升的同时，我国在技术、资本等高端生产要素的比较优势在逐步上升之中。因此，在制造业中，流入我国的外商直接投资开始呈现出以下三个新特征：一是由纺织、汽车、电子等传统优势行业转向新能源、液晶面板等新兴产业；二是由最终消费品生产转向高附加值零部件生产；三是由面向发达国家市场转向我国本土市场，我国本土企业的竞争日益激烈[①]。表7-1给出了我国重要的外商直接投资

[①] 王一鸣等：《战略合作伙伴时代下的中韩投资合作》，载《2010年中韩经济合作研讨会文集》，中国计划出版社，2011。

来源地之一韩国近年来对我国直接投资的重大项目。从中可以看出，韩国对华制造业投资在产品环节上正在由传统的手机等最终产品加工组装向价值链层次更高的液晶面板、高端贴片电容等产品转移，在目的市场方面则由面向欧美发达国家市场逐渐转向我国。

表7-1　近年来韩国对华直接投资项目一览

年份	地区	投资者	行业	主要产品
2010	天津	三星	质量监测	技术认证服务
2010	浙江	三星	新材料	不锈钢精密材料生产装置
2010	天津	三星	新材料	高端合成树脂
2010	日照	现代	汽车	汽车零部件
2010	惠州	LG	新能源	LED
2011	天津	三星	电子	高端贴片电容
2011	苏州	三星	电子	7.5代LCD
2011	南通	韩华	新能源	太阳能电池板
2011	威海	现代	新能源	风电机组
2012	苏州	三星	电子	8.5代LCD
2012	成都	现代	汽车	商用车生产
2014	西安	三星	半导体	晶圆生产
2014	西安	三星	新能源汽车	动力电池

4. 中西部地区成为新的利用外资热点，服务业利用外资比重超过制造业

随着东部地区生产要素成本的不断提高、中西部地区基础设施和营商环境的不断改善，中西部地区利用外商直接投资规模在"十二五"期间明显高于东部地区，个别地区（如重庆）部分年份增速甚至超过100%。目前流入西部地区的外商直接投资占比已经超过20%，较21世纪初上升了约10个百分点。流入西部地区的外商直接投资主要分为以下两类：一是承接东部外向型产业转移，目前重庆、广西、云南等中西部地区已经形成26个加工贸易梯度转移承接地；二是面向西部地区本地市场的生产加工基地。如富士康集团在贵州的自主品牌手机生产线主要面向西南五省市场。从表7-2中可以看出，贵州、云南、四川等西部省（区）利用外资增速在过去十年中位居前列。

表7-2　2006—2015年我国各省（区）利用外商直接投资排名

2006—2015年平均增速排名前五位省（区）		2006—2015年平均增速排名后五位省（区）	
省（区）	年平均增速	省（区）	年平均增速
贵州	34%	青海	-16%
云南	29%	辽宁	-2%
安徽	29%	福建	1%
河南	27%	宁夏	3%
四川	27%	江苏	4%

资料来源：各省（区）统计年鉴。

从行业层面看，随着我国服务业开放水平的不断提高，流入我国服务业的外商直接投资规模增速明显高于制造业，2011年总规模也已超过制造业，2014年服务业占外资比重进一步上升至62%。在服务业中，除房地产业一直是我国服务业利用外资的重点行业之外，金融业和科技服务业也是利用外资规模增长十分迅速的行业，2014年流入这两个行业的外商直接投资同比增速均接近100%。

第二节　招商引资促进经济发展和产业转型升级的经验和教训

一、发展经验

1. 有效弥补我国生产要素短缺

从供给侧看，我国在改革开放初期仅仅在潜在劳动力上具有比较优势，而在资本、技术、管理经验等生产要素方面均存在着巨大的短缺。20世纪80年代，我国利用外资规模相对较低，外资弥补国内资金、技术和设备短缺更多的是通过从世界银行等国际机构借款等形式来完成的,但外商直接投资也为深圳、厦门等特区发挥劳动力优势、促进经济增长做出了巨大的贡献。特别重要的是,在当时我国工业投入产出比较低的情况下,外资设立的新企业、新项目实际上形成了高质量的增量资产[①]。20世纪90年代之后,我国利用外资大幅增长,同时我国大量农村剩余劳动力进入生产要素市场,外资企业所提供的资本、设备和先进的管理经验和我国国内的劳动力、土地等生产要素相结合,有效地实现了资源配置的最优化,为经济高速增长做出了巨大的贡献。

2. 推动国内企业转型升级

国际学术界普遍认为,引进外资一方面能够打破国内低水平企业对市场的垄断,通过竞争效应促进本土企业加强研发和改进管理,提升劳动生产率;另一方面,外资企业的技术和管理经验不可能完全保密,因此本土企业在和外资企业的竞争和合作过程中能够学习外资企业的先进技术和管理经验,形成技术溢出效应,这种效应在外资企业的上下游本土企业合作方体现得尤为明显。从整体上看,外资企业对我国企业的竞争效应和技术溢出效应是明显存在的,且对上下游企业的技术溢出效应要高于同行业企业,对民营企业的技术溢出效应要高于国有企业[②]。20世纪90年代的调研结果表明,外资企业所运用的技术绝大部分在当时的我国属于空白技术[③]。我国企业正是在和微软、三星、沃尔玛、家乐福等外资企业的竞争和合作过程中,逐渐学会了世界主流的经营方式、设计理念,也通过自身的努力逐渐掌握了先进技术,从而提升了自身的技术水平和生产能力,实现了产业结构、产品结构的转型升级。

3. 推动我国全面融入全球价值链

如前所述,我国加入WTO之后,发达国家的跨国公司通过在我国建立加工组装基地的方式,使我国的劳动力、配套企业、资金和全球价值链密切相

[①] 江小涓:《中国的外资经济对增长、结构升级和竞争力的贡献》,《中国社会科学》2002年第6期。

[②] 路江涌:《外商直接投资对内资企业效率的影响和渠道》,《经济研究》2008年第6期。

[③] 江小涓:《利用外资的理论研究》,《经济学动态》2001年第3期。

接，使我国成为东亚生产网络的一部分①。从客观上看，长期以来，由于我国自身要素具有比较优势，我国在全球价值链中处于相对低端环节，所获得附加值偏低。但是，只有进入全球价值链，才能实现从全球价值链低端环节向中高端环节的跃升。在我国融入全球价值链的初级阶段，发挥自身的独特优势，形成巨大的加工制造规模是我国实现产业结构升级不可或缺的一个环节。在这一过程中，我国凭借强大的制造能力、良好的基础设施建设状况以及有效的配套政策，对外贸易规模高速增长，最终成长为全球第一大贸易国。

4. 推动我国加快经济体制改革

改革开放之后，我国处于计划经济向市场经济的转轨阶段，经济管理体制面临着深度调整。外资企业来自欧美发达国家以及中国香港、澳门等市场经济发达的经济体，其熟知现代市场经济运作规则。在外商来华投资及其与政府管理部门进行互动的过程中，我国的传统计划经济体制和市场经济理念不断发生碰撞，我国对此进行调整，最终形成了有中国特色的社会主义市场经济体制。在我国加入WTO之后，外资企业的大量进入使我国充分了解国际通行规则，有效地倒逼我国不断提高开放水平，实施与国际通行规则相接轨的外资管理制度。纵观改革开放40年的历史，在行政管理体制改革、价格形成机制改革、营商环境改革等领域，外资企业客观上均为我国政府提供了有益的经验和借鉴②。

二、应汲取的教训

1. 对部分行业产生一定冲击

从经济学理论看，对外开放对本土产业的发展有着正、反两方面的影响。从正面影响看，对外开放使得本土产业可以在和全世界的竞争合作中不断实现竞争、激励、对比、择优，从而推动产业升级和技术进步。而对于发展中国家而言，通过对外开放能够迅速引进先进技术、管理经验、人才等生

---

①李大伟：《提升我国产业在全球价值链中的位势研究》，《宏观经济研究》2015年第6期。

②隆国强：《论新时期进一步提高利用外资质量和水平》，《国际贸易》2007年第10期。

产要素,从而实现产业发展的"弯道超车"。从负面影响看,基于各种生产要素自由流动的全球化进程势必会让各参与方基于静态比较优势参与国际分工。相对发展水平较低的经济体的比较优势往往集中于资源、土地、劳动力等低端生产要素,若开放政策实施不当,在基于比较优势的国际分工中很有可能被固化在低附加值的劳动密集型或资源密集型环节,而难以实现向全球价值链中高附加值环节的跃升。同时,由于缺乏竞争优势,这些经济体的技术密集型和资本密集型产业很可能难以实现跨越式发展,相关国内市场甚至可能被发达国家的跨国公司垄断或部分垄断。

从改革开放40年的历史看,本土产业依靠对外开放谋求发展的风险和挑战是一直存在的。早在20世纪90年代,我国在实施积极利用外资这一重要对外开放战略时,外资企业往往倾向于以和中方企业合资或并购的方式进入我国市场。如在汽车行业,以奔驰、通用、丰田为代表的大型跨国公司主要通过和我国企业合资的方式进入我国市场,而卡特彼勒、摩根士丹利、宝洁、联合利华等欧美大型跨国公司出于拓展市场和实现企业经营战略目标的目的,也曾对徐工、熊猫洗衣粉、南孚电池等本土企业开展并购活动。跨国公司的并购活动在整体上是符合市场经济理念的,在商业利益上大多数也实现了双赢。但也要看到,这些跨国公司的研发能力和核心竞争力明显强于我国本土企业,因此这种并购活动在相当程度上也影响了我国本土企业开展自主创新活动,对我国的产业安全客观上存在一定的负面影响。至今,我国的轿车、日化等行业本土企业的研发水平仍然明显落后于发达经济体,特别是合资企业中的产品研发环节仍然主要被外方所控制。再如,我国加入WTO《信息技术协定》(ITA),推动信息技术产品贸易自由化对我国尽快融入全球IT产品价值链,成长为全球重要的信息技术产业大国发挥了巨大的积极作用,但客观上也导致我国很难进入比较劣势较为明显的芯片制造等尖端环节,核心环节受制于人的现象至今仍较严重。

2. 客观上加剧了区域不平衡

受海洋运输作为国际贸易主要运输方式的影响,全球的开放型经济活动主要集中在沿海湾区,比如纽约湾区、旧金山湾区、东京湾区、粤港澳大湾区等,而内陆地区的对外开放是一个世界性难题。这主要体现在:一是长距离货物运输导致物流成本高企。比如,调研发现湖南物流公司报价往往比深圳物流公司高30%左右。内陆在发展货物贸易方面较沿海存在天然劣势。二是区位劣势导致开放观念和营商环境相对落后。比如，粤港澳大湾区研究院最新报告显示，国内营商环境排名前十位的城市中，内陆地区只有重庆和武汉，其他都是沿海城市。内陆特别是西部地区在发展开放型经济方面相较于沿海地区有明显的劣势，加之我国改革开放初期采取了相对不平衡的开放策略，将对外开放，特别是利用外资的重点放在东部地区，导致东部地区的开放型经济水平整体上明显高于中西部地区。虽然近年来外资一度出现向中西部地区转移的浪潮，但由于中西部营商环境整体不佳、区位劣势明显等，东部地区占据利用外资主导地位的情况并未改变。2016年，中部和西部地区利用外资规模甚至呈现负增长，如表7-3所示。

表7-3 东、中、西部地区利用外资同比增长情况

区域	2011年	2012年	2013年	2014年	2015年	2016年
东部	7.51%	-4.23%	4.72%	1.08%	8.11%	3.23%
中部	14.26%	18.52%	8.79%	7.50%	-3.84%	-32.05%
西部	28.25%	-14.30%	6.95%	1.64%	-7.64%	-3.38%

资料来源：中华人民共和国商务部。

3. 产生了一定的环境风险

由于环境保护具有非常强的外部性，企业基于追求利润最大化的目的而对加强环境保护的动力是相对不足的，需要在有效的外部监管约束下才能实现良好的环境保护。由于经济发展水平较低，过去40年来我国的环境保护标准以及执法能力在客观上都要弱于发达经济体，各个地区重发展、轻保护的现象时有发生。因此，我国部分企业为抢占国际市场份额，常常以高能耗、高污染为代价生产出口商品，发达经济体的跨国公司出于利润最优化的原则，也倾向于将一些附加值较低、污染较为严重的环节向我国转移，大幅度加大了我国所面临的环境保护压力。特别是在改革开放初期，大量从事印染、皮革、造纸等高污染行业的中小型外资企业一度对部分地区的环境造成了严重的破坏。

第三节 新形势下招商引资引进优质要素面临的新情况和新问题

一、招商引资面临的新形势

1. 内外资差异显著缩小

改革开放初期，我国整体经济发展水平明显落后于欧美发达国家，因此可以将外资企业和内资企业看成两类不同的企业：前者在技术、人才、管理经验、资金上具有明显优势，且遵循国际通行的商业规则；后者的发展水平则要明显逊色于前者。在本土企业和外资企业整体发展差距较大的情况下，对于外资企业的管理既要充分考虑到对本土企业的适度保护，使其具有良好的发展空间，也要考虑到在一些本土企业发展水平较低，甚至处于空白的领域对外资采取较多的激励政策。但随着本土企业发展水平日益接近外资企业，加之国际资本流动壁垒日益消除，我国本土企业在国际金融市场中的融资日益频繁，跨国公司股权多元化成为潮流……在这样的大背景下，外资企业和内资企业之间的差异已经明显缩小。目前联想、比亚迪等我国知名本土企业的股权结构也有一部分为境外资本，但将这类企业定义为外资企业显然是不准确的。

因此，从长期看，应从我国企业客观上存在从境外融资的需求角度去理解外资企业起到为我国经济发展提供资金的作用。民营企业，甚至国有企业，在开展海外业务或出于降低融资成本考虑，吸收一定规模的境外资金，最终成为混合所有制的相关企业将成为未来外资进入我国的重要模式。特别是在国有企业体制改革之中，在这种模式下外资的进入能够有效地优化股权结构，外方管理人员的参与也利于提高国有企业的运行效率，这种模式将成为未来国企改革的一个方向。

2. 竞争性技术溢出效应明显增强

近年来，外资企业，特别是发达国家的跨国公司积极推进研发本土化进程，在我国境内设立了大量的研发中心。以大型跨国公司为代表的外资企业研发投入规模巨大，且和国际高水平研发机构有着长期丰富的合作基础，是全球科技创新和产业化应用的重要来源地之一，因此外资企业在未来我国实施创新驱动战略中仍将发挥重要作用。

然而，外资企业对我国本土企业的技术外溢路径较金融危机之前已有明显不同。一方面，外资企业对本土企业的竞争效应将明显强于直接的技术转移。随着外资企业和本土企业技术差距的明显缩小，外资企业对本土企业的技术转移意愿也会下降，本土企业对外资企业直接技术转移的诉求也在下降。但外资企业和本土企业的技术竞争仍然存在，且由于双方发展差距较小，在一个良性的市场环境下这种竞争机制对本土企业技术进步的促进作用可能会更加突出。另一方面，外资企业和本土企业共同研发，甚至依托新出现的"互联网+"进行研发合作将成为技术溢出的一个重要方式，最终形成由外资企业、本土企业甚至研发人员组成的扁平化创新网络，共同产出创新成果，促进产业升级和技术进步。

3. 由弥补资本短缺转向弥补服务短缺

必须看到，我国整体服务业发展水平仍然较低，这已经成为制约我国企业从全球价值链中低端迈向中高端的主要短板。从全球价值链格局看，无论是前端的研发、设计，还是后端的咨询、市场推广、品牌建设，均需要高水平的服务业作为支撑。与发达国家相比，我国整体服务业开放水平仍然偏低，主要体现在以下方面：一是我国针对外资企业和内资企业在项目核准、备案以及企业设立的程序上存在差异；二是我国在市场准入领域对外资进入或提供各种服务的限制和禁止措施仍要明显多于发达国家；三是我国对外资的限制措施散见于各部门的规章，缺乏法律支撑；四是我国在企业设立、项目核准和备案等领域的前置审批环节的透明性有待提高，且各级政府的自由裁量权偏大；五是受发展阶段、维护国家安全等正当理由影响，我国在知识产权保护、政府对服务产品的控制、自由获取资讯的便利性等影响开放的"软环境"方面和发达国家存在区别。

党的十八届三中全会明确指出，我国将进一步统一内外资法律法规，保持外资政策稳定、透明、可预期。推进金融、教育、文化、医疗等服务业领域有序开放，放宽育幼养老、建筑设计、会计审计、商贸物流、电子商务等服务业领域外资准入限制,这对提升我国服务业发展水平,促进我国服务业和国际规则接轨具有重大意义,未来服务业将成为我国利用外资的重要热点。

4. 东盟、印度等新兴经济体成为全球外资重要流入地

近年来,越南、印度、印度尼西亚、埃塞俄比亚等新兴经济体充分认识到改善营商环境、吸引跨国投资对于经济发展的积极意义,也大幅度借鉴我国在建设特区、税收优惠等方面的行之有效的经验,营商环境改善的步伐十分迅速。部分经济体,如越南、印度的某些服务业的开放水平甚至要高于我国,对外资的税收优惠力度也要高于我国。虽然受制于国内腐败严重、官僚主义横行等原因,这些国家的整体营商环境和我国仍然存在较大差距,但这种差距在不断缩小,它们已经成长为国际直接投资的重要目的地。如图7-9所示,2008年以来,东盟国家吸收外商直接投资金额年均增长20%,2015年达到1257亿美元,占全球总额的7.1%,与中国吸收外资金额十分接近。印度2015年吸收外商直接投资金额442亿美元,占全球总额的2.5%,自2008年以来年均增长13%,恢复到了金融危机前的水平。东盟国家中,缅甸吸收外商直接投资较2008年增长了接近5倍,达到28亿美元;泰国年均增长76%,达到108亿美元;马来西亚年均增长68%,达到111亿美元;新加坡年均增长35%,达到653亿美元;菲律宾年均增长32%,达到52亿美元;老挝年均增长31%,达到12亿美元。

东盟国家以及印度近年来成为国际直接投资热点的原因有三点:一是该

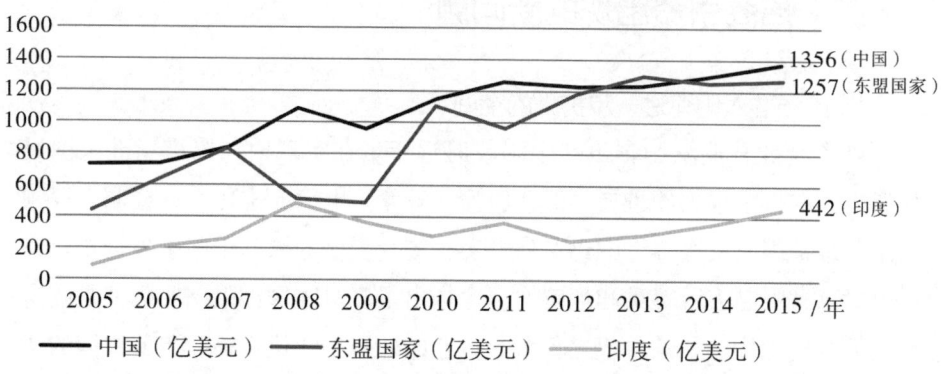

图7-9 2005—2015年中国、东盟国家与印度吸收外商直接投资金额

资料来源:联合国贸易和发展会议。

区域劳动力价格与土地价格等成本优势长期存在,且具有较大的市场潜力;二是由于中国等传统制造业成本上升,需要对外转移部分劳动密集型产业;三是东盟国家以及印度加快经济建设,通过制度建设改善营商环境,积极承接来自跨国企业的直接投资与产业转移,以参与国际分工,带动经济增长与技术进步。

5. 外商直接投资对营商环境的诉求出现新变化

改革开放40年间,我国主要依靠低要素成本吸引外资,外企也主要看重我国的成本优势,以及土地低价供给、税收优惠等政策红利。现在,随着我国传统比较优势加速弱化,外资企业更看重我国营商环境的法治化、便利化,期望在市场准入、行业竞争、法律实施等方面与内资企业享受平等待遇,要求降低制度性交易成本以便更好地开拓内需市场。如随着我国教育、医疗、文化、金融、信息等服务业领域成为新热点,企业迫切希望服务业准入和管理能够对各类经营主体一视同仁、平等对待;随着越来越多企业加强研发创新,企业对加强知识产权保护的诉求日益强烈;随着国内市场潜力不断释放,企业迫切希望尽快形成与国际通行规则相接轨的法律环境、市场环境和商事管理环境;随着劳动力、土地等传统要素成本和环保压力大幅上升,企业迫切要求降低物流成本、税费成本、融资成本和制度性交易成本等。因此,虽然我国营商环境较改革开放初期和加入WTO时已经明显改善,但仍然不能完全契合外资企业,特别是新兴领域外资企业的诉求。

二、招商引资出现的新问题

1. 市场准入仍有进一步扩大的空间

外资企业普遍认为,虽然中国政府近年来在实现内外资市场准入国民待遇方面取得了很大的进展,但在医疗、教育、电信、文化、社会调查等领域出于维护国家安全等考虑仍对外资实施较为严格的限制措施。外资企业整体上对这种限制表示尊重和理解,但也指出很多时候这种限制实际上是政府部门的过度担忧。如某希望进入医疗行业的外资企业代表称,当前中国的法律已经对非法转移基因信息这种行为有了非常严厉的处罚条例,企业最主要的目的是通过为消费者提供最好的服务来获取利润,如果做了这些违法的事情,在中国市场中的口碑将会完全丧失,企业也会面临严重的处罚,完全是得不偿失。另外一位希望进入文化行业的企业负责人则称,当前中国的文化产品审核制度非常规范,违反中国法律的游戏、电影等文化产品无论是由内资制作还是由外资制作,都不可能公开发行或上映,因此不允许外资进入文化领域完全没有必要。

2. 事前业务经营许可客观上加大了外资企业开展业务的制度成本

与欧美发达国家普遍实施事中事后监管制度不同,我国企业在开展业务之前,仍然面临着向行业主管部门申请业务开展许可的重要环节。这些业务开展许可往往是出于防范恶性竞争、保证行业技术和管理水平等公共目标,也并不仅仅针对外资企业,内资企业开展业务同样需要获得许可。但由于其中绝大多数是基于各个部门制定的规章,且很多规章并未及时修订,往往客观上导致内外资企业获取许可的难度存在明显差异,形成了事实上的非国民待遇。如某家大型外资互联网企业声称,现在外资在互联网领域投资确实是没有受到太多限制,但是由于政府不向外资企业发放大数据、云计算等新型电信服务的业务许可,企业实际上根本无法开展业务。多家外资医药企业均称,希望将最为先进的药物和医疗器械引进中国,以满足中国在抗癌等方面的医疗需求,但这些药物和器械虽然通过了全球水平最高的美国FDA认证,但通过中国医药监督部门的注册许可的时限非常长,有些时候监管部门甚至要求企业重新做临床试验,事实上卡死了中国企业引进这些新型产品的渠道。再如某家外资培训机构称,外资在上海市设立教育机构需要上海市教育部门发放业务准入许可,而内资企业只需要各区县发放业务准入许可,导致该企业花费半年左右时间也未办理成功相关许可。

3. 项目建设的核准程序仍较复杂

在现实经济中,无论是外资企业还是内资企业,在中国开展业务除面临市场准入和业务许可两类核准程序外,还需要满足项目建设的核准程序,包括环境影响评价、建筑安全评价等。《中华人民共和国环境影响评价法》等法律法规明确规定,所有投资项目在完成环保、消防、安全、土地规划、建筑标准等环节的核准之前,不得开工建设。虽然中央政府已经明确规定绝大部分投资项目无须取得上述核准即可进行备案,但企业即便可以将项目备案,仍然无法开工建设项目,因此这种备案制和审批制事实上并无本质差异,内外资企业新建项目所面临的审批事项多、审批流程长的问题并未得到解决。特别是在当前我国对于环保、安全、消防等日益重视的背景下,企业,特别是事关环境保护的外资企业获取环评报告书的时间非常长,严重影响了其开展业务。苏州某外资企业称,该企业在两年前就开始项目建设前置审批的程序,但仅仅一个环境评价报告就花费了八个月的时间,至今相关项目还无法开工建设。

第四节 新时代我国提升利用外资水平的思路与对策

一、整体思路

1. 由以被动学习为主转向以主动借鉴为主

长期以来,我国企业乃至政府在外资企业面前更多是充当"学生"的角色,采取的是将国外的商业规则、管理理念、营销模式直接"拿来"的做法。这种做法在过去40年的改革开放进程中确实发挥了巨大的作用,但随着我国整体市场经济体制和国际通行规则的差别已经较小,迫切需要充分考虑我国国情,结合先进理念创建出一套适合我国经济发展的体制机制。在这种背景下,简单的"拿来"已经不足以满足未来我国改革的诉求。未来无论是企业,还是政府,在推进改革的过程中,更多的是要发挥自己的主观能动性,不但要向外资企业学习,还要推动外资企业积极主动使用我国的经济体制机制,共同为我国的改革积累新的经验。

2. 由"引进来"转向良性竞争合作

长期以来,我国对待外资的思路主要是二元式的:对于一些关键领域,出于国家安全、保护民族产业等因素的考虑,对外资实施限制措施;而对于大多数领域,特别是一般制造业领域,外资则是"多多益善"。虽然21世纪特别是金融危机以来,我国已经明确提出将利用外资的重心由规模向质量转变,但从外资数量的角度实施引进外资政策的思路仍未发生根本变化。未来我国利用外资的视角应从"是否应引进外资"转向"促进本土企业和外资企业的良性互动",不必过度干预引进外资的规模、结构甚至技术水平,而从外资企业是否对我国经济发挥了良性的促进作用,本土企业和外资企业是否存在良性的竞争关系的动态交互性视角制定相应的外资政策,以实现更好地利用外资。

3. 由体制改革转向营商环境塑造

"十三五"期间,我国将全面实施准入前国民待遇加负面清单管理制度,并进一步完善外资并购安全审查制度,在宏观外资管理模式上和国际通行规则将基本接轨,未来在宏观层面上进一步对外资管理体制进行重大改革的空间已经不大。但在微观层面上,我国仍然存在事前审批项目过多、市场分割严重、透明度偏低等诸多微观层面的问题,营商环境和发达国家差距仍然较大。世界银行的《2015年全球营商环境报告》显示,2015年我国营商环境仅排名全球第90位,远低于美国、德国、英国等发达国家,甚至低于越南。因此,从诸多微观层面入手,构建有利于内外资公平竞争的营商环境,将成为未来我国在外资领域推进改革的新重点。

二、具体对策

1. 尽快实施准入前国民待遇加负面清单管理制度,在市场准入环节给予外资企业国民待遇

如何确定负面清单是实施准入前国民待遇加负面清单管理制度的焦点问题。在具体建立负面清单时,建议:一是对于青霉素生产、钢铁、有色、化工等不涉及内外资差别待遇的微观产业部门,可考虑完全按照国民待遇的原则予以管理,将其移出负面清单;二是对新能源、生物、3D打印等我国未来可能重点发展,目前并无对外资有关限制的新兴产业,应在原则上保留有关部门的核准权利,但不宜明确设置股比限制等限制措施;三是对于涉及民族特殊工艺和国家经济安全的重点行业,应在深入调研具体行业特征的基础上,参考其他国家的经验斟酌制定对外资行为的限制措施;四是参考韩国、澳大利亚等国的经验,在国有企业产权、社会公共利益、少数族群利益、不正当竞争、资源保护、文化传统保护等方面,仿效韩国等发达国家的经验,

力争设立大量的灵活性条款。

2. **对外资企业的监管和约束逐渐由经济层面转向信息安全、健康等国家安全层面，加强事中事后监管职能**

我国在借鉴发达国家准入前国民待遇这一管理模式的同时，必须强调加强对外资企业的安全审查和准入后监管。建议：一是尽量取消在经济层面上对外资企业的核准，如投资项目核准、营业资格核准等，尽量为内外资企业创造公平便捷的营商环境；二是保留区域性产业政策核准、消防安全核准、环保核准、意识形态安全核准等非经济领域的准入前核准环节，在这些领域实施内外资企业统一管理，且避免将这些正常的管理措施错误解读为对外资企业的监管和约束；三是借鉴美国经验，实施操作性强、透明度高、程序规范的安全审查制度，防范外资进入对国家安全可能造成的危害；四是加强对内外资企业在环保、技术、劳工权益等方面的监管，防止企业对环境造成严重破坏，并损害劳工利益；五是加强在反垄断、不正当竞争等方面的监管，避免外资凭借自身的技术优势垄断国内市场，影响行业稳定健康发展。

3. **进一步优化营商环境，重点解决自然人流动困难、招标机制不透明等隐性障碍**

改善营商环境是提升我国利用外资质量，更好地促进我国经济增长的关键环节。建议：一是重点解决目前自然人流动环节存在的诸多障碍，保证外籍来华人员在教育、医疗、居住、福利等方面和本国公民享受同等待遇，并对高素质人才制定一定的激励政策；二是参考WTO政府采购协议，重点推进财政项目招投标机制改革，使内外资企业能够公平公正地参与政府采购项目投标；三是积极推进国内服务业相关技术、标准、规则和国际通行规则接轨，解决"弹簧门""玻璃门"等阻碍公平竞争的问题；四是进一步提高政府决策透明度，形成规范、合理、公正的政府决策程序和争端解决机制。

4. **积极加快高标准自贸区建设，探索形成高标准贸易投资规则**

高标准自由贸易协定（FTA）建设是形成贸易投资规则，对冲美国通过某些手段提高我国参与全球化门槛的有效工具，也是推进我国国内体制机制改革的重要抓手。建议：一是在中韩、中澳FTA现有成果基础上尽快增加科技创新合作、基础设施建设合作、中小企业等双方合作潜力较大领域的议题，并建立增加议题、降低关税税率和提升非传统议题标准的双边协调机制，将中韩、中澳FTA打造成为亚太地区高水平FTA的重要样板；二是积极推进中韩日FTA、区域全面经济伙伴关系（RCEP）、中国—海合会FTA等自贸区谈判，并积极推动中韩FTA相应规则体系向上述自贸区辐射，增强我国在制定国际经贸规则中的话语权；三是加快开展和印度、欧亚经济联盟、巴西等主要新兴经济体的FTA谈判，尝试形成适应于新兴经济体的经贸规则体系；四是把握英国脱欧后英国、欧盟在国际经贸规则中话语权有所降低的机遇，适时启动中英、中欧FTA谈判，提升"中国规则"在发达国家的影响力。

参考文献：

[1] 陈云.陈云文选（第3卷）.北京：人民出版社，2015.

[2] 邓小平.邓小平文选（第2卷）.北京：人民出版社，1994.

[3] 邓小平.邓小平文选（第3卷）.北京：人民出版社，1993.

[4] 江小涓.中国的外资经济对增长、结构升级和竞争力的贡献.中国社会科学，2002（6）.

[5] 江小涓.利用外资的理论研究.经济学动态，2001（3）.

[6] 李大伟.提升我国产业在全球价值链中的位势研究.宏观经济研究，2015（6）.

[7] 隆国强.全球化背景下的产业升级新战略——基于全球生产价值链的分析.国际贸易，2007（7）.

[8] 隆国强.论新时期进一步提高利用外资质量和水平.国际贸易，2007（10）.

[9] 路江涌.外商直接投资对内资企业效率的影响和渠道.经济研究，2008（6）.

[10] 裴长洪.吸收外商直接投资与产业结构优化升级——"十一五"时期利用外资政策目标的思考.中国工业经济，2006（1）.

[11] 叶辅靖.把握资本进出关——我国利用外资中的国家经济安全问题分析.国际贸易，2004（1）.

[12] 王一鸣，等.战略合作伙伴时代下的中韩投资合作：2010年中韩经济合作研讨会文集.北京：中国计划出版社，2010.

[13] 中共中央党史研究室第三研究部.中国改革开放史.沈阳：辽宁人民出版社，2002.

第八章　中国企业从开始"走出去"到全球布局

第一节　我国企业"走出去"的现状和特征

党的十九大报告明确指出：开放带来进步，封闭必然落后。中国开放的大门不会关闭，只会越开越大。

改革开放不仅给中国注入了新的活力，而且让中国张开双臂去环抱世界，走向世界；"走出去"战略正是在改革开放的思想浪潮下孕育而生的。"走出去"战略是以中国的公司为主导，服务于中国公司战略的一种跨国整合模式。"走出去"战略是经济全球化的必然要求，是我国发展外向型经济的必由之路，是我国企业参与国际市场竞争的重要条件，也是我国企业发展壮大后国际扩张的必然选择。

实施"走出去"战略，不仅可以提高我国在全球经济中的地位，而且可以使发展在国际资源分配中处于一种相对更有利的地位；实施"走出去"战略，能够调整产业结构、优化资源配置；实施"走出去"战略，可以突破贸易保护壁垒，培育具有国际竞争力的大型跨国公司。因此，"走出去"是一种中国走向世界的必然选择，也是中国对外开放提高到一个新水平的重要标志。在中国加入WTO的十几年里，"走出去"的声音和机遇始终不断。2000年，中国政府明确提出开放战略，有意将中国对外经济发展战略从以"引进来"为主，调整到"引进来"和"走出去"相结合的发展战略。这一战略不仅有助于中国经济发展，同时更有利于世界经济的整体繁荣。2016年中国企业对外直接投资达到1961亿美元，完成跨境并购项目138起，涉及交易金额514亿美元。

一、中国企业"走出去"的发展成就

"走出去"战略是开放型经济体系构造的重要一环,实施"走出去"战略的短短数年,中国企业所取得的巨大成就已经成为中国对外开放的亮点之一。

1. 企业对外投资规模持续增长

近些年来,中国企业国际化步伐明显加快,对外投资规模持续增长。中国企业对外投资的国别逐渐扩大,从最开始的十几个到现在的200多个国家和地区。我国实行改革开放政策以后,国内企业到国外投资办企业有了较迅速的发展。从1979年到1985年的7年间,我国政府共批准在国外开办非贸易性的合资、合作和独资企业180家,中方投资1.77亿美元,这些企业分布在40多个国家和地区,涉及的领域主要有资源开发、加工生产装配、承包工程、金融、保险、航运服务和餐饮等。这些国外企业的建立,对于扩大我国对外经济技术合作领域,探索新的合作方式起到了积极的作用。进入21世纪以来,非金融类对外直接投资增长迅速,2016年达到1812亿美元,中国对外直接投资流量连续两年居全球第二位,占比首次超过一成,连续两年实现双向直接投资项下资本净输出。2016年,在全球外国直接投资流出量1.45万亿美元,较上年下降2%的背景下,中国对外直接投资流量创下1961.5亿美元的历史新高,同比增长34.7%,在全球占比达到13.5%。截至2016年12月,中国2.44万家境内投资者在国(境)外设立对外直接投资企业3.72万家,分布在全球190个国家(地区);中国对外直接投资累计净额(存量)达13573.9亿美元,在全球占比提升至5.2%,位居第六。对外投资并购活跃,数量金额创历史之最。2016年,中国企业共完成对外投资并购项目765起,涉及74个国家(地区),实际交易金额1353.3亿美元,其中直接投资865亿美元,占63.9%;境外融资488.3亿美元,占36.1%。并购领域涉及制造业、信息传输/软件和信息技术服务业、交通运输/仓储和邮政业等18个行业大类。近六成投资形成境外企业股权,债务工具规模创历史极值。2016年对外直接投资流量中,新增股权投资1141.3亿美元,同比增长18%,占当年流量的58.2%;收益再投资306.6亿美元,占15.6%;债务工具投资513.6亿美元,是上年的4.6倍,占26.2%。境外企业对东道国税收和就业贡献明显,对外投资双赢效果显著。2016年我国境外企业向投资所在国缴纳的各种税金总额近300亿美元,年末境外企业雇用外方员工134.3万人,较上年末增加11.8万人。

2. 对外投资市场不断增多,投资领域不断拓宽

当今世界正发生复杂深刻的变化,国际金融危机深层次影响继续显现,世界经济缓慢复苏、发展分化,国际投资贸易格局和多边投资贸易规则酝酿深刻调整,各国面临的发展问题依然严峻。"一带一路"倡议既是今后中国对外开放的总纲领,也理应成为全面深化改革的总钥匙。通过融入国际治理和开展国企的跨国产权合作,"一带一路"倡议在有效避免"西方经验"局限、防止治理本身被"短视"市场消解和坚持四项基本原则的同时,将为中国经济治理、国家治理、社会治理进一步引入来自治理体系之外的监督主体,创造强有力、更有效的外部监督,从根本上解决治理效率问题。当前,在经济新常态和改革"空转"情况下,迫切需要加强以"一带一路"倡议为引领构建开放型经济新体制,全面统筹促进国内各领域改革发展特别是供给侧结构性改革。

在企业海外投资规模整体增加的同时,企业的市场开拓特别是大型投资项目的市场开拓也取得了非常明显的成绩。2005年,我国1亿美元以上的直接投资项目进入的市场只有美国、古巴、哈萨克斯坦等11个海外市场,而到2016年,大型对外直接投资项目的市场分布几乎已经遍布全球,52个市场中都有中国企业投资的身影。同时,从具体的分布来看,我国海外投资的最初进入地主要以美国市场和非洲市场为主,在2013年"一带一路"倡议提出以后,"一带一路"沿线国家成为重要的海外市场。2018年我国积极推进与"一带一路"沿线国家的投资合作。2018年1月至4月,我国企业对"一带一路"沿线的有关国家新增投资合计46.7亿美元,同比增长17.3%。在"一带一路"沿线国家新签对外承包工程合同额288.3亿美元,占同期总额的47%;完成营业额242亿美元,占同期总额的54%。2018年1月至4月,我国境内投资者共对全球144个国家和地区的2459家境外企业进行了非金融类直接投资,累计实现投资355.8亿美元,同比增长34.9%,连续6个月保持增长。对外投资行业结构持续优化,非理性投资得到有效遏制。2018年1月至4月,对外投资主要流向租赁和商务服务业、采矿业、制造业以及信息传输/软件和信息技术服务业,占比分别为28.5%、16.2%、14.9%和6.5%。房地产业、体育和娱乐业

对外投资没有新增项目。

3. 对外投资的产业结构逐步优化，产业集群效应凸显

从对外投资的产业结构来看，伴随着我国企业"走出去"规模的增长，"走出去"的产业结构也在不断优化。中国的对外投资在经历喧嚣与严冬之后，正迎来一轮恢复性的增长。2016年12月到2017年10月，中国对外投资出现了大幅下降，在较低的基数上，中国的对外投资有恢复性增长的需要，正如商务部研究院国际市场研究所副所长白明所说，"这不是一个简单的数字恢复，而是在剥离了一些无效投资、虚假投资、去除一部分泡沫之后，实现的更高质量的增长"。中国已经进入资本净输出国阶段，过去由发达国家主导的跨国投资正在转变为由发达国家与发展中国家双轮驱动，最明显的就是中国的"一带一路"倡议，后者在绿地投资、工程承包等方面存在着巨大的发展空间。此前非理性投资的"重灾区"——房地产业、体育和娱乐业对外投资没有新增项目，对外投资的产业结构不断得到调整和优化。中国的对外投资由过去侧重于资源获取性投资行业向依靠技术驱动型投资行业转变。

中国企业海外并购虽然以能源矿产部门为主，但在轻纺、机械制造、冶金、化工和信息等成熟产业领域，涌现出一大批具有国际竞争力、市场影响力和产业链整合力的跨国公司，推进中国经济融入全球化。中小企业跨国经营经验愈加丰富，综合服务能力不断提高，企业履行社会责任意识持续增强。随着境外产业园区、经贸合作区相继建设投产，规模化并购涌现，有效发挥生产经营平台载体效应，境外企业的集群发展能力增强，经营议价能力、市场内部化收益和抗风险能力将显著提高，产业协同效应将日益显现。

4. 对外投资风险得到有效控制

企业海外投资风险的高低是企业决定是否进入海外市场的重要因素。从我国过去多年对外投资的实践经验可以看出，我国企业对外投资风险已经得到有效的控制。2006年，我国对外直接投资和承包工程项目中超过1亿美元以上的大型项目一共有58个，其中9个项目被迫中止或者遭受了较大的金融损失，占总投资项目数的16%，失败项目涉及金额占总投资额的45%。而到2016年，超过1亿美元的投资项目已经达到368个，但出现问题的项目只有25个，失败项目数占总投资项目的比重只有7%，失败项目涉及金额占比也下降到了12%。分析得出，随着经济全球化的不断推进，中国

企业对外投资的经验不断积累，企业对投资风险的辨认更加全面，制定了各种防范和应对风险的措施。针对各种不确定因素，中国企业选择"抱团出海"的方式共同开拓海外市场，各个企业之间进行优势互补，有效地分散了海外投资的风险。

二、中国企业走出去的发展特征

中国企业跨国并购的总成功率在40%左右，比全球的平均水平25%略高。我国企业"走出去"的特征主要有：

1. 跨国并购是我国对外投资的主要方式

2016年中国对外直接投资创新高，但井喷式增长放缓，跨国并购成为对外投资的主要方式。跨国并购是跨国公司常用的一种资本输出方式。跨国公司的国际并购涉及两个或两个以上国家的企业，两个或两个以上国家的市场，两个或两个以上政府控制下的法律制度，其中"一国跨国性企业"是并购发出企业或并购企业，"另一国企业"是他国被并购企业，也称目标企业。主要包括并购的跨国性企业直接向目标企业投资，或通过目标国所在地的子公司进行并购两种形式，所使用的支付手段包括支付现金、从金融机构贷款、以股换股和发行债券等形式。收购有收购人以自身主体名义去直接收购，也有为了规避和隔离投资风险而通过在第三国尤其是在离岸法域设立离岸公司进行的间接收购。而跨国公司的国内并购是指某一跨国性企业在其国内以某种形式并购本国企业。

2016年，全球跨境并购增长18%，达8690亿美元，再创历史新高。全球并购投资在第一、二、三产业都有所回升。2016年全年，我国企业共实施对外投资并购项目742起，实际交易金额1072亿美元，涉及73个国家和地区的18个行业大类。其中对制造业，信息传输、软件和信息技术服务业分别实施并购项目197起和109起，占我国境外并购总数的26.6%和14.7%。与并购投资相比，绿地投资增长乏力，2016年全球绿地投资额为8280亿美元，同比增长7%。值得注意的是，制造业的绿地投资下降9%，投资额跌至2920亿美元，生产性投资略显不足。

2016年中国企业海外并购额超过2000亿美元，已经超过美国成为全球最活跃的跨国并购的国家。我国企业海外并购，特别是制造业，对全球产业链的重构发挥了重要的作用，境外并购已经成为中国企业"走出去"高水平参与国际分工合作的一种重要方式，表现十分活跃。

2. 以国有企业为主体，民营企业表现积极

面对国际产业重组和国内产业转型升级的新形势，中国民营企业抓住机遇，努力通过海外并购寻求更大的发展商机。2016年"走出去"主体呈现多元化发展，民营企业在对外投资市场上表现十分活跃，有望成为对外投资的主力军。2016年民营企业对外投资金额虽呈现小幅下滑，但投资数量达到395项，依然超过2015年总投资数量。

从投资主体的角度来看，中国的对外直接投资主体主要有以下几种模式：第一种是专门实行跨国经营的外贸公司，例如中国材料进出口总公司、中国化工进出口总公司等；第二种是大型国有生产企业或企业集团，例如中钢集团、中煤集团、中石油集团等；第三种是大型国有建筑类企业集团，例如中铁十六局集团、中国建设总公司等；第四种是大型国有金融机构，例如中国金融投资管理公司、中国国际信托投资公司等；第五种是市场领先的民营企业，例如吉利汽车、三一重工等。

目前，国有企业仍然为海外投资主体，国有企业的海外投资额占海外投资总额的75%以上。但国家对海外投资的国有企业的审核进一步加强，无疑提高了国有企业进入国际市场的门槛，而机制灵活的民营企业在海外投资中明显增多。据商务部统计，截至2016年末，公有经济对外投资存量占到69%，非公有制经济占31%。2017年第一季度，民营企业进出口2.3万亿元，增长22.5%，占全国外贸总值的36.8%，较2016年同期提高0.2个百分点。其中，出口1.5万亿元，增长16.9%，增速高于国有企业和外资企业，占全国出口总值的45%，较2016年同期提高0.8个百分点，第一大出口经营主体的地位进一步得到巩固。可见，民营企业对外投资的总体是向好的，但也存在一些问题。2017年，国家为了进一步引导和规范民营企业境外投资的方向，促进民营企业理性、合规、有序地开展境外投资活动，防范和应对境外投资的风险，推动境外投资健康、持续发展，出台了《民营企业境外投资经营行为规范》。

3. 对外投资区域分布广，但集中度高

中国对外投资已经涵盖了100多个国家和地区，但是集中度比较高。从海外投资的区域分布看，中国企业海外投资集中于欧洲、北美与亚太区域，比重分别为35%、29%和25%。其中，在欧洲投资项目221起，投资金额1114亿美元；在北美投资项目175起，投资金额908亿美元；中国企业在亚洲投资项目148起，投资金额602亿美元。

从对外投资单个国别看，中国企业依然热衷对美投资。继2015年中国企业对美投资首超美对华投资之后，2016年对美投资持续热情高涨，中国已超过其他国家成为美国的最大贸易伙伴。赴美投资的中国企业以并购为主要进入方式，通过投资美国企业，来提升中国企业知名度，深度参与全球产业链整合。但面对美国国内日益增长的民粹主义和美国外资投资委员会对相关行业细分领域的安全审查，中国企业在"走出去"的同时，要注意加强法律方面的风险防范意识。

4. 对外投资向高附加值领域拓展

中国企业对外投资从传统的制造业转向高端制造业。1978年刚刚提出改革开放的时期，投资领域主要集中在承包建筑工程、咨询和服务业，机械加工制造业较少，投资主要集中在香港和澳门。随着对外开放程度的加深和中国经济的飞速发展，中国企业海外投资的行业集中在贸易、资源开发、加工装配、交通运输、工程承包、旅游餐饮等领域，且投资领域呈多元化发展，但是多集中在传统的、附加值不高、技术含量较低的产业。从2016年中国企业对外投资领域来看，制造业对外投资势头依然强劲，占总投资比重的1/3以上，特别重视对欧洲等发达区域的先进制造业的投资。另外，2016年中国标准"走出去"成亮点，并体现在不同行业之中。如我国港口企业不断发展海外投资，带动了我国的建设标准、技术的国际化进程。2018年，商务部的数据显示，我国对外投资向技术驱动型行业转变。

5. 对外投资"软实力"竞争意识上升

近年来中国企业"走出去"热情高涨。2016年中国对外非金融类累计投资创下1701.1亿美元的历史高点，是同期中国吸收外资增速的10倍有余。值得注意的是，随着"十三五"规划的实施与深入推进，加之"中国制造2025"不断推进，如今中国企业在海外并购过程中更注重品牌、核心技术和

市场共赢。企业对外投资越来越重视获得海外先进研发技术、知名品牌、高端人才、市场渠道、先进管理经验等"软实力"要素。"有产品,没品牌",是不少中国企业长期在国际竞争中处于下风的原因,"提升品牌"已成为如今中企"走出去"的主要驱动力。未来中国企业在境外投资过程中,还将有意识地通过打造全球知名品牌、收购海外知名品牌,向全球价值链高端延伸,争取用十年时间,迈入制造强国的行列。

6. "一带一路"倡议促进中国企业"走出去"

在中国企业面临产能过剩、外汇资产过剩;中国油气资源、矿产资源对国外的依存度高;中国的工业和基础设施集中于沿海地区,如果遇到外部打击,容易失去核心设施的情况下,2015年3月28日,国家发展改革委、外交部、商务部联合发布了《推动共建丝绸之路经济带和21世纪海上丝绸之路的愿景与行动》。

"一带一路"经济区开放后,承包工程项目突破3000个。2015年,我国企业共对"一带一路"相关的49个国家进行了直接投资,投资额同比增长18.2%。2015年,我国承接"一带一路"相关国家服务外包合同金额178.3亿美元,执行金额121.5亿美元,同比分别增长42.6%和23.45%。2016年中国企业对"一带一路"投资小幅回落,主要原因在于在我国结构调整经济转型的时期,中国企业海外投资主要以欧美等发达国家为主。而对"一带一路"的投资是一个长期的过程,且投资主要集中在能源、交通运输、基础设施建设、电信等大规模产业领域,投资回报很难在短期内显现。2018年1月25日,商务部发布的数据显示,"一带一路"经贸合作取得明显成效,2017年我国与沿线国家贸易额达7.4万亿元,同比增长17.8%。2017年全年,中国企业对"一带一路"沿线的59个国家新增投资143.6亿美元,占同期总额的12%,比去年同期增加3.5个百分点。

"一带一路"倡议的目标是要建立一个政治互信、经济融合、文化包容的利益共同体、命运共同体和责任共同体,是包括欧亚大陆在内的世界各国,构建一个互惠互利的利益、命运和责任共同体。"一带一路"倡议是中国与丝路沿途国家分享优质产能、共商项目投资、共建基础设施、共享合作成果,内容包括政策沟通、设施联通、贸易畅通、资金融通、民心相通等"五通",肩负着两大使命:

一是探寻经济增长之道。"一带一路"倡议是在后金融危机时代，作为世界经济增长"火车头"的中国，将自身的产能优势、技术与资金优势、经验与模式优势转化为市场与合作优势，实行全方位开放的一大创新。通过"一带一路"建设共同分享中国改革发展红利、中国发展的经验和教训。中国将着力推动沿线国家间实现合作与对话，建立更加平等均衡的新型全球发展伙伴关系，夯实世界经济长期稳定发展的基础。

二是实现世界经济再平衡。传统全球化由海而起，沿海地区和海洋国家先发展起来，内陆国家则较落后，形成发展差距。传统全球化由欧洲开辟，由美国发扬光大，形成国际秩序的"西方中心论"，导致东方从属于西方，农村从属于城市，陆地从属于海洋等不平衡、不合理效应。如今，"一带一路"倡议正在推动全球再平衡。"一带一路"倡议鼓励向西开放，带动西部开发以及中亚、蒙古等内陆国家和地区的开发，在国际社会推行全球化的包容性发展理念。同时，"一带一路"倡议是中国主动向西推广中国优质产能和比较优势产业，将使沿线国家首先获益，也改变了历史上中亚等丝绸之路沿途地带只是作为东西方贸易、文化交流的过道而成为发展"洼地"的面貌。这就超越了欧洲人所开创的全球化造成的贫富差距、地区发展不平衡问题，推动建立持久和平、普遍安全、共同繁荣的和谐世界。

第二节 "走出去"战略和体制机制的变迁历程

"走出去"战略是以中国的公司为主导，服务于中国公司战略的一种跨国整合模式。坚持对外开放的基本国策，把"引进来"和"走出去"更好地结合起来，扩大开放领域，优化开放结构，提高开放质量，完善内外联动、互利共赢、安全高效的开放型经济体系，形成经济全球化条件下参与国际经济合作和竞争的新优势，预示中国"走出去""引进来"的双向开放向纵深发展。微观层面的企业在对外直接投资制度变迁中主动性较差，中国对外直接投资制度的变迁过程实际上是政府主导的对外直接投资制度的形成过程，其变迁模式是一种典型的"自上而下"的模式。当前中国亟须建立企业主导的对外直接投资制度。

一、"走出去"战略的变迁历程

"走出去"战略的变迁历程大致可以分为四个阶段。

1. "走出去"战略孕育阶段

第一个阶段，邓小平同志深刻总结了我国建设社会主义的历史经验教训，把对外开放提高到社会主义事业兴衰规律的高度，明确指出了对外开放是我国的长期国策，并科学阐述了对外开放的内涵，提出了对外开放的步骤和发展格局，开创了中国改革开放的全新局面。党的十一届三中全会明确提出，"在自力更生基础上，积极发展同世界各国平等互利的经济合作"。在这一重要方针指引下，我国企业开始勇敢地迈向世界。因此，可以说是邓小平的对外开放思想，为"走出去"战略提供了坚实的理论基础，孕育了"走出去"战略在新阶段、新形势下作为我党和我国的重大发展战略得以形成和提出。

2. "走出去"战略发展阶段

第二个阶段，江泽民同志承前启后，在总结了我国对外开放的历史后，正式提出把"走出去"作为国家战略。1992年，党的十四大报告中明确指出，要"积极扩大我国企业的对外投资和跨国经营"。

1997年，党的十五大报告指出："更好地利用国内国外两个市场、两种资源，积极参与区域经济合作和全球多边贸易体系，鼓励能够发挥我国比较优势的对外投资。"从1998年提出的"积极引导和推动我国具有比较优势的加工工业在外国当地开展生产加工和装配，鼓励有实力的企业到境外设厂"，到党的十六大报告又进一步提出"坚持'引进来'和'走出去'相结合，全面提高对外开放水平"。2001年我国加入世界贸易组织，进一步扩大了开放的领域和层次，中国对外投资也面临更为宽松的国内外环境，再加上政府的鼓励和支持以及企业自身发展的需要，我国对外投资继续保持快速健康发展的势头。

2000年，江泽民总书记在向中央政治局通报"三讲"情况的讲话中，在全面总结我国对外开放经验的基础上，首次把"走出去"战略上升到"关系我国发展全局和前途的重大战略之举"的高度。2000年2月,江泽民同志在广东考察工作时指出:"当今世界经济的发展,要求我们必须勇于和善于参与经济全球化的竞争,充分利用好国外和国内两种资源、两个市场。随着我国经济水平的提高和现代化建设的推进,我们必须加快实施'走出去'的战略。这同西部大开发一样,也是关系到我国经济和整个现代化建设发展全局的战略""'走出去'和'引进来'是对外开放政策相辅相成的两个方面,二者缺一不可。现在情况与20多年前不同了,实施'走出去'战略的条件更具备了,要求也更迫切了。我国加入世贸组织后,将会为实施这一战略带来更多的机遇。必须不失时机地'走出去',让我们的企业到国际经济舞台上去施展身手。这个战略实施好了,对增强我国经济发展的动力和后劲,促进我国的长远发展,具有极为重大的意义"。2000年3月,全国人大九届三次会议把"走出去"战略提高到国家战略层面上来了。2001年,就把它写入了我国《国民经济和社会发展第十个五年计划纲要》(以下简称《纲要》)。《纲要》是这样阐述的:"鼓励能够发挥我国比较优势的对外投资,扩大国际经济技术合作的领域、途径和方式。继续发展对外承包工程和劳务合作,鼓励有竞争优势的企业开发境外加工贸易,带动产品、服务和技术出口。支持到境外合作开发国内短缺资源,促进国内产业结构调整和资源置换。鼓励企业利用国外智力资源,在境外设立研究开发机构和设计中心。支持有实力的企业跨国经营,实现国际化发展。健全对境外投资的服务体系,在金融、保险、外汇、财税、人才、法律、信息服务、出入境管理等方面,为实施'走出去'战略创造条件。完善境外投资企业的法人治理结构和内部约束机制,规范对外投资的监管。"

2002年,党的十六大报告提出:"坚持'走出去'与'引进来'相结合的方针,全面提高对外开放水平。"

3. "走出去"战略加快实施阶段

第三个阶段,以胡锦涛同志为总书记的党的新一代领导集体,对"走出去"战略也非常重视。这个阶段的特点就是加快实施"走出去"战略。2003年10月,党的第十六届三中全会通过的《关于完善社会主义市场经济体制的若干重大问题的决定》指出:"继续实施'走出去'战略……'走出去'战略是建成完善的社会主义市场经济体制和更具活力、更加开放的经济体系的战略部署，是适应统筹国内发展和对外开放的要求，有助于进一步解放和发展生产力，为经济发展和社会全面进步注入强大动力。""要积极鼓励和支持有条件的企业'走出去'，更多更好地利用国外资源和国际市场，要进一步完善相关政策法规，加强对境外投资的统筹协调，改善服务和监管，务求实效"，"要积极稳妥地实施'走出去'战略，在取得实效上下功夫。这既是新形势下充分利用两个市场、两种资源的重要途径，也是扩大国际经济技术合作、提高企业竞争力的重大举措"。

2005年政府工作报告提出："要进一步实施'走出去'战略。鼓励有条件的企业对外投资和跨国经营，加大信贷、保险外汇等支持力度，加强对'走出去'企业的引导和协调。建立健全境外国有资产监管制度。"

2005年全国对外经济合作工作会议指出："新形势下进一步做好对外经济合作工作，必须按照党中央、国务院的统一部署，以科学发展观为统领，准确把握国内外经济发展的新趋势、新特点，明确发展方向和目标；必须充分发挥自身优势，提高综合实力和国际竞争力，向更宽领域、更深层次、更高水平发展；必须不断完善体制机制，加强法制建设，提高管理协调能力，健全促进、保障、服务和监管等政策体系；必须坚持互利共赢、共同发展的原则，切实维护国家利益和经济安全。"

4. "走出去"战略巩固和全面发展阶段

第四个阶段，以习近平同志为核心的党的新一代领导集体，明确指出推动形成全面开放新格局，呼吁构建人类命运共同体，"走出去"战略得到了巩固和全面发展。2015年发布《中共中央国务院关于构建开放型经济新体制的若干意见》，该意见指出：对外开放是我国的基本国策。当前，世界多极化、经济全球化进一步发展，国际政治经济环境深刻变化，创新引领发展的趋势更加明显。我国改革开放正站在新的起点上，经济结构深度调整，各项改革全面推进，经济发展进入新常态。面对新形势、新挑战、新任务，要统筹开放型经济顶层设计，加快构建开放型经济新体制，进一步破除体制机制障碍，使对内对外开放相互促进，"引进来"与"走出去"更好结合，以对外开放的主动赢得经济发展和国际竞争的主动，以开放促改革、促发展、促创新，建设开放型经济强国，为实现"两个一百年"奋斗目标和中华民族伟大复兴的中国梦打下坚实基础。

"十三五"规划建议指出:"开放是国家繁荣发展的必由之路。必须顺应我国经济深度融入世界经济的趋势,奉行互利共赢的开放战略,完善对外开放战略布局。推进双向开放,促进国内国际要素有序流动、资源高效配置、市场深度融合。"

经过40年的开放,我国对外开放的基础和条件已经发生了根本性变化,开放布局需要完善,更需要创新,以深化开放程度,提高开放水平。党的十八大报告提出:"统筹双边、多边、区域、次区域开放合作。"中央全面深化改革领导小组第十六次会议强调:"提高利用国际国内两个市场、两种资源的能力,要牢牢抓住体制改革这个核心,坚持内外统筹、破立结合,坚决破除一切阻碍对外开放的体制机制障碍,加快形成有利于培育新的比较优势和竞争优势的制度安排。要从制度和规则层面进行改革,推进包括放宽市场投资准入、加快自由贸易区建设、扩大内陆沿边开放等在内的体制机制改革,完善市场准入和监管、产权保护、信用体系等方面的法律制度,着力营造法治化、国际化的营商环境。"中央全面深化改革领导小组第十八次会议指出:"要主动适应经济发展新常态,以创新驱动和扩大开放为动力,坚持巩固传统优势,加快培育竞争新优势,保持加工贸易政策连续性和稳定性,发挥企业主体作用,加强产业链分工合作,提升加工贸易在全球价值链中的地位,促进沿海地区优化转型,支持内陆沿边地区承接产业梯度转移,有序开展国际产能合作,深化加工贸易体制机制改革,建立健全与开放型经济相适应的管理体系,逐步变大进大出为优进优出,推动贸易大国向贸易强国转变。"

"十三五"期间的开放是全面开放、深度开放,是利用国内国际两个市场、两种资源的开放,是对内、对外同步双向的开放。"十三五"规划建议指出:"秉持亲诚惠容,坚持共商共建共享原则,完善双边和多边合作机制,以企业为主体,实行市场化运作,推进同有关国家和地区多领域互利共赢的务实合作,打造陆海内外联动、东西双向开放的全面开放新格局。"

2017年10月,中国共产党第十九次代表大会的报告明确指出,推动形成全面开放新格局。开放带来进步,封闭必然落后。中国开放的大门不会关闭,只会越开越大。要以"一带一路"建设为重点,坚持"引进来"和"走出去"并重,遵循共商共建共享原则,加强创新能力开放合作,形成陆海内外联动、东西双向互济的开放格局。拓展对外贸易,培育贸易新业态、新模式,推进贸易强国建设。实行高水平的贸易和投资自由化便利化政策,全面实行准入前国民待遇加负面清单管理制度,大幅度放宽市场准入限制,扩大服务业对外开放,保护外商投资合法权益。凡是在我国境内注册的企业,都要一视同仁、平等对待。优化区域开放布局,加大西部开放力度。赋予自由贸易试验区更大改革自主权,探索建设自由贸易港。创新对外投资方式,促进国际产能合作,形成面向全球的贸易、投融资、生产、服务网络,加快培育国际经济合作和竞争新优势。中国坚持对外开放的基本国策,坚持打开国门搞建设,积极促进"一带一路"国际合作,努力实现政策沟通、设施联通、贸易畅通、资金融通、民心相通,打造国际合作新平台,增添共同发展新动力。加大对发展中国家特别是最不发达国家援助力度,促进缩小南北发展差距。中国支持多边贸易体制,促进自由贸易区建设,推动建设开放型世界经济。

"走出去"战略共经历了四个阶段,第一个阶段是孕育了基本思想,第二个阶段是正式提出,第三个阶段是加快实施,第四个阶段是巩固和全面发展。

二、中国企业"走出去"体制机制的变迁历程

大力推进"走出去"战略已成为中国新时期对外开放的重点内容。然而,中国对外直接投资的发展现状却不容乐观。当前,寻找制约中国对外直接投资发展的各种因素,探寻中国对外直接投资的经济规律,对中国经济的全面协调可持续发展具有重大的理论与实践意义。中国对外直接投资实际上是体制机制的产物,并随着体制机制的变迁而不断发展。体制机制是一切问题的逻辑起点,研究中国企业的对外直接投资,必须从体制机制入手。

1. 萌芽阶段(1978—1991年)

这一阶段我国还没有真正意义上的企业主体"走出去",直至1988年国务院才正式决定以中国化工进出口公司为对外直接投资试点单位。在改革初期,我国能在海外设立分支机构的主要是长期从事进出口业务的专业外贸公

司和具有对外经济合作经验的大型企业,其中最具代表性的是北京市友谊商业服务贸易公司和日本东京丸一商社株式会社于1979年11月合资创办的"京和股份有限公司",它正式开启了中国企业对外直接投资的序幕。1980年3月,中国租船公司、中国船舶工业总公司同香港环球航运集团共同投资成立了总部设在百慕大的"国际船舶投资公司",并在香港设立了"国际船舶代理公司",成为当时中国对外投资额最大的一个项目。1980年随着深圳特区的成立,我国在对外开放方面迈出了重要的一步。在对外直接投资规模空前扩大的情况下,由于管理制度的不健全,以及企业国际经营经验的不成熟,出现了很多盲目跟风现象,一些没有对外直接投资条件的企业也开始对外投资,致使中国对外直接投资呈现一片混乱的状况。为了规范中国企业的对外直接投资,减少企业对外直接投资风险,1988年,国务院正式批准中国化工进出口公司进行企业对外直接投资试点,通过试点来探索对外直接投资的管理经验。经过1988年的试验调整后,国内许多大型企业也纷纷走出国门,寻找发展机遇,并积极参与国际竞争。这时企业的对外投资规模有所扩大。1991年,中国对外直接投资再次达到新高,全年对外直接投资36700万美元。到1991年,中国共有各类境外企业近2000家,其中贸易型企业800多家,非贸易型企业1000多家,分布在93个国家和地区。从特区开放到20世纪90年代末,我国对外贸易发展迅速,但对外开放的重点在国际贸易和利用外资两个方面。随着改革开放的深入,一些非贸易业务的投资逐渐增多但所占比例还是较低。据不完全统计,在1985年至1991年的这7年间,平均每年有128家非贸易性企业在国外设立,总投资金额达到29.45亿美元。另外就是移民海外的少数中国人投资开设中餐馆、贸易公司,这也间接加大了我国对外直接投资的规模。但是在我国对外直接投资规模和范围不断扩大的同时,也出现了一些管理制度方面的不足,如缺乏海外投资管理机构和海外投资审计与绩效评估机构,在对外投资方面实行严格的管控制度。

在萌芽阶段,由于我国对外直接投资在探索中前进,不可避免地出现了一些混乱状况。为了规范中国企业的对外直接投资,降低风险和减少投资损失,国务院以中国化工进出口公司为试点,通过试点积累对外直接投资的管理经验。此后,在政府的帮助下,国内许多大型企业纷纷走出国门,利用国外先进技术和丰富资源,更好地发展。

2. 初步探索阶段（1992—2000年）

中国的改革开放在20世纪90年代初受到了思想瓶颈的制约。1992年初，邓小平发表南方谈话，中国改革开放再一次在思想解放中获得新的发展空间。中国对外直接投资也获得了新的发展机遇，国家开始重视对外直接投资。邓小平于1992年5月视察了首都钢铁总公司，随后国务院批准首都钢铁总公司扩大海外投资和经营权，从而使中国企业的对外投资进入了一个新的发展阶段。当年首钢集团以第一个吃螃蟹的气势走上海外并购之路，斥资1.2亿美元收购了秘鲁铁矿公司，成为成功并购外国公司的第一家中国国有企业。这一收购虽然不太成功，但使首钢企业正式走上国际舞台。随着改革开放的深入，许多部门、地方和企业把发展企业对外直接投资提高到进一步促进经济发展的战略高度。但此时由于国内经济出现了通货膨胀的迹象，内部经济协调成为政府的中心任务。1996年，中国政府正式制定了关于发展海外投资新的战略方针：鼓励中国企业在对外直接投资中发挥自身比较优势，更好地利用国内外市场和相关资源。在1994年和1995年这两年内，境外企业增加了342家，协议投资只增加了2亿美元，年平均增长率分别为3.5%和2%。1998年后，由于亚洲金融危机给全球经济带来的负面影响，各国为了国内经济的发展，各种保护性措施相继出台，对外直接投资环境恶化，全球对外直接投资大幅萎缩。中国对外直接投资也面临严峻的考验。在外部环境恶化的同时，中国对外直接投资的内部环境却得到极大的改善。1998年，我国对外直接投资金额达到了前所未有的26.34亿美元。1999年4月，海尔投资3000万美元在美国小镇坎姆登举行了奠基仪式，并在之后取得了巨大的成功，进一步推动了我国对外直接投资的发展。

3. 战略起步阶段（2000—2007年）

在经过20多年的成功改革和对外开放后，我国在利用国内外市场和资源等方面取得了显著的成功。2000年，我国政府在实施"走出去"战略后，坚持"引进来"和"走出去"并举。2001年，我国正式加入WTO。2002年，党的十六大进一步指出，"走出去"战略是新阶段对外开放的重大举措，鼓励和支持各种所有制企业利用比较优势，带动商品和劳务出口，形成相当的规模。2002年10月，外经贸部先后颁布了《境外投资联合年检暂行办法》和《境外投资综合绩效评价办法（试行）》。2004年7月国家计委颁布了《国务院关于投资体制改革的决定》。2004年10月，商务部出台了《关于境外投资开办企业核准事项的规定》。这系列法规的出台，标志着中国对外直接投资进入了发展的"快车道"，确立了以市场为导向、以贸易为先导、以效益为中心的中国企业对外直接投资的基本原则。

4. 快速扩张阶段（2008年至今）

在经历金融危机后，我国对外直接投资达到了空前规模。2008年底，我国对外直接投资企业有12000多家，分布在全球174个国家和地区，投资覆盖率达71.9%。从投资方式的角度来看，并购已经成为中国企业"走出去"的主要方式。而并购的目的在于获取海外先进技术、营销网络，开发资源能源。因此，我国企业的并购领域主要为制造业、电力生产和供应业、交通运输业、批发零售业等。中国油气企业在2005年到2010年期间完成46宗交易，交易规模达到444亿美元；中国矿产企业在2009年全年完成33宗并购交易，创下了前所未有的92亿美元的价值总额；2011年，浙江吉利控股集团收购了沃尔沃公司100%的股权，此次收购大概花费17.88亿美元；2012年，我国企业完成了几笔具有代表意义的并购：山东重工花费3.74亿欧元收购意大利法拉帝集团75%的控股权；三一重工以3.24亿欧元收购德国普茨迈斯特公司，该公司以生产混凝土设备闻名；国家电网收购葡萄牙国家能源网公司25%的股权。这些都是中国企业抓住欧债危机的机会，大力并购的结果。2013年，我国企业不仅在并购领域上更加多元化，而且在交易金额上更加庞大，单项交易金额更创历史之最。中国企业在2013年内实施对外投资项目达424个，金额达529亿美元，其中直接投资占到63.9%，涉及采矿业、制造业等16个基础行业。中国海洋石油公司收购加拿大尼克森公司100%股权项目，此次收购金额达到148亿美元，创下中国企业海外并购的纪录。

从上述有关中国企业40年的投资历程可以发现，我国企业的对外投资已经全面开启，并处在飞速发展之中。不仅我国对外直接投资的规模逐渐变大，而且投资主体也从初期的国有外贸公司，发展到目前大型资源类国有企业、商业银行、民营高科技企业等具有比较优势的各种所有制企业。投资领域也从初期的简单贸易、运输和餐饮等仅有的几个行业，拓展到农业发展、技术研发、劳务输出、能源开发、购买外国政府和企业债券等多个领域；投资区域也从最初的中国香港和澳门、日本和东南亚等少数几个国家和地区，拓展到全球六大洲的170多个国家和地区。

第三节 企业"走出去"的经验与不足

新时期的"走出去"战略逐渐呈现出多层次、多方面、多方位的发展特点。无论是对外投资的领域还是对外投资的方式，都取得了突出的成就。"一带一路"倡议的提出和亚洲基础设施投资银行的设立对中国企业的发展来说更是难得的机遇，进一步加快了中国企业进入国际市场的步伐。

一、中国企业"走出去"的经验

1. 准确选择海外目标市场

准确选择海外目标市场，是"走出去"的前提。在做可行性研究工作时，可聘请当地知名咨询机构、顾问公司协助调研，以取得第一手的、详实的资料，一般要选择那些政局稳定、劳动力丰富、产品有出口配额的地区投资设厂。

从已经"走出去"企业的经验来看，无论是到欧美发达国家还是到第三世界发展中国家，都有成功的范例，比如海尔集团采取"先难后易"的出口战略，产品先出口发达国家创出品牌，然后再以高屋建瓴之势打开发展中国家的市场。海尔集团在美国南卡罗来纳州建成了"美国海尔"工厂，通过当地生产、当地销售，实现了"本地化"，海尔冰箱已占有美国200升以下冰箱市场份额的五分之一。同海尔集团的做法不同，国内的另外一些名牌家电企业采取"先易后难"的战略，把"走出去"的区域定位在非洲、中亚、中东、东欧、南美等地，也取得了骄人的业绩。小天鹅股份有限公司把马来西亚列为开展境外加工装配的首选地，是因为看中马来西亚政局稳定，离中国较近，运输方便，而且家电行业在马来西亚属于上升期。在马来西亚，华人在经济中发挥着重要作用，特别是商业领域中华人的优势更为明显。马来西亚属于东盟成员国，可以通过该国将产品以较低的价格出口到周边国家，并辐射到东盟地区。印度是世界第二人口大国，近年来经济保持了持续增长势头，居民消费能力不断提高，潜在购买力很强，但是彩电企业的开发技术落后，竞争力弱，品牌认知度不高，尚未形成稳定的市场格局，康佳集团完全能够凭实力抢占市场份额。格力电器公司在巴西建厂时，对当地的税收优惠政策，人力资源状况，当地居民工资状况，原材料供应能力，生产配套设施，厂家能否满足生产需求，当地政府对外投资项目的支持程度，购入原材料及产成品销售的运输里程，对周边地区及国家的销售辐射，当地能源供应价格及供应能力等，无不做详细深入的了解。

2. 加强研制开发，提高产品科技含量

近年来，国内不少企业大力实施科技创新战略。产品和技术双双达到世界级水平，国际竞争能力不断提升，产品出口呈现持续攀升势头，技术输出取得长足发展，在海外的品牌影响日益扩大。

随着科技实力的不断增强，春兰集团的先进技术在海外受到青睐，许多外国公司积极寻求与春兰集团的技术合作。面对新的形势，春兰集团调整经营策略，由原来的吸引投资、购买技术、引进高层次人才向海外投资、融资、技术合作、就地生产销售过渡，积极参与世界经济产业链，从更高层次上拓展海外市场空间，提高春兰集团驾驭海外市场的能力。技术输出和设备输出不仅为春兰集团增加了直接的外汇收入，而且还带来了巨额的散件出口订单。仅春兰出口阿根廷的壁挂式、窗式空调散件就达32500套，春兰集团的3个空调制造工厂，不得不加班加点生产，以满足空调散件出口需求。意大利、阿联酋、土耳其的经销商也纷纷给春兰集团发去大额空调订单，春兰空调在意大利的销量已经超过日本、韩国品牌，出口总额在亚洲和同类产品中名列前茅。春兰摩托车也大批量出口挪威、伊朗、科威特等国家，仅东南亚某财团一次就订购3000辆春兰摩托车。春兰冰箱除大量销往英国外，还打入了新西兰、斯里兰卡、孟加拉国等国家。在英国，春兰洗衣机刚投入批量生产，法国经销商就一次性预订8.3万台。在2000年法国巴黎家电产品展示会上，参观者看到，凝聚当今世界最新科技成果的无氟空调、超静音空调、变频空调、电子冰箱、超薄洗衣机、电喷摩托车、IC芯片、高能动力电池、新型储氢材料等一大批春兰高新技术产品，性能完全可以和世界名牌媲美。在这次展示会上，春兰集团不仅签订了2000万美元的出口贸易合同，而且进一

步提升了春兰品牌在欧洲的美誉度。

海尔集团的国际竞争力首先体现为产品技术超前。目前,海尔集团已在美国、日本等发达国家设立了10个信息站和6个设计分部。海外的网络不断把海尔产品在世界各地的信息反馈到总部,总部再利用全球的研发网络,集中在海尔中央研究院进行超前技术研究。海尔中央研究院集中了国际一流的检测设备,从而有效地保证了海尔不断推出新产品且保持国际领先水平,并根据国际市场需求来开发新产品。如海尔冰箱、空调、冷柜已达到美国南卡罗来纳州的工厂标准,在全美首家通过了美国2003年能耗标准,这就使海尔产品在美国市场的竞争力大为提高。此外,海尔出口欧洲的冰箱均已达到欧洲A级无氟节能冰箱标准,这种冰箱在德国、荷兰等欧盟国家销售时还获得两国政府颁发的补贴。海尔集团首席执行官张瑞敏把海尔集团由国内走向国外,不断在竞争中获胜的经验归结为一句话:海尔的竞争优势在于科技创新。

3. 坚持贸易先行,积极拓展当地营销网络

在商品贸易达到一定规模之后,再在境外投资建厂。这样做的好处是产品有销路,信息较灵通,成功率较高。为此,必须建立畅通无阻的销售渠道,特别是要利用好当地的销售网络。不少厂家采用代理制的方式,选择多家当地有名的代销商,利用他们的本土优势,使产品迅速占领当地市场。

海尔美国公司总裁迈克尔·杰马尔,是美国家电公司的执行副总裁。这个公司拥有海尔在美国的独家经销权。海尔冰箱得到了国际经销商的认可,拥有了自己的国际销售网络。康佳集团的康佳彩电成功销往俄罗斯、澳大利亚、南美、中东等60多个国家和地区,建立了五大主要外销市场,国际市场占有率迅速扩大,在此基础上又在印度投资办彩电装配厂。格力电器公司作为我国最大的空调生产企业之一,空调出口连续多年保持全国第一,在巴西建立了完善的网络和售后服务体系。目前格力电器公司在巴西的产品已销往14个州,有27个代理商、47个维修点以及安装公司,在主要城市的高档电器公司和大型超市都设立了格力空调专卖柜,正是基于这一坚实的市场基础,格力电器公司才决定在巴西投资2000万美元建空调厂。

4. 实施精品战略,全力塑造企业良好形象

在市场竞争中,良好的企业形象是企业可持续发展的动力。比如海尔

集团从1998年开始实施"零缺陷工程",全面提高了产品的可靠性、稳定性和一致性,使其产品以过硬的质量成为海外经销商眼中的中国名优产品。为了充分满足不同国家对空调产品的要求,格力电器公司生产出不同标准的空调产品,并及时提交产品样品供有关国际认证机构进行测试,在正式生产之前即取得产品认证。目前格力产品已通过日本JIS认证,德国GS认证,欧盟CE认证。春兰集团凭着严格的质量管理,产品在国内同行中率先通过ISO 9001、英国BSI、德国TUV、中国香港HKQAA等国际质量认证。日本机动车检查局根据美国标准和日本标准对春兰豹摩托车进行检测的结果显示,春兰豹摩托车排放指标优异,成为世界少数同时通过美国、日本双重标准认证的摩托车。在售后服务方面,海信产品在南非尽管返修率很低,仅有3%,但海信仍然提出,海信售出的产品一年内质量有问题可以更换,两年保修。海信还提出了"畅通无阻、快速反应"的服务口号,并建立了厂家—销售点—顾客的联系网,随时为顾客解决遇到的问题,从而保证了优质服务。

二、中国企业"走出去"的不足

1. 企业对外投资目标不清晰,核心竞争力不强

目标就是企业发展的方向,是企业生存的动力。企业经营目标,是在一定时期企业生产经营活动预期要达到的成果,是企业生产经营活动目的性的反映与体现。而现阶段,我国有的企业对外投资的目标不明确。"工欲善其事,必先利其器",核心竞争力是企业对外投资最具攻击力的武器,而中国企业却大多缺乏自有核心技术。目前,我国从事对外直接投资的企业,从整体上看,其创新能力不强,缺乏开拓海外市场的技术优势,这在很大程度上制约了国际竞争力的提高,企业发展的后劲不足。

中国企业实施"走出去"战略,可以在更大范围及更高层次上参与国际经济技术合作与竞争,充分开拓和利用国际国内市场,使企业自身得到发展,促进局部经济发展。但是目前来说,我国企业自身的核心竞争力还不够强,与外国企业相比还存在着很大的差距。这就需要我们的企业通过提高自身的经营能力、员工素质等来争取成功。

一方面,企业决策机制和内部管理机制不健全。目前我国一些国内投

资主体对其境外企业或境外投资项目监管力度不够，缺乏科学有效的激励机制，造成效益不高的问题。据调查，目前海外的中资企业大约只有1/3发展较好，1/3处于勉强维持状况，而另外的1/3则陷入亏损或停业状态。激励不足，利益分配体制不合理，造成许多优秀的企业海外代理人跳槽。并且有的企业好大喜功，将有限的资金用于多个项目的发展，没有制定明确的发展目标和规划，致使海外企业数目的增长快于投资规模的增长。由于制度的不健全，本来正在发展的企业最终走向了衰落。

另一方面，国际化复合型人才匮乏。目前全球经济一体化正在稳步推进，这就要求我们一定要有足够的国际化复合型人才，各个企业之间的竞争最终还得归结到人才的竞争，人才不足是我国企业扩大国际化经营规模、提高国际化管理水平的主要制约因素。发展国际化经营管理必须拥有相应的人才，不仅要精通金融、法律、财务、营销等方面的知识，更需要有战略性思想。目前我国比较缺乏这种复合型人才，我国企业对外直接投资设厂，因为不了解当地的风土人情及法律法规而发生的悲剧每年都有，所以在这种情况下我们可以通过考察，以及去当地学习，培养自己的人才，另外也可以直接聘用优秀的国际人才来弥补自身的不足。

2. 大型投资项目占比相对较少，对外投资方向过于集中

尽管我国对外投资的整体规模和项目数量都在快速上升，但从项目大小的分布情况来看，绝大多数都是1亿美元以下的小型项目，大型项目在整个对外投资中所占的比重相对较少。2015年，我国共有6700个对外直接投资项目获得审批，但其中投资额在1亿美元以上的投资项目只有166个，仅占全部投资项目数的2.4%。如何在稳步推动对外投资规模持续增加的同时，继续提高大型投资项目所占比重是下一阶段对外投资中需要加以注意的问题。

投资市场的多元化以及产业投资的均衡增长是抵御外部冲击，保持对外投资可持续增长的重要方式。从我国对外投资的国别分布和产业分布来看，虽然市场多元化和产业的均衡发展已初见成效，但仍然存在着一定的投资市场和产业过度集中的现象。2016年，在我国对外直接投资的国别分布中，美国、英国、德国、巴西和芬兰是最大的五个市场，这五个市场的投资额占对外投资总额的比重超过60%，其中仅美国一个市场的比重就达到了33%，呈现出非常明显的地理集中现象。同样的情况也出现在产业分布层面，虽然在

产业大类上，我国对外投资的产业结构已经逐渐趋于平衡，但在具体产业内部，产业过于集中的现象仍然存在。2016年科技产业对外直接投资中，26个大型项目中的8个都在医药行业，占到整个科技产业投资项目总数的31%。

3. 劳资关系处理不当

首先，存在相关法律法规不清，劳资纠纷不断的问题。近年来，我国对外投资经营企业正面临越来越多的劳资纠纷，主要表现为员工要求加薪和企业辞退员工。工人一般每隔两年或三年就要求提高工资，增加福利，资方如果不同意就罢工。例如，首钢秘鲁铁矿公司因工薪问题而多次发生集体罢工事件，每次都给企业带来高达几百万美元的直接经济损失。很明显，极少的中国企业对此有足够的心理准备和知识准备。曾经在美国本土企业当过厂长的大连远东集团负责人齐树民就强调，由于文化背景、国情的不同以及法律等问题，劳资纠纷成为我国企业"走出去"成败的关键。

其次，劳资关系越来越成为我国企业对外投资和国外撤资的棘手问题。我国对外经营企业或许没有想过，对外投资办厂所面对的将是高昂的人力成本以及巨大的工会压力。的确，投资欧美等地区的主要风险表现在生产成本较高。当地雇员工资普遍较高，福利也特别好，成本费用水平自然就提高了。此外，各国对员工社会福利保障措施、雇员比例等的法律制度非常严格，与国内法律相去甚远。建龙钢铁集团在印度考察后对当地的用工制度就很担忧："印度工会可以随时组织工人罢工，这对投资办厂来讲非常不利。"为此，该公司放弃了在印度的投资计划。由此可见，劳动力成本和劳资关系越来越成为企业"走出去"所面临的棘手问题。随着我国对外经营企业遭遇的罢工事件越来越多，考核投资地的劳工情况已成为海外投资前的重要一课。

4. "走出去"企业合规性隐忧显现，中国产业园区海外发展艰难

近年来中国企业积极"走出去"的同时，合规性隐忧开始逐渐显现。"走出去"的中国企业轻视尽职调查、投资情绪过热、东道国保护主义强烈、国际化水平低等，是导致"走出去"的中国企业合规性风险突出的主要原因。对此，企业方面应增强法律意识，注重监管信息和相关法律政策，树立正确的投资观念；政府方面需加强海外投资立法，增强国家间政治互信；另外，律所、行业协会方面要"走出去"，积极构建国际化团

队、成立相关专业委员会扩大国内外交流，提升对外法律服务的能力。

我国境外产业园区发展仍处于摸索阶段，存在开发成本偏高、经营形式粗放、配套设施不完善等问题。目前境外产业园区多以民营企业为主，园区规划不合理，落户项目缺乏，招商能力弱，缺少中央企业和国企等有集聚效应的项目。同时，对东道国法律和市场环境了解欠缺、综合情况分析和研究调查不足、企业本土化程度不高、投融资水平有限等问题表现突出。为此，企业方面需对接东道国发展战略、多元融资精细招商、树立企业责任、尊重当地习俗；政府方面要建立产业园区工作组、完善服务体系、建立战略示范园区、加强人才培养。

5. 跨境电商和中小企业海外发展困难多

近年来，淘宝全球购、天猫国际等跨境电商"走出去"浪潮迭起，其在产业运输风险、海关报关、风险管控与监管等方面的问题也开始逐渐凸显。传统销售方式不适应、物流清关报税体系不成熟、售后体验难保证、监管问题突出是主要原因。同时，近年来中小企业逐渐成为"走出去"主力军，融资难、融资成本高等问题却逐渐成为阻碍中小企业"走出去"的发展瓶颈。主要原因是金融市场不成熟、信用体系不健全、企业申贷门槛高、信息不对称。因此，企业方面需拓宽融资渠道、提高担保贷款额度、构建信用强企；政府方面需要发展金融机构海外布局、与国际金融机构交流合作、增强融资服务作用；另外，相关金融机构也要创新金融工具和融资方式、建立多元金融机构平台。

第四节 我国企业"走出去"的未来方向

中国企业将创新"走出去"模式，合理、合法地从投资国和东道国的税法规定夹缝中探求到更多财富，同时避免税务纠纷，将成为企业关注的重点。基于海外分支机构的形式、利用税收协议等税收筹划思路将被更多企业了解和运用；中资企业还将更加系统地设计"走出去"融资工具，实现方式创新；另外，基于"走出去"主体间的合作模式创新和完善，企业境外对外投资合作风险防范能力将大幅提高。

"一带一路"倡议契合沿线国家的共同需求，为沿线国家优势互补、开放发展提供了新平台，受到沿线国家的广泛响应和支持，这也将为中国企业开展国际投资合作带来历史性的新契机。目前中国在中亚地区的投资仅次于美国、荷兰。同时，中国对东盟国家、阿盟成员国等的投资明显增长。近年来，中国对东盟国家的直接投资流量持续保持增加态势。

中国企业将建成一批境外加工制造基地。一些具有较强比较优势的加工制造业，将更加贴近市场，到市场需求规模较大的发展中国家建立生产基地；境外加工贸易和贴牌加工产业运行模式进一步成熟；一批更加贴近能源资源产地的境外重化工业园区将加快建成，钢铁、建材等重化工业向境外转移呈现规模化态势，利用国际市场转移国内富余产能作用显著提升。同时，能源资源境外保障基地建设卓有成效。一批综合运用海外并购、权益投资、战略联盟的资源合作项目稳步推进，主要资源合作区运行成熟，多元化的能源资源进口战略格局将进一步完善。农业海外粮食基地进一步深度布局，境外大宗农产品生产加工物流基地迅速推进建设。

结合国际化经营规划，将建立中国企业国际化人才发展规划。盘点中国企业国际化人才队伍现状，分析国际化人才外部市场环境、发展趋势以及企业国际化人才队伍建设的主要差距和薄弱环节，借鉴国外的国际化人才队伍建设经验，进而确定国际化人才队伍建设的指导思想、发展目标、总体部署和重点任务。

从发展趋势看，中国企业"走出去"发展具有良好的前景。随着产业加快转型升级，企业治理结构日益完善，国际竞争力增强，中国企业境外投资规模将不断扩大，"利用两个市场、两种资源"的能力将显著增强。地方和民营企业将成为境外投资重点，中国境外投资将持续超过利用外资规模，对世界经济增长贡献率提高。1998年以来，中国境外企业通过海外并购、权益投资、战略联盟等途径，相继建成了一批农业产业园、科技园区、重化工业园区、产业合作集聚区和贸易加工制造基地，产销更加贴近市场，有利于绕过贸易壁垒，有效利用过剩产能，促进产业规模化转移。目前，中国各类海外园区已有上百家，在"一带一路"沿线国家，我国在建合作区项目有70多个，基础设施投资、入区企业投资迅速增长，创造了大量就业机会，成为产能输出的重要载体。在"一带一路"沿线国家投资价值排行榜中，排名靠前的国家依次为新加坡、俄罗斯、哈萨克斯坦、沙特阿拉伯、越南、阿联酋、马来西亚等。

实施"走出去"战略，可以使企业更广泛地参与国际经济竞争与合作，提高国家的经济实力，是适应经济全球化发展趋势的必然要求。对于如何更好地推进"走出去"战略，我们主要从以下两个方面出发。

一、企业自身方面

1. 解决融资难题

首先，中小企业必须建立市场融资体系。我国的中小型企业融资渠道非常有限，一般除了为数不多的大型知名企业和国有企业之外，普通的中小企业融资能力都很弱。目前我国企业的融资渠道大致分为三种：银行申请贷款、发行企业债券、发行股票上市直接融资。从当下情况来看，中小企业还未建立起外部市场融资体系，大多数都是内部融资，这使得企业很难形成规模化生产。我国中小企业面临的融资问题非常突出，许多中小企业由于难以筹措到资金而不能最优化地发挥其能力，这已经成为制约中小企业发展的重要因素，所以要想促进中小企业的发展，必须建立完善的企业外部融资体系。

其次，建立完善的、多层次中小企业融资体系。总体上来说，我国的国有商业银行主要为国有大中型企业服务，而中小企业想要得到国有商业银行的信贷支持非常困难。所以想要解决融资难题，必须改变国有商业银行主要支持国有大中型企业的指导思想，鼓励其把贷款投到符合国家产业政策、效益好的中小企业上来。既要增加对高科技中小企业的信贷投入，积极为其提供信贷、结算服务，引导它们改善经营管理，提高产品质量和技术水平；又要支持高科技含量、高产品附加值和有市场潜力的中小企业发展，鼓励它们进行技术改造和技术创新。

最后，加强中小企业融资风险管理，建立和完善企业管理制度。我国的中小企业，尤其是中小民营企业，很多都是家族式企业，实行家族式管理，现代企业法人治理结构并没有建立起来。这样不仅会导致偷逃税款、欠债不还等问题，也会使得很多中小型企业达不到走出国门的条件。也就是说，如果我国中小企业想要上市，前提是把自己先变为公司，必须做到经营管理规范化，建立完善的公司治理结构，才能为自己通过信贷或者是股权融资创造必要的条件。

2. 创新提高企业国际竞争力

我国从事对外贸易的中小企业，多有产品创新不够的国际竞争劣势。中小企业缺乏创新带来的直接后果就是使得众多的中小企业大量出口低价同质的劳动密集型产品，而且由于缺少必要的专业规范和行业约束，国际贸易纠纷不断，国际经营环境恶化。近年来，我国的中小企业粗放式对外贸易经营模式不断遭受倾销指控及产品安全指控，甚至还出现仓库被烧毁、货物被海关没收等恶性事件。我国中小企业如果想要"走出去"且"走得好"，就必须提升自己产品的质量，在国际市场上树立自己的品牌，不断地通过创新来开拓国际市场。党的十七大提出"要提高自主创新能力，建设创新型国家，大力推进技术创新，提高核心竞争力"。科技是第一生产力，企业进入国际市场首先应培育自身的核心竞争力，企业核心竞争力包括产品品牌、技术体系以及企业文化等，最关键的是具有领先技术且不断创新和达到国际质量标准的核心产品。

3. 企业应明确自己的"走出去"战略定位

针对许多中小企业盲目跟风，大批"走出去"的现状，除了需要国家法律和国际法规的治理外，最重要的是中小企业自身应该有所改进，企业在计划开拓海外市场前，应该有计划、有目的地"走出去"。

首先，制定科学合理的"走出去"战略。企业要"走出去"，首先面临的就是选择以什么样的战略来实现"走出去"，企业需要根据自身的特点和条件、国际市场环境的变化选择合适的发展战略。比如，对于中小型企业，应以出口为主，通过扩大出口，开拓国际市场，为企业的进一步发展奠定基础。随着企业实力的增强和规模的扩大及国际经营能力的提高，再转换到国外生产的方式，争取早日成为世界级的跨国公司。

其次，正确定位目标市场。目标市场一般要满足以下条件：（1）与我国建立友好外交关系。从历史来看，政治风险和国家冲突往往导致企业投资风险。（2）政治稳定、法律健全，具有稳定的社会环境。（3）有吸引外资的优惠政策，能公平友好地对待外资进入。

我国中小型企业要想更好地实施"走出去"战略，必须理性地做出选择，选择合适的地方进行海外直接投资，同时也要选择好正确的投资对象，在积极响应"走出去"战略的同时不要盲目跟风。我国的中小型企业必须选择适合自己的道路去行走，只有这样，它们才能更好地在激烈的海外贸易中求得生存与发展。

4. 培育一支具有专业知识的人才队伍

人才的储备是企业做大做强的重要法宝，是企业"走出去"的关键。企业要走出国门，不仅要有雄厚的资金，而且必须拥有一支具有专业知识的核心开发团队，我国中小企业若想更好地"走出去"，必须要重视人才的挖掘及培养。实施"走出去"战略，迫切需要的是一批具有国际化经营管理能力的复合型人才，他们不仅会外语、知法律，而且还应通惯例、懂经济。因此企业必须采取各种措施，加大对人力资本的投资，建立科学的人才评价体系和完善的绩效评级方法，培养人才、吸引人才。

5. 更加重视全产业链布局，以提升各环节国际竞争力

现阶段，中国企业"走出去"主要是为了获得海外先进的研发技术、知名品牌、高端人才、各类资源、市场渠道、先进的管理经验等。中国企业的全球化发展不仅是劳动密集型产品的输出，而且是全产业链上的全面发展布局，以提升产业链上各个环节的国际化水平为抓手，提高企业的国际竞争力。随着更多的中国企业扬帆出海，在全球范围内进行战略布局、调动资源配置等企业活动将逐步增多，加速全产业链上的全球化发展，是中国企业在全球竞争中脱颖而出的战略之一。

6. 更重视本土化战略，与当地社会共享企业发展效益

多数中国企业在"走出去"过程中，开始重视本土化战略发展，重视与当地协同发展。企业全球化的成功，来自本土化的能力。中国企业进入海外市场，已经开始重视提高与当地社会的沟通能力、与当地人民的合作能力、与第三方组织的协调能力、在不同市场因地制宜的经营能力。企业植根于当地，与当地人民构筑信赖关系，为当地社会提供就业岗位、增加税收，同时赢得当地消费者的青睐，是企业提升国际影响力的关键因素。

二、政府方面

1. 优化主体结构,加大对中小企业对外投资政策支持力度

一方面,目前我国率先"走出去"的企业一般是具有雄厚经济实力的大型国有企业。但是我国的国有企业自身存在很多不合理之处,存在很多的体制方面的障碍,若想促进我国中小型企业的发展,政府应该对我国的国有企业的产权结构进行改革和重组。另一方面,作为中国经济成长最重要的推动力,政府需要鼓励经济实力强、技术水平高、熟悉国际化经营的民营企业大胆"走出去",使之成为"走出去"的主体。

对符合国家战略利益的领域和项目,政府应该在财政上给予补贴,可以直接进行补助或是在贷款利息上给予支持;并且提供税收方面的支持,制定相应的税收优惠政策;鼓励企业积极"走出去",给予前期资金支持。

2. 完善法律保障体系,积极倡导中小企业学法、懂法、用法

中小企业面向海外市场时,会遇到各种各样的贸易难题,此时,中小企业必须学会用法律手段来保护自己的权益,捍卫自身的利益。企业"走出去"需要法律的支持和保护,我国在对外贸易方面的法律体系越完善,我国的中小企业在进行对外贸易时越有保障。所以我国政府应加快对外投资法律体制建设,为我国中小企业"走出去"创造良好的法制环境。

3. 消除投资壁垒,创建良好的国际投资环境

尽管目前我国已经成为世界出口大国,但是随着我国经济实力的不断增强,某些国家和地区对我国增设了各种贸易壁垒和贸易关卡,给我国中小企业的对外贸易发展带来障碍,严重阻碍了中小企业"走出去"的步伐。为了促进中小企业更好地在国外发展,政府需要加大工作力度,积极加入各种区域组织,建立双边以及多边的贸易合作伙伴关系,消除其他国家对我国设置的投资、贸易壁垒,为企业"走出去"创造良好的国际环境。

参考文献

[1] 张宁. 国企海外投资要警惕哪些恶意指责. 人民论坛，2018（13）：85-87.

[2] 王战，张秦. "一带一路"倡议下中国企业投资非洲铁路建设的违约性风险与规避研究. 理论月刊，2018（4）：174-180.

[3] 赵瑾，申恩威，张宁. 构建开放型经济新体制的方向与趋势. 开放导报，2018（2）：23-28.

[4] 戴翔，张二震，王原雪. 习近平开放发展思想研究. 中共中央党校学报，2018，22（2）：12-22.

[5] 向明华. 外国投资国家安全审查法律问题实证研究. 法治社会，2018（2）：11-23.

[6] 李香菊，王雄飞. 中国私有企业对"一带一路"沿线国家直接投资研究. 国际贸易，2018（1）：41-46.

[7] 卢舒. "一带一路"背景下自贸区的发展研究：以福建为例. 现代营销（下旬刊），2017（12）：196.

[8] 权衡. 经济全球化的实践困境与"一带一路"建设的新引擎. 世界经济研究，2017（12）：3-8，132.

[9] 顾钰民. 推进现代化经济体系建设. 中国特色社会主义研究，2017（6）：15-19.

[10] 王遐见，杨玲. 习近平构建人类命运共同体新格局的大国外交思维. 观察与思考，2017（11）：45-50.

[11] 习近平. 决胜全面建成小康社会 夺取新时代中国特色社会主义伟大胜利：在中国共产党第十九次全国代表大会上的报告（2017年10月18日）. 美与时代（上），2017（10）：1.

[12] 顾海良. 中国特色社会主义政治经济学发展的新境界. 新视野，2017（2）：5-11.

[13] 郝中中. 我国对外直接投资的制度变迁及特点分析. 对外经贸实务，2014（11）：70-73.

[14] 张宏，韩颖，张鑫. 异质性与中国企业OFDI自我选择效应实证检

验.亚太经济,2014(4):97-104.

[15]顾新宇,张硕.异质性企业贸易理论对我国企业"走出去"的启示.北方经贸,2014(7):20-21.

[16]刘利.中国跨国并购国家安全审查风险浅析.知识经济,2013(7):87.

[17]桑百川,郑伟,刘洋.推进中国企业"走出去"健康发展.中国经贸,2012(4):37-39.

[18]李平,徐登峰."走出去"战略:制度形成与改革展望.国际经济合作,2008(5):4-8.

[19]李敬,冉光和,万丽娟.中国对外直接投资的制度变迁及其特征.亚太经济,2006(6):81-84.

[20]杨国勇.中国企业跨国经营的障碍与对策.企业经济,2003(10):133-134.

[21]张迎红.国内知名企业如何成功开拓海外市场.乡镇企业科技,2002(10):14-16.

[22]许胜.国内企业如何成功开拓海外市场.中国对外贸易,2001(5):36-37.

[23]郭福全.我国跨国经营的问题与对策.西安:西北工业大学,2001.

[24]王春兰.中国对外直接投资区位选择研究.上海:复旦大学,2008.

第九章 形成全面开放新格局

第一节 改革开放初期选择先扩大对发达国家开放的历史必然性

"二战"以后的凯恩斯主义由于侧重需求端的扩大导致了西方产能的过剩,20世纪70年代的经济危机催使新自由主义上台并迫使产能向外进行转移,而我国依靠充沛的剩余劳动力资源恰巧适应了这一过程,并在开放吸纳外来过剩资本中促成了大国内生经济发展模式的形成。因此,按照新马克思主义学者的经典理论观点,我国在改革开放初期及以后选择以发达国家为核心的对外开放战略,具有一定的理论和现实上的必然性,正是这种必然性促发了中国的对外开放,其进程也必然是一个逐渐融入替代与引领全球化的过程。

一、缓解资本积累危机的时空方法

缓解资本积累的时空方法就是当资本主义再也无法在某一区域通过扩大再生产来实现可续的积累时,在内部空间无法消化的背景下,通过时间推移和地理扩张来缓解资本主义过剩资本和过剩劳动的经济危机,是资本避免贬值获取新利润的重要方式。在世界体系下,剩余价值可以通过空间转移的方式来实现,即通过生产场地的地理转移来实现。在价值转移过程中,在某一地方生产的剩余价值因受阻而难以在当地变卖和得到积累,而在另一地方生产的剩余价值却得到了增值。因此,在地理发展不平衡的背景下,区域之间资源的互通可以保障区域之间各自比较优势的发挥。吸收剩余资本和劳动力有各种途径,例如对空间的生产、对劳动分工在新领域的组织、获取新的成本更低的资源配给、资本积累的新的动态空间,以及资本主义生产关系和制度安排对现有社会形态的渗透(例如市场法则以及私有财产保护等)(大卫·哈维,2016)。19世纪,英国的过剩资本转移至美国、加拿大、南非、澳大利亚、印度等国家和殖民地,使这些地方成为新的充满活力的资本积累中心,同时这些地方又增加了对英国商品的需求。资本主义在新的地域需要很长时间才能走向成熟并出现过度积累问题,因此在相当长的一个时期内都有利于资本的输出国。如果新的区域需要基础设施来奠定未来资本积累的基础,那么这将更有利于资本输出国。例如,英国在19世纪下半叶对阿根廷输出了大量资本,美国通过马歇尔计划重建了欧洲和日本。

二、资本积累危机与东亚生产网络

20世纪六七十年代以来,全球制造业产品的价格上涨幅度落后于固定资本费用和工资的上升幅度,欧美日发达资本主义国家之间制造业日益加剧的国际竞争,导致了全球范围内制造业部门利润率水平持续下降和制造业的生产过剩,使得全球制造业面临着生产能力和产量的双重过剩问题。以新自由主义为核心的里根主义和撒切尔主义开始取代凯恩斯主义成为发达资本主义国家的主导思想,在供给主义旗帜下,各国都开始有意地通过加大失业规模以压低工资增长幅度,削减公司所得税和缩小公共服务支出等途径来直接执行有利于资本的收入再分配政策,以提高私人的盈利率。这种政策转向为解决制造业生产能力和产量过剩问题提出了设计方案,大批在凯恩斯主义信用扩张和财政扩张下保存下来的高成本、低利润的厂商面临被淘汰的风险,开始向外寻找较低成本的区域。以美国为例,从20世纪60年代开始,美国制造从东北部产业带,向南部产业带转移。到了80年代以后,这一趋势变得不再明显,南部产业带的制造业规模也在缩小。美国本来就是一个劳动力稀缺的国家,随着经济的发展,劳动力成本进一步提升,纺织和服装业的人力成本增加。一旦运输费用降得足够低,美国的纺织和服装业难以生存,就迟早会转移到低成本国家。

20世纪七八十年代以来,在新自由主义思想的影响下,各国开始大力推进贸易自由化和投资便利化进程,欧美发达资本主义国家的对外国际投资与贸易也开始大规模上升,由此在全球掀起了全球化浪潮。东南亚、东亚地区由于人口众多、劳动力价格低廉而逐渐成为国际资本投资的热点地区。由于欧美发达经济体旺盛的需求以及制造业的重新布局,首先在亚洲"四小龙""四小虎"等地区形成区域性网络,通过加工生产与组织零部件并对欧美出口最终产品,并不断扩散到亚洲其他地区,最终形成大规模的亚洲生产网络。80年代末的日元大幅升值、"四小龙"货币升值削弱了其出口竞争力,迫使企业加快生产的优化配置,将劳动密集型工序转移到亚洲其他成本更低的地区,或通过委托加工的方式将低附加值的生产环节外包,亚洲生产网络的范围开始逐步扩大。由此,东亚与欧美等发达国家的经济联系开始大幅增强,形成了中心外围的贸易投资三角格局。

三、率先面向发达国家的对外开放具有历史必然性

改革开放之初,中国拥有将近10亿人的庞大人口规模,众多闲置在农村的劳动力随着农村家庭联产承包责任制的推行而从土地的束缚中走出来,形成了中国在劳动力成本上的比较优势,具有发展劳动密集型产业的全球优势。20世纪末期,美国制衣业工人每小时赚取9.56美元,萨尔瓦多工人赚1.65美元,在中国这一数字仅为68~88美分,中国外向型制衣雇用的年轻农民工的工资可谓极为低廉。中国庞大的人口基数和辽阔的国土面积,也使得中国在基础设施、制造业等领域对外资的需求较大,并能够为外资在中国的生产盈利提供庞大的当地市场。中国明显是一个可以吸纳剩余资本的候选国(大卫·哈维,2003)。根据卢森堡的资本积累理论,非资本主义环境为资本主义国家提供商品输出的市场,非资本主义的作用在于它成为发达资本主义的巨大原材料仓库和劳动力储备市场。因此,20世纪70年代末期的中国改革开放,一方面中国迫切需要参与全球资本的空间生产,进而在融入全球化经济体系中借助国际劳动分工实现本国的发展;另一方面,发达国家过剩产能和过剩资本希望找到新的市场、新的劳动力蓄水池和新的区域来保持资本的增值。输出生产力意味着要输出一揽子资本主义生产方式,其中包括分配方式和消费方式。这似乎是解决资本主义过度积累问题的唯一方法。发达资本主义国家也希望通过输出过剩产

能，逐渐影响、改变吸收国的政治经济制度，进而实现非资本主义生产生活方式的资本主义化。

在吸引外资上，中国走出了一条利用海外华侨资本带动国际资本进入的道路，取得了巨大成功。发达国家是对外投资的主体。中国的外商投资最早来自香港和台湾，港台企业在改革开放初期率先对内地（大陆）进行投资。发达国家的投资者紧随其后，外商直接投资的资本流入到了足以使中国经济发生根本性变化的程度。在珠三角和长三角地区，有数以万计的港台居民，在上海居住着大量的台湾人，人数为25万~50万人。21世纪初，这些人开设了5000多家企业，代表着100亿美元的外商投资。香港人1994年在深圳开办了30000家工厂，雇用了600万人，相当于整个香港的人口（Fishman，2005）。在港台商人的带领下，世界各国和其他各种规模的企业开始在中国内地（大陆）投资，世界500强多数也在中国建立分公司和贸易代表机构（张帆，2014）。21世纪初，在中国加入世贸组织之后，外商投资企业大量进入中国，外资企业产品出口对中国出口的贡献已占出口总额的一半以上，外商投资企业就业量已经超过1000万人。金融危机前的2005年，香港对内地投资总额为179亿美元。日本对中国的投资额为65亿美元，是美国30亿美元的两倍多，欧盟对华的投资也超过美国为50亿美元，三者占比为24%（投资总额为603亿美元）。金融危机以来，欧美日发达国家对外投资开始减少，并出台了吸引资本回流的政策。但是，成长为巨大市场的中国依旧是外资的投资热点地区。2016年，中国实际利用外资达到1260亿美元，依然处于世界前三名之内。其中，来自香港地区的投资依旧独占鳌头，占比为69.19%。尽管来自香港的初始投资者多元，但发达国家和地区应该占有更大的比重[1]。在世界主要发达国家中，来自日本的外资为31亿美元，来自欧洲的外资为94亿美元，来自美国的外资为24亿美元，三者占比约为12%。

---

[1] 香港是内地最大的投资者，从1985—2005年，香港累计投资占外资总额的42%。2005年123亿美元的外商直接投资资本流入来自英属维京群岛、百慕大、开曼群岛以及其他避税港公司。从其他来源我们知道，台湾企业在开曼群岛和维京群岛以及其他避税港都有大量投资。香港企业面对自己的政治风险也有动力通过第三方地址来转移投资。一般而言，将这些来自避税港的投资与来自香港和台湾的投资一起考虑还是说得通的（巴里·诺顿，2007）。

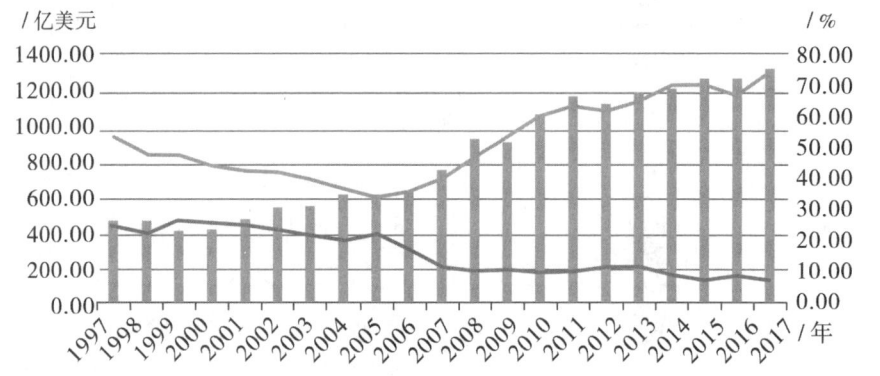

图9-1 中国实际利用外资规模与主要来源地占比

数据来源：wind。

第二节 扩大对发达国家开放实现了中国经济的快速复兴

幅员辽阔又处于城镇化与工业化进程中的中国，对基础设施等固定资产的需求巨大，成为西方发达国家和自身资本积累的重要区域。正是借助于发达国家和地区的原始资本投资，中国依托自身庞大的市场形成了内生化的增长模式，并日渐提升其在国际分工中的地位。如今，中国已经成为世界贸易大国、投资大国，并在多个技术和产品领域形成了自身在全球中的比较优势。2017年，中国吸收外资1360亿美元，成为全球第二大外资流入国。而这一规模，在1991年仅为50亿美元。中国市场规模上升幅度非常快，对国外商品的需求也不断上升，加之作为亚洲生产网络的核心，可以说中国已经成为发达国家与发展中国家贸易的重要枢纽之一。

一、在面向发达国家或地区开放中集聚了国际化人才

推动中国学生到海外发达资本主义国家留学是近代以来推进民族国家复兴的重要战略。清末洋务运动时期，政府资助了许多有志青年远赴日本、美国及欧洲等发达资本主义国家和地区求学，为中国近代工业培养了一大批实

业和技术人才。中华人民共和国成立初期，为支援祖国建设，以钱学森、李四光等为代表的一批在欧美发达资本主义国家留学的人才选择回国，为新中国的工业、科研、教育和国防建设事业建立了卓越功勋。1978年，中国实施改革开放，提出要加快对外派遣留学生的步伐。同年12月26日，首批52位留学生在中美建交前夕启程赴美，成为中国改革开放的一个重要事件，也是中国走向世界的重要一步。1978年，欧美同学会约有会员4000人，留学地主要是苏联、东欧等国家和地区，进入20世纪90年代之后，会员达到了万人，留学地主要是欧美发达资本主义国家[1]，尤以欧美日等发达国家与地区为主。

随着政策环境和经济环境日趋改善，近年来，海外人才向中国回流的趋势已更加明显，这不仅表现在归国人员数量快速增加，而且表现在归国人才层次不断提高。教育部数据显示，1978—2015年中国出国留学人数累计达404.21万人。其中，126.43万人处于学习研究阶段，221.86万人选择学成回国，学成回国学生占已完成学业学生群体的79.87%。《中国留学发展报告（2016）》蓝皮书显示，2015年中国留学回国人数达40.91万人，较2014年增加4.43万人，增幅为12.14%。2016年，中国留学回国人员增长率首次超过出国留学人员，高出1.7个百分点[2]。2015年，出国与回国人数比例已从2006年的3.15∶1下降到2015年的1.28∶1，且呈现人才加速回流态势，高学历、高层次人才回流占比明显提升，中国正在经历中华人民共和国成立以来最大规模的海外人才回归潮。"海归潮"的到来，进一步提升了中国在国际上的竞争力。大量"海归"人才释放出巨大发展能量。2016年，全国共有留学人员创业园300多个、入园企业2.4万家。2015年技工贸总收入超过2800亿元，6.7万名留学人才在园创业。科技部数据显示，2016年，中国国际科技论文数量稳居世界第二位，科技进步贡献率增至56.2%，创新型国家建设取得重要进展[3]。

---

[1]《海外人才回流：加快中国融入世界的步伐》，http://www.china.com.cn/book/zhuanti/qkjc/txt/2009-03/18/content_17463102.htm。

[2]《海外人才回流会给中国带来什么影响？》，https://mp.weixin.qq.com/s/dv87IuJBkFyeSspnS69a6w?。

[3]《人才回流加速，中国迎最大规模海归潮》，《人民日报》（海外版），http://www.chinanews.com/gn/2017/02-28/8161137.shtml。

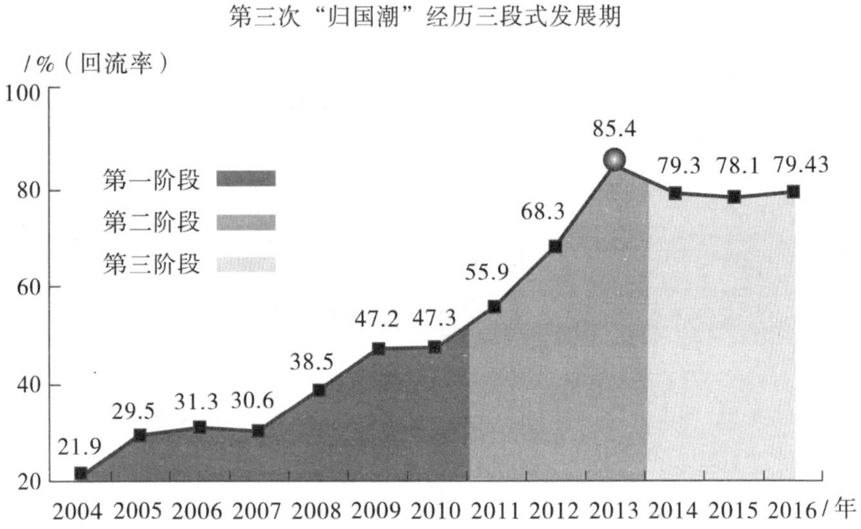

第三次"归国潮"经历三段式发展期

图9-2　中国留学人才回流率

资料来源：加拿大中文报（2017-10-15）。《海外人才回流会给中国带来什么影响？》，《加拿大中文报》，https：//mp.weixin.qq.com/s/dv87IuJBkFyeSspnS69a6w？，2017年10月15日。

备注："留学人员回流率"指的是同一时段内，留学回国人数占出国留学人数的比率。如果回流率≥1，则表示归国人数≥出国人数；如果回流率<1，则表示归国人数<出国人数。

二、利用发达国家和地区外商直接投资推动内生发展

外商直接投资填补了改革开放初期的资金缺口和技术缺口。改革开放初期，中国虽然有巨大的劳动力成本优势，但在资金和技术上却面临着较大的缺口。改革开放40年，通过大规模引进发达国家和地区外商直接投资，中国成功地融入了经济全球化进程，实现了对外贸易和外汇储备的快速增长，有效地解决了改革开放初期经济发展的资金短缺问题。1992—2005年，中国出口增量的三分之二都来自外商投资企业（巴里·诺顿，2007）。从金融危机前的2006年至今，尽管外商投资企业出口占比有所下降，但其出口也始终占中国全部出口总额的40%以上（隆国强等，2017）。外商投资也带来了管理经验、营销渠道和技术。外商直接投资包括对生产过程的部分控制，因此会

有一些管理知识的转移。外商直接投资已经成为中国技术转让的重要来源，在中国的工业增长、技术转让和贸易扩张中扮演着重要角色（巴里·诺顿，2007）。有些观点认为外商直接投资是促进中心外围依附性关系的重要载体，往往导致东道国区域成为来源国的附庸。上述观点并不确切，实际上外商投资所孕育的区域间等级关系，受诸多区域性因素的影响——这取决于区域之间的关系和在每个区域处于主导地位的条件。对于一些区域，外商直接投资不仅仅是投资与就业、技术转让、销售渠道、管理经验与经营理念对外传播的主要渠道，也是促进东道国地区具备内生发展能力的重要原发性力量。

假定某地区承接了外来工业资本的转移，外来资本的到来使得本地区的劳动力可以通过就业而学习到相关生产技术，本地区原有的企业可以通过与外来资本的配套而提升自身的资源利用效率，并刺激其加强技术学习，保持改进和创新动力。随着时间推移和外来企业新技术的不断注入，在外来企业工作的中高端管理和技术人才可以独立出来设立新的企业，并在逐渐累积技术经验和资本中成长起来。而本地企业随着配套能力的增强，也开始从单一的零部件配套转向整个产品的研发生产，尽管其开始可能处于模仿阶段，但它具备了进一步扩大生产的能力，进而催生更多本地区人员参与类似产业的生产，推动了专业化经济的产生。随着专业化分工能力的提升，本地企业逐渐通过模仿创新有了自身的新产品，并开始服务周边市场。众多的外来生产企业及本地企业的相互合作，推动了该地区专业化经济和多样化经济的产生，进而为知识资本、金融资本、商业资本等提供了市场，也为集聚外来人口和产业提供了市场和就业基础。很多国外发达地区的科技研发、管理咨询等生产性服务机构也开始在本地落户，进而为本地产生高端生产性服务业尤其是建立在工业实体经济基础上的生产性服务业提供了土壤，通过联合也好、本地自建也好，本地均有了内生发展支撑本地产业进一步壮大的能力。因此，在产业集中的基础上，本地较大规模工业企业开始主辅分离、内部生产与服务的分离等，产生了本地的生产性服务业，外来与本地生产性服务业的结合，对本地工业企业技术水平的提升发挥支撑作用，促使本区域成为多样化经济快速增长的新空间。随着本地资本生产过剩和技术进步，本地的劳动力成本和土地租金成本也日益上升，部分在竞争中的企业又开始寻找新的空间，以满足获取剩余价值的需求。综上，竞争环境下资本的对外扩张，能够不断提升传统发达地区和新空间的内生发展能力，在集聚经济的循环因果累积关系下，该区域由不发达区域逐渐成长为区域发展的新空间。

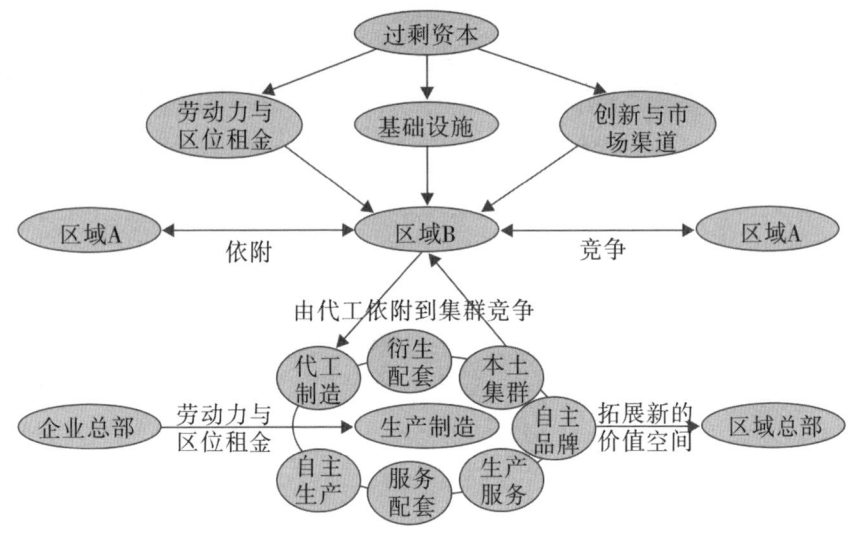

图9-3　区域发展新空间的形成、模式与等级图

备注：区域A为发达地区，区域B为区域发展新空间。

三、利用发达国家和地区市场融入全球生产网络体系

改革开放之初，中国制造业缺乏竞争力，整个国家能够用来贸易的主要是初级产品。在这一背景下，中国借助劳动力优势发展加工贸易融入了亚洲生产网络，成为衔接东南亚地区、东亚日韩两国与欧美发达国家和地区的贸易平台。欧美日在20世纪后期一直是中国最主要的贸易伙伴。欧美日与中国的货物贸易基本上占到了中国货物出口总额的半壁江山，最高时曾经超过50%（见图9-4）。进入21世纪之后，随着中国经济规模的日渐扩大和加工贸易产业的转型升级，中国与其他经济体的贸易往来日益频繁，加工贸易占比

也日益下降，与发展中国家的贸易规模扩大的速度已经超过欧美日等发达国家和地区，但与欧美日发达国家和地区的贸易依然占有近40%的比重。2017年，我国进出口总额27.79万亿元，其中出口15.33万亿元，进口12.46万亿元，已经连续多年保持全球货物贸易第一大出口国和第二大进口国地位。借助于亚洲生产网络，中国快速增长的贸易直接扩大了其在全球三大主要市场（欧盟、日本和美国）上的市场份额。1980—2003年，来自中国的进口商品在日本进口总额中所占的比例从3.1%增加至18.5%，在欧盟这一比例从0.7%增加至8.9%，在美国则从0.5%增加至12.5%。2017年日本为24.43%，欧盟为20.1%，美国为21.6%。

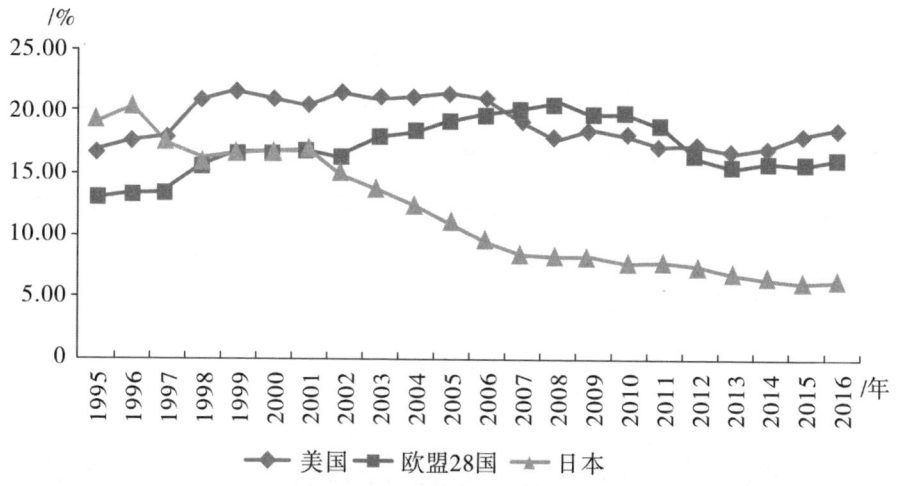

图9-4　中国对美欧日出口占中国对外出口总额比重

数据来源：联合国UNCAD数据库。

中国通过亚洲生产网络逐渐成为全球生产网络体系的枢纽型国家。亚洲生产网络兴起于20世纪中后期，由于欧美发达经济体旺盛的需求以及制造业的重新布局，首先在亚洲"四小龙""四小虎"等地区形成区域性网络，通过加工生产与组织零部件并对欧美等发达国家出口最终产品，并不断扩散到亚洲其他地区，最终形成大规模的亚洲生产网络。20世纪80年代日元的升值，90年代东南亚的金融危机，迫使资本开始将中国作为重要的输出地。以日本为核心的亚洲生产网络格局发生了重大变化：一是日本经济陷入长达20年之久的衰退之中；二是中国加入世贸组织后通过承担越来越多亚洲乃至全球的制造业工作,取代了日本成为亚洲生产网络的核心[①]。随着中国改革开放与贸易成本的大幅下降,中国数亿劳动力优势得到充分发挥,组装装配等生产环节纷纷转移到中国内地,因此亚洲生产网络的新格局演变为日本、亚洲"四小龙"、东盟根据各自的比较优势提供不同层次、不同类型的中间产品,如日本、韩国以高技术密集型、资本密集型电池等核心元件为主,东盟等以低附加值的零配件为主,统一运送到中国内地的工厂进行加工组装成为最终产品,再出口欧美市场,形成新的三角贸易模式(见图9-5)。在这一新格局中,中国成为加工组装意义上的"世界工厂",并作为最终整合出口平台向包括发达国家和发展中国家的全世界提供制成品。在这一过程中,中国逐渐成为日本、韩国、新加坡等亚洲主要贸易国和欧美主要国家的重要贸易伙伴。国际金融危机爆发以来,中国贸易对欧美市场的依赖日渐减弱,由以生产加工出最终制成品后直接向欧美市场出口为主正逐渐转变为以满足发达国家和发展中国家市场需求并重的进出口格局。经过金融危机之后的调整,2011年中国对发达国家和发展中国家的出口占比基本持平,且发展中国家占比呈上升态势,2016年,我国对发展中国家出口占比为52.22%,对发达国家出口占比为44.72%(见图9-6)。

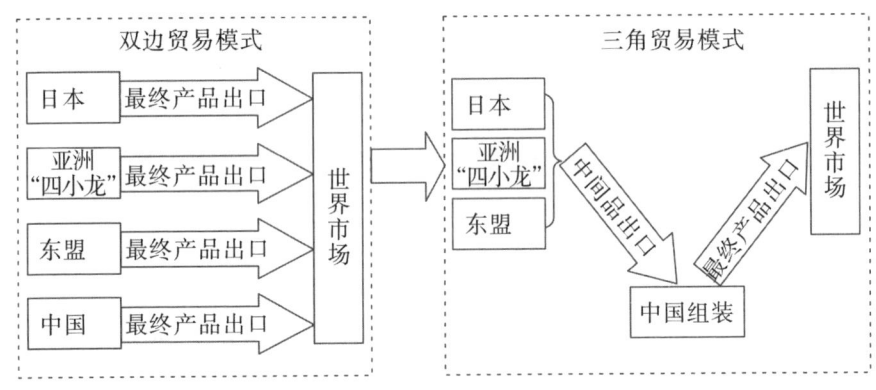

图9-5 亚洲生产网络商品输出模式的转变

资料来源:唐海燕、张会清:《中国崛起与东亚生产网络重构》,《中国工业经济》2008年第12期。

---

① 迈克尔·波特、竹内广高、神原鞠子:《日本还有竞争力吗?》,中信出版社,2002。

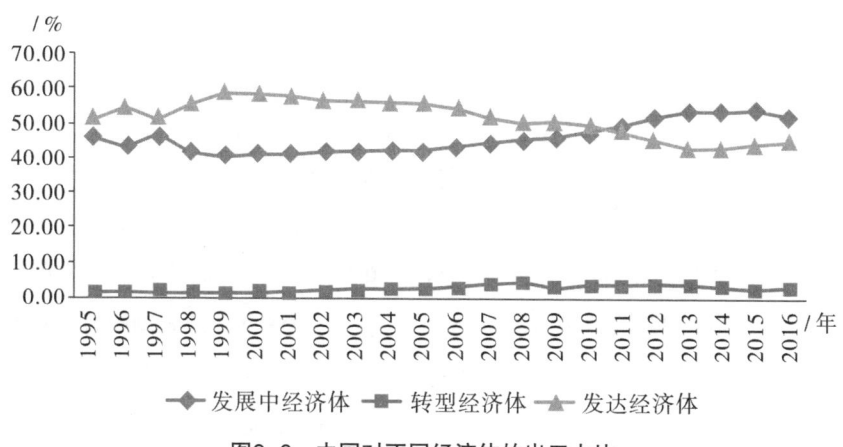

图9-6 中国对不同经济体的出口占比

数据来源：联合国UNCAD数据库。

第三节 形成全面开放新格局是新形势下的新要求

国际金融危机爆发以来，世界经济尚未走出亚健康和弱增长的调整期，新兴市场和发展中国家群体性崛起，国际力量"东升西降""南升北降"的态势更加明显。主要发达国家保护主义和内顾倾向有所上升，给世界经济贸易发展蒙上了阴影。我国经济发展进入新常态，劳动力成本持续攀升，资源约束日益趋紧，环境承载能力接近上限，开放型经济传统竞争优势受到削弱，传统发展模式遭遇瓶颈。在严峻复杂的国内外环境倒逼下，因势利导、乘势而上，打造发达国家与发展中国家并重的全球开放格局已经成为新形势下的新要求。

一、金融危机之后西方发达国家贸易保护主义要求中国开拓新的国际市场

金融危机以来，作为经济全球化和区域一体化象征的要素跨国流动明显开始趋缓，改变了20多年来全球贸易投资直线上升的局面。从国际直接投资

看，无论总量还是增速均未恢复至危机前2007年的水平。从货物与服务贸易增长看，贸易增速（除2010年外）不仅低于危机前水平，而且对GDP的贡献度也趋于下降。从跨国移民看，发达国家承接的国际移民量在减少，而发展中国家人口的流出也呈递减态势。究其原因在于金融危机以来西方发达资本主义国家经济复苏缓慢，国家的作用开始增强，政府开始重新思考21世纪以来的经济全球化所带来的移民、产业空心化以及产业资本外移所带来的国内贫富差距扩大、财政收入减少等问题。在这种大背景下，西方国家开始调整自身在区域一体化和经济全球化中的角色，强调本国优先，经济上的贸易保护主义、社会上的排外主义和政治上的保守主义开始重新抬头。2016年以来，以美国优先为竞选纲领的特朗普当选、英国脱欧、意大利修宪公投等大事件扭转了既有的全球化发展路径。美国特朗普政府上台以来，采取了"胡萝卜加大棒"的对外贸易和投资政策。一是运用两手策略。在承诺给予到美设厂企业更多优惠政策的同时，对国内企业的对外投资进行严厉惩罚。二是实施对贸易伙伴高关税策略。以争取所谓"贸易公平"为幌子，对欧盟、中国等重要贸易伙伴实施高关税政策，迫使上述国家在贸易上对美国进行让步。

从中国层面来看，2018年初以来，美国特朗普政府相继宣布了一系列对华贸易的高关税措施，制造了对华的贸易摩擦，同时以知识产权侵权问题为由头对中国商品征收500亿美元关税，并对中国实施投资限制。近几年来，欧盟为了保护国内经济，把中国从普遍优惠制（GSP）中排除，实施对中国产品的高关税政策。有研究（基于2015年的数据）指出，欧盟从中国进口的总价值2420亿美元的商品面临关税增加问题，这种不见波澜的关税增长覆盖规模甚至超过了特朗普1600亿美元的公开增税规模[1]。2017年欧盟也对中国生产的钢铁类产品、自行车、食品和烫衣板等53种商品征收惩罚性关税，平均税率高达45.6%。欧美等发达国家对中国所实施的贸易保护政策，限制了中国出口规模的持续增长，中国也需要实施市场多元化战略，在巩固传统发达国家市场占有率的基础上，大力开拓发展中国家的新市场，尤其是拓展与"一带一路"沿线国家的贸易往来，在此基础上拓展中国货物的出口渠道。

---

[1] StefanLegge，Piotr Lukaszuk，Simon Evenet：《如何悄悄地提高对中国的关税？》，杨茜编译，http://www.sohu.com/a/232121346_729263。

二、国内制造业产能的严重过剩要求中国开拓新的国际市场进行空间转移

投资在前期作为经济的需求而存在，而在完成之后则作为经济的供给而存在。前期为稳定经济增长对某些行业或某些领域的过度投资往往成为后续某些行业或领域的产能过剩的重要原因。20世纪90年代以来，服务于资本增值逻辑的资本空间化生产日益成为我国延缓经济下行的重要途径。1997年亚洲金融危机之后，东部沿海地区的出口受到一定程度的影响。为拉动国民经济增长，1998年我国实施了住房制度改革，进而为依靠房地产业拉动内需创造发展空间和渠道，这是城市内部的资本空间化；1999年，国家适时开启西部大开发战略，推动大量资本进入西部交通基础设施领域，拉动了国民经济增长。2008年金融危机之后，我国又实施了新农村战略，实施了一批国家战略性区域规划，推动资本向农村基础设施和国家战略性区域投资。与此同时，90年代以来，中国城市地方政府也积极为资本让路，纷纷开始了建设新区、新城、开发区和大学城的热潮，以图通过资本空间化提升自身的GDP与财政税收。纵观上述资本空间化历程，房地产及其上下游产业、铁路公路与基础设施建设的快速发展和推进，拉动了中国经济的快速增长，缓解了中国经济下行的压力。但是，这种"水多了加面，面多了加水"的资本空间化道路，造成了钢铁、水泥、煤化工、多晶硅、风电制造、造船、装备制造等产业严重的产能过剩问题，并将我国经济发展的质量长期置于低端循环发展过程之中，不利于我国经济的高质量发展。

为避免内在的价值丧失，过剩资本倾向于在新的区域过渡积累，以寻求对自身区域危机的时空修复。因此，产业向外转移是去除过剩产能和转移国内长线生产能力的有效途径。与发达国家不同，广大发展中国家尤其是"一带一路"沿线的发展中国家，工业化和城镇化程度相对较低，也缺乏工业发展的经验。如东南亚中南半岛的缅甸、柬埔寨、老挝等国家，发展水平仅类似于我国20世纪90年代中后期，其城镇化和工业化进程对外资的需求巨大。由此，各发展中国家对承接中国制造业的向外转移和对外投资有着较高的需求。与此同时，随着近年来中国贸易对外竞争力的持续增强，主要发达国家和地区对中国的贸易摩擦逐渐增多，向外进行产能国际合作也

有助于减少贸易摩擦压力,提升中国对外的经济影响力。在"一带一路"建设的大背景下,我国过剩产能领域的相关企业应加快实施"走出去"战略,在国家政府的联合支持下,通过联合建立境外工业园区、开拓国际市场空间等方式,通过铁路、电力、通信等过剩产业的国际转移实现对国际市场的开拓。

三、全球格局出现"东升西降""南升北降"的态势

世界银行的数据显示,2017年,中国生产总值达到12.24万亿美元,占世界GDP的比重为15.17%(见图9-7)。1980—2017年,中国GDP年均增长速度达到11.9%,远高于同期全球经济5.51%的年均增速。与此同时,美国经济的同期增速为5.31%,欧盟的同期增速为4.13%,均较大幅度低于中国经济增速。中国经济增长改变了全球经济的南北格局,促使全球经济重心东移。根据Danny Quah(2011)的研究,中国经济的持续崛起和东亚其他地区的发展,全球经济重心出现了较大幅度的东移,由1980年的大西洋沿岸中部转移到赫尔辛基和布加勒斯特以东的位置[1]。进入21世纪以来,各国力量对比出现了很大变化,突出表现为以中国为代表的新兴大国崛起,以美国为代表的西方发达国家地位衰落。

中国经济实力的增强,使得我国在对外开放中位居更加有利的地位。较高的市场规模,逐渐提升的贸易自由化和投资便利化程度,为我国发展对外贸易与对外投资乃至参与国际规则的制定奠定了良好基础,为我国以更好的姿态参与全球经济治理和国际合作创造了更好的基础条件。中国经济进入新常态以来,尽管经济增速较之前有所放缓,但仍然保持着高于欧美的经济增速,对世界经济增长的贡献依旧在持续提升。在此背景下,发达国家和发展中国家均希望中国承担更多的大国责任,如美国在将中国定位为美国领导力的挑战者的同时,美国等也希望中国承担更多国际责任。而广大发展中国家也希望中国在国际上发挥更大的作用,在应对全球性挑战中承担相应责任。

---

[1]Danny Quah, "The Global Economy's Shifting Centre of Gravity", *Global Policy* 2 (2011):3.

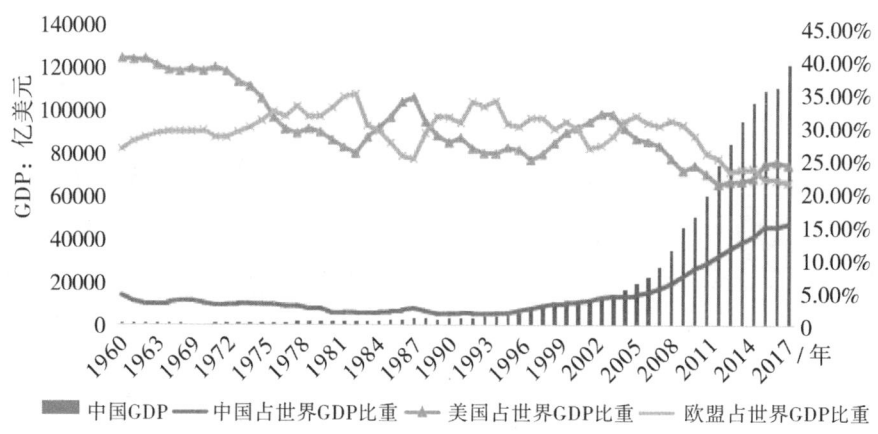

图9-7 1960—2017年中国GDP及其在世界经济中的地位

扮演好新的国际角色,承担与自身发展阶段相适应的责任,是中国不容回避的重要课题。

第四节 形成全面开放新格局的战略举措

党的十九大报告提出,未来一个时期我国对外开放的总体目标是推动形成全面开放新格局。这就要求未来一个时期我国必须坚持向发达国家开放与向发展中国家开放更好地结合的战略,扩大同各国的利益交汇点。在巩固与发达国家的经贸合作,稳定我国开放型经济的基本盘的同时,积极拓展我国与广大发展中国家的经贸联系,尤其是对"一带一路"沿线国家的经贸关系,形成面向发达国家开放和向发展中国家开放并重的全球开放新格局。

一、集合共同利益点,推进与欧美日等发达国家和地区之间的经贸合作

巩固发达国家的基本盘,需要根据发达国家和地区的经济社会发展需求及在开放合作的利益诉求点,结合我国的发展需求,选择能够互利共赢的经贸合作领域,打造"你中有我,我中有你"相互依存的经贸关系,并在此基础上深化彼此之间的合作深度与广度。

1. 深化与欧盟的经贸合作

国际金融危机和欧债危机爆发以来，欧盟在内需疲弱的情况下，急需扩大对外出口以推动经济复苏，在美国特朗普政府面向全球制造贸易摩擦的大背景下，通过开拓中国市场和引入中国资金来拉动欧盟自身经济发展将成为欧盟的一个重要选项。从我国与欧盟双边贸易结构来看，我国对欧盟出口的商品多集中在机电产品加工行业、轻纺织原料及服装制品行业，而欧盟对我国的出口主要是机电产品、运输设备、化工产品及金属制品等。相对来说，欧盟的技术水平较高而中国产品的价格水平则较低，具有一定程度的互补性。随着中国内需市场的不断转型升级和整个经济向高质量转型，我国对欧盟的技术和高技术产品的需求将会持续上升，而与此同时经济发展放缓的欧盟则需要较为低廉的商品满足人民群众的日常需求。在投资领域，尽管欧盟层面对来自我国的投资疑虑较大，但在《中国制造2025》中的智能、绿色和新能源等领域，中国与欧盟合作的空间较大。需要注意的是，针对欧盟所担心的贸易逆差、技术外流、知识产权保护和"出于政治动机"的收购等方面的问题，中国与欧盟应利用现有的合作平台和沟通对话机制，采取一定的措施。比如：持续推进双边投资谈判，将一些双边投资并购的范围和领域明确化，尽快地实现双边投资的平等互利发展；中国企业可改变过于集中投向高端制造业的现状，采取分散投资或绿地投资的方式，在带动当地就业和促进当地发展中逐步获得信任。

2. 深化与美国的经贸合作

美国特朗普政府上台以来，孤立主义开始成为美国对全球化和全球贸易的主导思想，由此美国拉开了针对中国、欧盟、日本、印度等发达和发展中经济体的高关税战略，以图通过此手段来推进美国制造业的回流和提升美国消化本国产品的能力。作为最大的发展中国家和最大的发达国家，中美两国经济是结构性互补关系，形成了"你中有我，我中有你"的相互依存局面[1]。自中国加入世贸组织以来，美国对中国的进出口依赖与日俱增。2001

---

[1] 2017年，中国向美国出口商品4298亿美元，占中国全年商品总出口的19%；美国向中国出口商品1539亿美元，占美国全年商品总出口的10%。2015年在华美资企业实现销售收入5170亿美元，利润超过360亿美元；而中国企业截至2016年底累计在美国的直接投资已达到1090亿美元。

年，中国对美国的出口占中国总出口的20.4%，从美国的进口占中国总进口的10.8%，而2017年中国对美国的进、出口则分别占中国总进、出口的8.4%和19.0%。与这种趋势相反的是，2001—2017年，美国对中国的出口和进口占其总出口和总进口的比重从2.6%和9.0%分别上升至8.4%和21.6%。中美之间短暂的贸易摩擦不会导致中美的全面对抗，中美之间的合作领域尤多，推动双边经贸关系健康稳步发展，需要中美两国从战略高度共同谋划互利共赢的未来。当前，美国特朗普政府正在推动结构性改革和经济转型，致力于发展新能源、绿色环保、生物工程等新兴产业，实施出口倍增计划，新建和改建高速铁路、高速公路、机场、电网等基础设施，实现美国的再次复兴。从我国来看，多样化的进口来源也符合我国的战略，在部分领域，我国也可以扩大对美国的进口，如美国石油、天然气、半导体等，同时也可以进一步对美开放部分市场，降低美国电影、艺术、药品、汽车、银行、证券、保险等方面的关税和市场准入门槛，维系好当前的中美经贸关系。

3. 深化与日本的经贸合作

2017年美国特朗普政府上台之后，在"美国优先"的理念下，先是退出了"跨太平洋伙伴关系协定"（TPP），随后的贸易保护政策也对日本产生了消极影响。在东亚区域合作需求日渐增强和中国加快推进全面开放新格局的背景下，中日加强经贸关系的必要性和空间增大，基于两国经贸间广阔的合作前景，中日经贸关系回暖之象愈发清晰且极其必要。从中日经贸关系来看，中国市场的庞大规模和日渐提升的需求层次，将为日本高端产品带来较大的市场需求。当前，中国对智能化、自动化、高端医疗设备、养老、能源环保等方面的需求较大，而日本在此领域具有较大优势，尤其是在一些核心零部件上，如果日本企业抓住中国市场机会，在上述领域扩大对华贸易和投资，既可以带动本国相关产品及零部件的出口，也可满足中国巨大市场需求。2017年2月，为满足中国制造业企业需求，日本机器人生产巨头川崎布局中国，将其在中国境内的首个工程研发中心落户佛山顺德。随着中国"一带一路"倡议得到沿线国家认同程度的加深，日本也希望借助于中国的"一带一路"倡议，实现自身对外经贸的拓展。因此，今后中日之间可以依托"一带一路"倡议，在基础设施、货运服务、金融服务、能源环保、第三方市场开拓等方面进行深度合作。在亚太区域经济一体化的现有框架下，中日两国同时是区域全面经济伙伴关系协定（RECP）和中日韩自贸协定的重要谈判方，东北亚与东南亚经济的一体化需要中日之间密切地进行合作。

二、扩大开放的深度和广度，逐步弥合与所谓市场经济标准之间的差距

针对西方发达国家不认可我国的市场经济地位，我国应着眼于对接国际制度标准，积极推进法治化、国际化、便利化的营商环境以及与国际贸易投资规则相适应的体制机制的建立，为发挥大国规模优势的本土市场效应，集聚全球高端要素资源以及提升对全球资源的要素配置能力，奠定良好的基础条件。

1. 加强利用外资法治建设

加快统一内外资法律法规，制定新的外资基础性法律。清理涉及外资的法律法规和政策文件，与国家对外开放大方向和大原则不符的要限期废止或修订。继续完善外商投资管理体制，全面实行准入前国民待遇加负面清单管理制度，特别是要缩短负面清单、进一步简化程序，从而促进开放型经济向更高水平发展。

2. 落实知识产权保护政策

我国已经出台了《中共中央国务院关于完善产权保护制度依法保护产权的意见》，不以强制转让技术作为市场准入的前提条件，加强知识产权保护，严厉打击侵权假冒违法犯罪行为。下一步要积极做好对外资在知识产权保护上的宣传和落实好知识产权保护政策，切实打消国外对我国进行投资的疑虑。

3. 营造公平竞争的市场环境

党的十九大报告强调，"凡是在我国境内注册的企业，都要一视同仁、平等对待"。中国政府将在资质许可、标准制定、政府采购、享受《中国制造2025》政策等方面，依法给予内外资企业同等待遇。推进外汇管理和使用方式从正面清单向负面清单转变，放宽境外投资的汇兑限制与跨国公司资金境外运作限制，积极推进资本市场的双向开放进程，并逐步取消境内外投资额度限制，进一步为企业"走出去"创造便利化条件。

4. 扩大对外开放的广度和深度

中国将在以往放开一般制造业市场准入的基础上，着力扩大服务业对外开放，重点放宽金融机构外资准入限制，放开会计、审计、建筑设计等领域外资准入限制，推进电信、互联网、交通运输等领域有序开放，保护外商投资合法权益。尤其是金融业，积极加快中国与广大国家尤其是发展中国家的金融业双向开放进程，有序实现人民币资本项目可兑换，逐步将人民币变为可兑换、可自由使用货币。

5. 打造高标准的自由贸易网络

未来中国将不断提高自身开放水平，中国将赋予自由贸易试验区更大改革自主权，探索建设自由贸易港，这对深化自由贸易试验区改革创新，按照国际最高贸易投资自由化、便利化标准构建开放型经济新体制，具有重要意义。与此同时，中国也将稳步推进自由贸易区建设。推动区域全面经济伙伴关系协定早日达成，推进亚太自贸区建设，逐步构筑起立足周边、辐射"一带一路"、面向全球的高标准自由贸易区网络。

6. 积极参与国际贸易规则的制定

充分把握与理解国际贸易的规则与标准，改革我国贸易的政策、法规并与国际通用规则接轨，打造便利性贸易环境。同时，也要积极参与国际贸易规则的改革与制定，这样可以更好地驾驭国际贸易规则并最大限度地维护国家利益。

三、根据发展中国家与发达国家的不同特点，扎实推进"一带一路"倡议

"一带一路"沿线国家，既有众多的发展中国家，也有不少重要的发达国家经济体。在推进"一带一路"倡议的过程中，应坚持共商共建共享原则，根据不同国家的发展水平与需求开展与有关国家和地区多领域互利共赢的务实合作，健全双边和多边合作机制。

1. 以城镇化和工业化为核心，推动与"一带一路"沿线发展中国家的合作

立足"一带一路"沿线发展中国家基础设施水平不高、工业发展水平

薄弱、资金技术短缺的现实,重点推进与发展中国家在高速公路、铁路、港口、机场、物流枢纽中心等基础设施领域,工业园区与工业经济领域,能源、金融与教育等领域的合作,促进中国装备、技术、服务和标准"走出去"。发挥好亚洲基础设施投资银行、金砖国家新开发银行、丝路基金等金融设施的作用,建立以企业为主体、以项目为基础、各类基金引导、企业和机构参与的多元化融资扶持模式,解决发展中国家的资金短缺问题。充分发挥我国作为东盟、中亚、南亚和阿拉伯国家的国际技术转移中心的作用,共建一批先进适用技术示范与推广基地,合作建设一批特色鲜明的科技园区,促进与沿线国家技术交流合作与转移。畅通"一带一路"经济走廊建设,推动中蒙俄、中国—中亚—西亚、中国—中南半岛、新亚欧大陆桥、中巴、孟中印缅等国际经济合作走廊建设,共同构建连接亚洲各次区域以及亚欧非之间的基础设施网络。

2. 围绕科技、物流等方面,推进与发达国家在"一带一路"倡议上的合作

随着"一带一路"倡议得到越来越多国家的响应,一些发达国家逐渐由原先的观望向开始表达参与"一带一路"倡议的愿望转变。"一带一路"倡议是开明的和包容的,我们也积极鼓励并为想参与的国家提供便利。如可以围绕技术、资金、物流等方面,与一些发达国家进行合作,共同开发"一带一路"沿线国家市场。例如,可允许日韩等国企业借助中欧货运班列,将来自日本的汽车零部件、电子等产品运往欧洲,同时接收来自欧洲的汽车、婴儿奶粉、加工食品等,以提高货运的便捷性,降低企业成本。可依托"一带一路"框架,在基础设施建设、金融服务、能源环保等方面创造和寻找更多的利益,也可以围绕沿线国家科技创新合作需求,就"一带一路"沿线国家的重大科学问题和应用开展合作研究或推进技术转移中心建设,共同推动"一带一路"沿线国家的发展。

3. 与"一带一路"沿线国家搭建高标准的自由贸易网络

依托大国巨大的市场规模优势,积极深入实施国家自贸区战略,积极推进与发达国家和地区及发展中国家和地区的自贸区建设,通过双边或者多边谈判共同降低双边贸易投资成本,为外资外商进入中国市场和我国企业"走出去"扩大外部市场创建便利的外部环境。从欧洲发达国家和地区来看，欧洲经济想要走出衰退，需要进一步扩大出口，中国市场在欧盟对外扩大出口中愈发重要，而欧洲的技术和品牌出口正是中国市场所需要的。欧盟也需要中国的外来投资，而中国拥有巨大的外汇储备，在美元国债利率较低的背景下中国也有大规模投资欧元区的实力。从发展中国家和地区来看，中国可以借助"一带一路"倡议深化与沿线国家和地区的经贸关系，适当时候也可与部分沿线国家和地区搭建起自由贸易区，共同推动中国与"一带一路"国家和地区在产能、城市化与工业化等领域的合作，致力于形成面向全球的高标准自由贸易区网络。

四、因地制宜，结合不同国家特点，推进对外国际产能的差异化合作

当前，中国企业产能过剩的领域主要包括以公路、铁路、桥梁和水坝为主的传统基建领域，以轻工、家电、纺织服装为主的传统劳动密集型产业领域，以钢铁、电解铝、水泥、平板玻璃为主的优势产能富余产业领域，以电力设备、工程机械、通信设备、核电、高铁和轨道交通为主的高端装备制造产业领域。未来解决国内产能过剩问题，需要中国企业结合发达国家与发展中国家市场实际，通过境外投资设厂推动产能"走出去"。

1. 围绕战略性新兴产业深入推进与发达国家的产能合作

在高端装备、新一代信息技术、新能源等重点领域，支持企业、行业协会和商会、地方政府和部门创新方式开展与发达国家的产能合作，推动中外企业组团共同开拓发达国家市场，支持企业"走出去"健全产业链的并购行为，将"走出去"获得的优质资产、技术、管理经验反哺国内，形成综合竞争优势。推动高端装备、新一代信息技术等领域的龙头企业与欧美发达国家国际大企业开展更高层次的合作，共同开拓第三方市场。

2. 围绕重化工业深化与发展中国家的国际产能合作

结合发展中国家城镇化和工业化的发展需求，以过剩行业为重点，采用境外投资、工程承包、技术合作、装备出口等方式，开展广大发展中国家的国际产能和装备制造合作，推动中国装备、技术、标准、服务"走出去"。做好国际产能的政策保障，积极建立面向发达与发展中国家并重的国际合作

机制,推动签署落实政府间新兴产业和创新领域合作协议。推动双边互认人员资质、产品标准、认证认可结果,参与国际多边合作互认机制。建设双边特色产业国际合作园区,引导龙头企业到海外建设境外合作园区。创新合作方式,提升重点领域开放合作水平。加强国际科技成果转化和孵化、人才培训等公共服务体系建设,完善财税、金融、保险、投融资平台、风险评估等服务支撑体系。

参考文献

［1］傅高义. 邓小平时代. 北京：生活·读书·新知三联书店，2013.

［2］曹普. 当代中国改革开放史. 北京：人民出版社，2016.

［3］吴敬琏. 当代中国经济改革教程. 上海：上海远东出版社，2018.

［4］吴敬琏，马国川. 中国经济改革二十讲. 北京：生活·读书·新知三联书店，2012.

［5］勃兰特，洛斯基. 伟大的中国经济转型. 上海：上海人民出版社，2016.

［6］沃尔特，豪伊. 红色资本：中国的非凡崛起与脆弱的金融基础. 北京：中国出版集团，2012.

［7］诺顿. 中国经济：转型与增长. 上海：上海人民出版社，2010.

［8］隆国强. 构建开放型经济新体制中国对外开放40年. 广州：广东经济出版社，2017.

［9］张燕生. 中国经济国际化进程. 北京：人民出版社，2009.

［10］哈维. 世界的逻辑. 北京：中信出版社，2017.

［11］哈维. 新帝国主义. 北京：社会科学文献出版社，2009.

［12］阿明. 不平等的发展. 北京：社会科学文献出版社，2017.

［13］布伦纳. 繁荣与泡沫：全球视角中的美国经济. 北京：中国人民大学出版社，2003.

［14］张帆. 产业漂移：世界制造业和中心市场的地理大迁移. 北京：北京大学出版社，2014.

［15］国家发展和改革委员会. 中国对外投资报告. 北京：人民出版社，2017.

第十章 优化沿海沿边内陆协调的区域开放格局

在中国这样一个国土面积较大,区域之间经济基础、自然条件以及资源禀赋差距较大的大国,采取并实施分区域、分阶段逐步推进的渐进化改革开放政策具有历史必然性,且体现了区域经济发展的客观规律。40年的改革开放进程,区域开放是其重要的组成部分。从设立四个经济特区,到开放沿海以及沿江经济带,到推动西部大开发以及中部崛起战略推动内陆城市开放和发展,再到"一带一路"、自贸试验区、京津冀、长江经济带和粤港澳大湾区等一系列区域开放发展的新战略,区域开放由点到线,由线到面的不断演化,不但推进了中国全方位、多层次、宽领域的对外开放格局,也塑造了国家开放经济的新体制,并推动全面开放新格局的逐步形成。党的十九大报告开启了新时代推动形成全面开放新格局的新征程,在深化沿海开放的同时,推动内陆和沿边地区从开放的洼地变为开放的高地,形成陆海内外联动、东西双向互济的开放格局,进而形成沿海沿边内陆协调的区域开放新格局,这已经成为新时代中国对外开放的重要内容之一。

第一节 沿海优先的区域开放战略具有理论与现实的必然性

基于空间的异质性,区域经济的起飞往往具有非均衡性特征,尤其是幅员辽阔的大国经济体,采取局部试点、渐次推进的空间试点方案,来实现在某一区域空间上的突破,形成引领区域开放发展与开放改革的样板示范,并

优化沿海沿边内陆协调的区域开放格局

通过示范引领作用来将先行探索地区获得的成功经验向周边地区进行因地制宜地逐次复制推广,最终实现全国不同区域之间的开放与协同发展。

一、区域经济发展具有先天的非均衡性

由于距离、地理、气候、自然条件等方面的差异,以及开发历史、技术和制度文化等方面的差异,区域之间的先天性差异始终存在。即便假设两个区域不存在先天性差异,但后天的具有偶然性的要素在某一区域的集聚,也会引发循环累积因果效应,进而使区域之间产生差异。也就是说区域差异与区域发展上的非均衡性是经济发展中的常态。中国自近代以来,随着沿海口岸的渐次开放与融入世界经济体系,进出口贸易成为促使传统经济变迁的主导因素,并逐渐在区域上形成了港口腹地的空间发展格局,也使得近代以来沿海和沿江地区相对于内陆地区具有一定的经济基础优势。20世纪70—80年代面向西方发达国家的开放,又使得东部沿海地区由于邻近港口而具有区位优势,近代以来的开发历史又使其拥有一定的产业基础。此外东部沿海平原地区也历来是我国人口的主要集中地区,在这样的历史背景下,面向西方发达资本主义国家的开放,只能而且仅能采取非均衡的开放战略。

二、工业化与城市化发展具有空间联动性

空间溢出主要指相邻空间之间的相互影响,在核心外围模式下主要指生产要素从核心地区向周边地区的扩散。弗里德曼结合罗斯托的经济成长阶段论,基于不同的工业化经济发展阶段,将某一区域内城市化与工业化的发展划分为四个阶段(见图10-1)。第一阶段为工业化前期,沿海地区与内陆地区处于分散发展状态。第二阶段,进入工业化初始阶段,由于资本供给不足,投资量少,国家只能选择一两个区位优势特别显著的城市进行开发,选定的城市可能是自然资源丰富、交通便利,或人口稠密、市场广大,开始产生聚集经济的效应,形成区域上的中心外围发展格局。第三阶段为工业化阶段,中心—边缘的简单结构逐渐演变为多核心结构,边缘部分优良地区开

始开发，并逐渐形成一个区域性的大市场。第四阶段为后工业化时期，区域之间的经济、社会、文化、科技联系开始增强，城市区域之间的相互作用与反馈作用成为主导区域发展的重要力量①。该理论得到了威廉姆森研究的证实，在工业化与城市化的初始阶段，人口会在某些特定的中心区域加速集中，然后随着经济发展，后发的外围区域会出现追赶效应，人口也开始向外围扩散，区域之间的人口分布会更加平衡，经济与收入差距也日益减少，城市区域人口的空间分布会呈现出一个倒U型模式（威廉姆森，1965）②。

从中国改革开放之初的区域发展格局来看，中国实现全面的工业化和城市化进程，也需要在人力、物力有限的改革开放初期，选择重点地域率先突破的战略，然后以点带线，以线带面，最终实现全方位的区域开放格局，进而推进全国区域的均衡发展。1978—1990年我国实施的是沿海先行试点对外

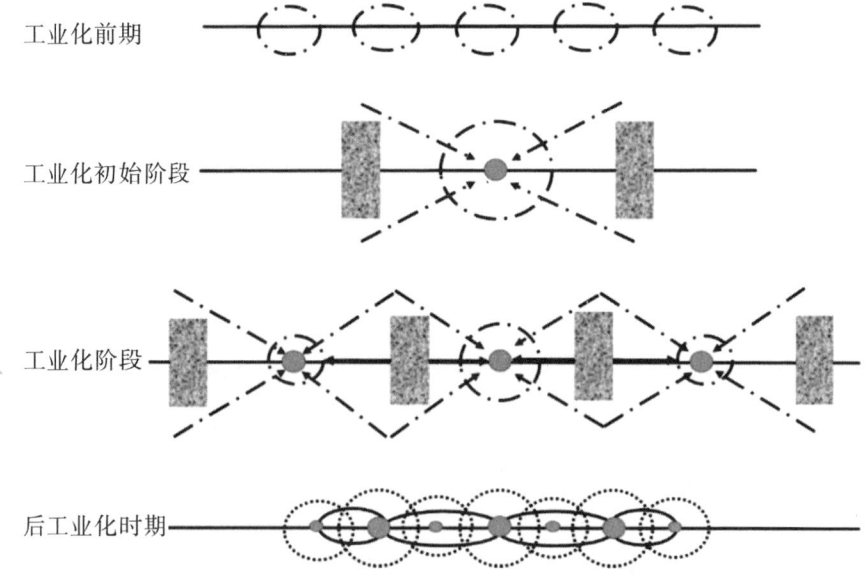

图10-1　弗里德曼的空间一体化演化模式

资料来源：陈秀山，张可云（2003）。

---

①Friedmann J., Alonso W.（eds.），*Regional Development and Planning: a Reader*.（Cambridge: MIT Press, 1967），PP.78-106.

②Williamson J.G., "Regional Inequality and the Process of National Development: A Description of Patterns", *Economic Development and Cultural Change* 13（1965）: 3-47.

开放的政策，同时国家投资重点向东部以及沿海地区转移。1992年开始的市场化体制改革，进一步提高了东部沿海地区的经济发展水平。1999年之后，国家区域政策向区域协调发展战略转变，西部大开发、东北振兴和中部崛起战略的实施，提升了中西部和东北地区的对外开放水平，促使中西部地区在承接大量东部产业转移的同时，开始积极直接参与全球分工，由此中西部地区经济增长速度快速提升，国家整体区域经济差距也开始明显缩小。

三、沿海优先开放的梯次开放战略具有历史必然性

在依据国情谋划对外开放的发展战略的过程中，邓小平同志提出了著名的"两个大局"思想，指出"沿海地区要加快对外开放，使这个拥有两亿人口的广大地带较快地先发展起来，从而带动内地更好地发展，这是一个事关大局的问题。内地要顾全这个大局。反过来，发展到一定的时候，又要求沿海拿出更多力量来帮助内地发展，这也是个大局。那时沿海也要服从这个大局"[①]。"大局"是"把我国建设成为具有现代农业、现代工业、现代国防和现代科学技术的社会主义强国"。由此可以看出，邓小平同志的"两个大局"思想，着眼的是改革开放在空间地域上的步骤秩序问题，"第一个大局"通过允许一部分地区基于其比较优势及本身的有利条件、资源禀赋先富起来，使这一部分地区首先摆脱贫穷落后的局面，进而为其他地区提供示范作用，强调的是效率优先、先富后富；"第二个大局"是要解决"第一个大局"实现之后的各地区发展不平衡的问题，通过发达地区支持和帮助欠发达地区发展起来，进而使全国整体上走向协调发展，强调的是注重公平、共同富裕。那时沿海也要服从这个大局，无论从缩小内地与沿海地区差距的需求出发，还是出于为开发内地市场以实现更高层次发展的需要考虑，都要服从协调发展这"第二个大局"。

在改革开放初期，作为一个在工业化和城镇化初期的发展中大国，中国面临着较大的资金与技术缺口，为了取得有限资金与能力的最大使用效益，国家必须将不多的资金与技术投放于投资收益率较高的地区，而不应采取平

---

①邓小平：《邓小平文选》（第3卷），人民出版社，1993。

均主义的"撒胡椒面"方式。正如邓小平所强调的:"像中国这样的大国,也要考虑到国内各个不同地区的特点才行"[①],"过去搞平均主义,吃'大锅饭',实际上是共同落后,共同贫穷,我们就是吃了这个亏"[②]。而"有条件"的地区,是指东部沿海地区。因为沿海地区与中西部地区相比,有着更为优越的位置条件,更为便利的交通运输设施和相对完善的设备、信息、人才、技术等优势,具备率先发展的各方面基础,发展的条件比内地要更为成熟。邓小平同志敏锐地认识到了这一点并提出了以东部沿海为优先的梯次开放战略,率先设立深圳、厦门、珠海、汕头4个经济特区,梯次打造经济特区—沿海开放城市—沿海经济开放区—内陆的区域经济开放格局。改革开放40年的历程说明,中国率先推进沿海地区优先开发开放的梯次区域开放战略无疑是正确的。中国经济每上一个台阶,都离不开沿海与内陆之间的相互协同与相互支撑。可以说正是中国沿海与内陆区域经济之间的差异性与互补性、经济结构的多元性与层次性、制度创新的实验性与渐进性等特征,奠定了中国大国经济发展的内生模式,推动了中国经济持续的增长与转型发展。

第二节　沿海沿边内陆协调开放格局形成的历程

20世纪70—80年代,西方发达资本主义国家为解决自身危机开始向外转移过剩产能,中央领导人敏锐地抓住这一全球形势,率先以经济特区的形式进行了开放试点。在取得较大进展之后,以邓小平同志南方谈话为契机,我国的对外开放区域格局迅速由沿海向广大内陆腹地拓展,伴随着财政金融体制、开放经济体制等方面改革的深入,地方对外开放的积极性也被充分地调动起来,通过打造特殊功能性载体,以开放促发展、促改革成为地方谋求区域发展的重要手段。2001年加入世贸组织之后,我国在空间上进入整体开放阶段,为适应区域协调发展的需要,我国开始将非均衡发展战略转向区域总体发展战略,西部大开发、东北振兴、中部崛起、东部率先转型推动了沿海

---

① 邓小平:《邓小平文选》(第2卷),人民出版社,1994。
② 邓小平:《邓小平文选》(第3卷),人民出版社,1993。

沿边与内陆协调开放格局的形成。

一、由点到线：沿海沿边的率先开放

党的十一届三中全会以后，在贯彻落实全会精神的过程中，结合地处我国东南沿海的广东以及福建等地作为重要侨乡和毗邻港澳的人文、地理优势等，中共广东省委根据广东毗邻港澳、华侨众多、商品经济比较发达的特点，进一步大胆向中央提出了发挥广东优势，实行特殊政策，让广东在改革开放中先走一步的设想。试办经济特区成为先走一步的关键一招。与此同时，福建省委主要领导在广东提出先走一步的建议之后，认为福建华侨也不少，又与台湾相望，要求中央比照广东对福建也实行特殊政策和灵活措施。1979年7月和1980年5月，党中央、国务院先后决定在深圳、珠海、汕头、厦门创办经济特区。经济特区实行特殊的政策，以市场调节和外向型经济为主，发挥对外开放的窗口和改革试验基地的作用，通过利用国外资金、技术、管理经验为发展社会主义经济创造新经验，探索新路径。1979—1984年，广东、福建两省实际利用外资占全国的40%以上，4个经济特区与外商签订的各种经济合作协议累计达到4700项，外商协议投资额达到20亿美元，实际利用外资8.4亿美元。

进一步开放沿海城市。在经济特区取得重大进展之后，1984年2月中央开始考虑除现在的经济特区之外，再开放几个港口城市，如大连、青岛。这些地方不叫特区，但可以实行特区的某些政策。1984年5月，中央决定开放大连、秦皇岛、天津、烟台、青岛、连云港、南通、上海、宁波、温州、福州、广州、湛江、北海等14个城市。这14个沿海港口城市，国家扩大其经济技术对外自主权，并给前去投资的外商以仅次于经济特区的优惠待遇。考虑到这些城市长期欠账的基础设施还难以完全适应当代发展国际经贸业务的要求，刚刚着手改革的经济体制也不利于更好地吸引外商投资，因而规定有条件的可以划定一个有明确地域界限的区域，兴办新的经济技术开发区，实行类似经济特区的政策，先形成投资环境较好的小气候，比较集中地为外商提供投资场所；同时，其作为对所在城市发展经济和科学技术的补充，促进老企业的技术改造，优化经济结构，带动各自腹地的经济发展。14个沿海城市的开放,是我国实行对外开放的新的重大步骤,它把对外开放区域由相对集中的4个"点",进一步沿海岸线向北延伸,形成了由4个经济特区和14个沿海城市组成的一条对外开放的"线"。这对于促进这些城市的经济发展以至全国的经济发展,都具有重要的意义。

二、由线到面:沿边、沿江及内陆省会城市的全面开放

党的十二届三中全会后不久,国务院主要领导率有关部门负责人到东南沿海进行实地考察,写出了《关于沿海地区经济发展的几个问题》的考察报告,报告将经济特区、沿海开放城市和经济技术开发区比作我国对外开放的桥头堡,提出这些桥头堡要起跳板作用,同时还提出上海、广州这样的大城市,应该在对外开放中发挥"两个扇面、一个枢纽"[①]的作用。报告还向中央提出了进一步开放珠三角和长三角地区,进而再陆续开放辽东半岛和胶东半岛的建议。这些意见得到了邓小平同志的肯定。1985年1月,长三角、珠三角、闽南厦漳泉三角地区座谈会在京召开并形成会议纪要。纪要提出,将沿海地区逐步开辟为对外开放的经济地带,是顺理成章的新步骤。在长三角、珠三角和闽南厦漳泉三角地区开辟经济开放区,应由小到大,先小三角,后大三角,要以点带面,点是小三角内部的苏州、无锡、常州、嘉兴、湖州、佛山、江门、泉州、漳州等市和市区按照贸—工—农安排生产、发展出口的重点县的城关区;面就是安排以发展出口为目标的、利用外资建设的农业技术引进项目、农产品基地和农产品初级加工厂的上述市县所辖农村。1985年2月,中共中央、国务院批转了这个座谈会的纪要。1990年,根据邓小平同志的指示精神和上海市委、市政府的建议,党中央、国务院决定进一步开放和开发浦东新区,并于1990年6月2日正式批准。在浦东地区实行经济技术开发区和某些特区的政策,这将带动拥有3亿人口、180万平方公里长江流域腹地的发展。

1992年,以邓小平同志南方谈话和党的十四大为标志,中国的改革开放进入了一个新的历史阶段。先后批准开放了13个沿边城市、6个长江沿岸

[①]形成对内对外辐射的两个扇面,开放城市居中发挥枢纽作用。

第十章
优化沿海沿边内陆协调的区域开放格局

城市、18个内陆省会城市，形成了沿海、沿江、沿边和内陆地区多层次、全方位的开放新格局。13个沿边城市分别是吉林珲春，黑龙江的绥芬河、黑河，内蒙古的满洲里、二连浩特，新疆的伊宁、塔城、博乐，云南的瑞丽、畹町、河口，广西的凭祥、东兴等，13个沿边城市可以实行沿海城市的有关政策，至此沿边开放带初步形成。1992年6月，国务院决定开放芜湖、九江、岳阳、武汉、重庆5个长江中上游城市，加上已经先期开放的上海、南京等，长江沿岸城市全部对外开放。至此，沿江开放带形成。该年6、7月，国务院又相继开放了昆明、南宁、哈尔滨、长春、呼和浩特、石家庄6个边境和沿海地区省会城市以及乌鲁木齐、太原、合肥、南昌、郑州、长沙、成都、贵阳、西安、兰州、西宁、银川12个内陆地区省会城市。加上沿海开放的省会城市，我国至此已经开放了除拉萨之外的所有省会城市。1992年6月至12月，国务院还分批先后批准了141个市县对外开放，累计开放的县市达到888个。这样，经过党的十一届三中全会以来十多年的探索，我国的对外开放形成了经济特区—沿海开放城市—沿海经济开放区—内陆地区这样一个包括不同层次，具有不同开放功能的由南而北、由东向西的梯度推进格局（曹普，2016）。

三、互动协调：区域总体战略实施与沿海沿边内陆协调开放格局的形成

1997年亚洲金融危机之后，我国东部沿海地区面临着出口受阻、产能过剩等方面的问题，基于扩大内需和促进区域均衡发展的需求，1999年我国实施了西部大开发战略，提出西部地区要扩大对内对外开放，提升沿边开发开放水平，大力发展内陆开放型经济。2001年我国加入世贸组织之后，适应世贸组织的国际规则要求，我国国土地域空间整体上进入全面开放阶段。鉴于开放经济下对东北老工业基地形成巨大冲击，2003年我国开始实施东北振兴战略，积极吸引外资参与老工业基地的调整改造，鼓励外商以并购、参股等形式参与国有企业改制和不良资产处置。2006年开始，国家实施了中部崛起战略，中部地区可以比照西部与东北地区的开放政策，推进中部与毗邻沿海地区的经济一体化进程，这一时期在中部地区设立了大量开放型功能载体。

与此同时，为扭转南北方经济发展格局，增强对北方经济的辐射带动能力，2006年5月，国务院颁布《关于推进天津滨海新区开发开放有关问题的意见》，批准滨海新区为国家综合配套改革试验区，将天津滨海新区建设成为我国北方对外开放的门户，并在依托京津冀、服务环渤海、辐射"三北"中发挥重要作用。基于中心城市与腹地经济之间的相互支撑作用，党的十七大报告强调，要"以特大城市为依托，形成辐射作用大的城市群，培育新的经济增长极"。从各大城市群发展规划来看，打造中心城市与周边功能型城市的开放互动格局是城市群开放发展的重要战略之一。随着国家西部大开发、东北振兴、中部崛起、东部率先转型这一区域总体战略的实施，我国初步形成了以中心城市开放载体为核心，带动周边区域全方位开放发展的区域互动格局。

  党的十八大以来，随着"一带一路"倡议的提出，上海、广东、福建等地的12个自贸试验区被赋予了更大的改革开放自主权，京津冀、长江经济带和粤港澳大湾区成为国家重点发展区域。随着"一带一路"建设的加快推进，中西部地区逐步从开放末梢走向开放前沿，开放型经济发展空间广阔，为东中西地区的开放合作创造了前所未有的条件。中新通道的提出与建设珠江西江经济带上升为国家战略，粤港澳大湾区规划促进了南方粤港澳地区与西部省区之间的开放合作，促进了开放型产业向西部开放枢纽城市的集聚集中；郑新欧、渝新欧、汉新欧等线路的开通，提升了内陆地区的开放地位，促进了以中部地区为核心的依托陆路进行的东中西地区之间的开放合作；京津冀区域协同发展、中蒙俄经济走廊建设等促进了北方、东中西地区之间的互动发展；长江经济带建设的有序推进，有效地发挥了上海开放龙头的带动作用，促进了沿江东中西经济带上不同城市在开放功能、产业、资本与技术等方面的开放合作。党的十九大报告提出："加大西部开放力度的部署，在深化沿海开放的同时，推动内陆和沿边地区从开放的洼地变为开放的高地，形成陆海内外联动、东西双向互济的开放格局，进而形成区域协调发展新格局。"预计未来一个时期，围绕解决中国区域之间不协调的发展问题，中国将继续加大力度推进区域协调战略的实施，推进沿海沿边内陆协调开放格局的形成，这将成为今后一个时期开放与区域发展战略的结合点。

第三节　沿海沿边内陆协调开放格局形成过程中的成效与问题

中国先促进沿海沿边优先开放，再到内陆开放的梯度开放战略，取得了巨大的经济效果，一系列试点区域作为国家改革开放的试验田，在国家整体对外开放格局的形成过程中促进了国家经济上台阶，发挥了引领作用，从而增强了国家经济实力。但长期以来，在行政区经济的影响下，地方官员在推进本地经济开放发展中往往难以超过所谓的自家"一亩三分地"，这就不可避免地导致了区域之间在对外和对内开放上的竞争行为。突出地表现在：一是各地围绕外资资源，竞相为外商提供更加优惠的扶持政策，进而导致了外商的超国民待遇；二是各地区之间，在一些领域展开相互竞争行为，加剧了生产过剩和资源浪费，区域之间的封闭行为也不利于国家统一大市场的形成。

一、中国沿海沿边内陆协调开放格局的成效

沿海的优先开放促进了东部沿海地区率先发展并形成了引领区域经济发展的增长极。在改革开放之初，为了解决国内资金、技术不足的问题和打开外部市场，我国在对外开放过程中，先后对经济特区、沿海开放城市、沿海经济技术开发区以及其他部分地区优先对外开放给予了一些优惠政策，打造了一批特殊功能区域。在国家扶持、区位优势、政策优势等多方面的推动下，推动了国家人才、资本与技术向东部沿海地区集聚，并形成了循环累积因果效应，使得东部沿海地区在一定时期内成为中国对外开放的核心地区。在改革开放初期，这有利于打破闭关锁国的局面，促进上述区域借助对外贸易和吸纳外来资本实现经济快速增长，促进国内要素向上述区域集聚，形成引领区域发展的增长极，并在开放转型过程中通过产业技术向周边空间的溢出实现对周边区域的带动。

先局部开放试点到全方位开放的渐进式改革实现了开放经济体制的逐

步构建。我国的区域对外开放是一个渐进的过程,从4个经济特区到14个开放城市,从珠三角、长三角开放经济区到沿海、沿边和内陆开放城市,直至加入世贸组织后的区域全面开放,在此过程中开放的领域也逐步扩展,实现了从制造业到服务业的逐步开放。可以说,中国近40年来设置的一批又一批开放区域,就是为了推动改革开放逐步深化与全面开放,在逐步探索与推进中,在局部试点取得了较大成果并凝聚了共识之后,再将改革开放的经验向其他地区进行复制推广,促使我国在试点开放改革与推广延伸不断交替的相互促进中实现高水平开放。

从注重效率到注重公平,逐步推进到形成区域协调格局。讲求效率的率先开放政策,促进了我国对外贸易和外商直接投资的快速增长,冲破了计划经济时期封闭、半封闭的格局,打开了我国对外开放的新局面。随着国家整体经济发展水平的提升,"公平"在区域发展的战略目标取向中逐步受到重视。我国的对外开放政策在发展东部沿海区域的同时,开始重视沿边地区开放和内陆省区开放,对沿边城市实施放权与优惠政策,享受东部沿海开放城市的优惠待遇,推动其快速发展。新时期,我国倡导的"一带一路"建设将提升西部地区对外开放水平,从而加快西部地区的发展。同时还将促进我国内陆地区形成新的经济增长点和热点区域,加快内陆地区发展,通过改善我国西北和西南地区的区位条件,解决区域发展的不平衡问题。

区域协调发展战略的实施有效提升了区域之间开放的协调性与均衡性发展水平。改革开放以来,在我国东部沿海地区率先实行改革开放,并取得了巨大成就。由此,自加入世贸组织以来,在区域梯次开放战略的指引下,随着中国东部沿海地区劳动力和土地等要素成本的上升,东部沿海地区的外向型要素开始沿主要交通干线向中西部地区进行扩散,有效地提升了中西部地区的开放水平。尤其是党的十八大以来,在"一带一路"倡议和国内交通运输格局大变革的背景下,中西部沿边、内陆地区的位势正从开放的末梢向前沿转变,对外开放的水平正逐步提升,我国区域之间在开放上的均衡性正逐步增强。2001年,东部沿海省市的对外贸易占全国的比重为88%,吸引外商直接投资占80%。2016年,东部沿海地区在进出口总额中的占比尽管依旧很高,但已经呈下降态势,占比为83%,低于加入世贸组织时的水平(见图10-2)。在吸引外资上,东部沿海地区已经从1992年的83%,下降至2001年的

80%，再到2007年的71%和到2016年的57%（见图10-3）。

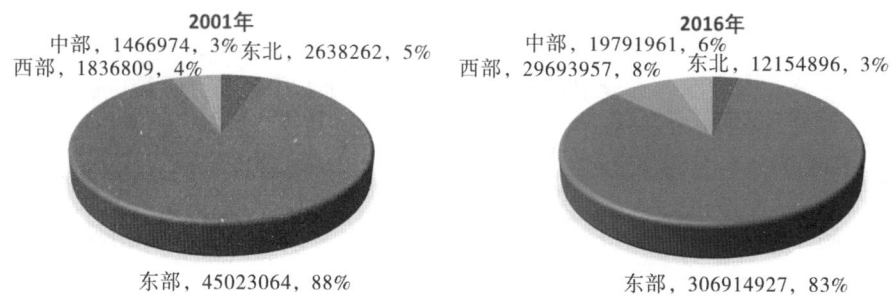

图10-2 中国对外进出口的区域格局（万美元）

数据来源：wind。

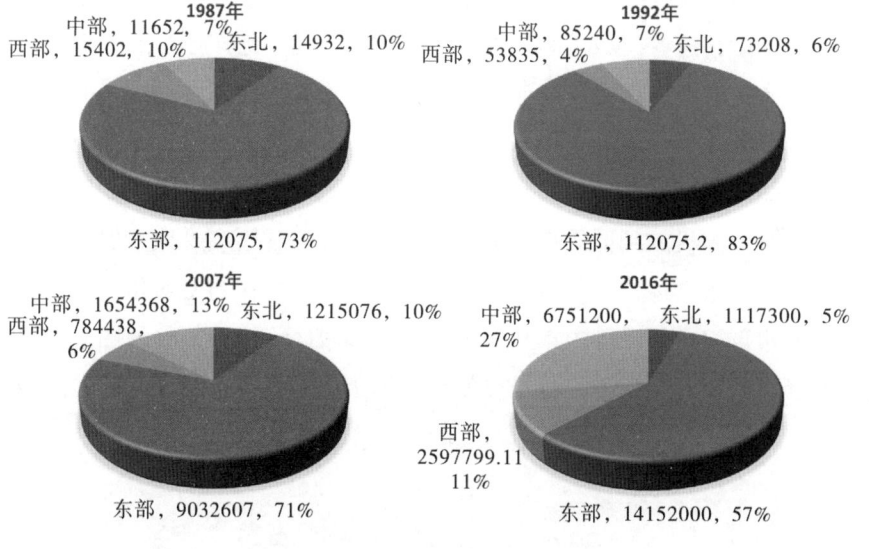

图10-3 中国吸引外商直接投资的区域格局（万美元）

数据来源：wind。

二、中国沿海沿边内陆协调开放格局的问题

区域对外开放发展程度并不均衡。改革开放至现在，我国的对外贸易、吸引外资主要集中在东部沿海10个地区。从2016年的数据来看，无论是对外

贸易还是吸引外商直接投资或是对外投资存量，东部沿海地区都占据主导地位。尽管在西部大开发、东北振兴和中部崛起等区域总体战略的实施下，中西部地区的发展基础有了明显改善，但与东部地区在经济发展水平、经济发展条件等方面依旧存在明显的差距，如制度创新人才匮乏，政策创新水平仍较低等。近年来，随着国家"一带一路"倡议的提出和国家交通运输格局的大变革，中西部一些城市面向"一带一路"沿线国家开放的优势开始凸显，但受制于自身经济发展条件，往往又在高层次、高标准开放功能建设上面临着缺乏相应的功能、设施、人才与产业等方面的问题。

区域对外开放与对内开放不协调。从地方开放来看，各地普遍存在着对外开放和对内开放步调不一致的问题。国内地区之间在商品、服务、资金与技术要素等方面仍存在流动受阻的问题，尤其是人才和劳动力跨省市流动更加困难，国内至今没有完全形成高水平的统一市场。中西部、东北地区由于经济技术落后，这些区域之间扩大开放确实容易使本地产业受到东部产业的严重冲击，造成本地产业、就业、税收损失严重，迫使这些地区采取一些保护和不开放的政策，这是一种本能的保护反应。虽然地方保护对本地产业发展可能有短期的扶持作用，但长期反而会使本地及全国范围资源配置效率降低，把大量资源投放到低效率的地方对全局发展非常不利。地方保护主义会限制市场机制正常运作，限制区域内外的产业分工合作与专业化发展，缩小区域内外市场以及整个国内市场规模，致使国家经济过分依赖外国市场，减弱国家经济的国际竞争力，也难以发挥大国市场的竞争优势。此外，区域间

截至2016年中国地方企业对外非金融类直接投资存量

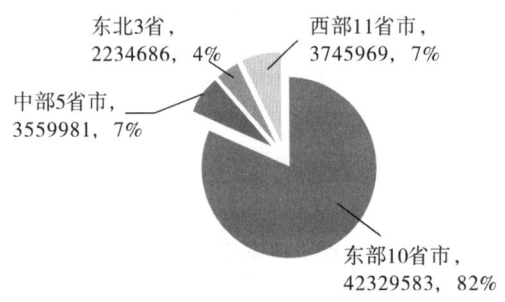

图10-4 中国对外投资的区域格局（万美元）

数据来源：wind。

发展政策协调性和基础设施互联互通仍有待提高，各地政府出台的发展规划和发展政策仍缺乏衔接和协调。

第四节　优化沿海沿边内陆区域开放格局是新形势下的新要求

党的十九大报告从我国区域发展新形势和决胜全面建成小康社会、开启全面建设社会主义现代化国家新征程的新要求出发，明确提出要实施区域协调发展战略。这是对"两个一百年"奋斗目标历史交汇期我国区域发展的新部署，是今后一个时期推进区域协调发展的行动指南。优化沿海沿边内陆协调的区域开放格局，是顺应国内交通变革，落实国家"一带一路"倡议，实施区域协调发展战略，增强区域开放发展协同性、发挥大国空间优势的重要举措，具有重大战略意义。

一、优化沿海沿边内陆区域开放格局是实施区域协调战略的重要体现

沿海沿边与内陆区域发展差异大、发展不平衡是我国的基本国情。区域发展战略是经济社会发展战略的重要组成部分。1999年以来，我国逐步形成西部开发、东北振兴、中部崛起、东部率先的区域发展总体战略。党的十八大以来，以习近平同志为核心的党中央统筹内外、着眼全局，提出"一带一路"倡议和京津冀协同发展、长江经济带发展战略，推动形成东西南北纵横联动发展新格局。党的十九大报告根据我国社会主要矛盾的变化，立足于解决发展不平衡、不充分问题，以全方位、系统化视角，提出今后一个时期实施区域协调发展战略的主要任务，着力提升各层面区域战略的联动性和全局性，增强区域发展的协同性和整体性，必将进一步开创我国区域协调发展新局面。长期以来，以开放倒逼改革、以开放促发展是推动我国经济社会发展的重要举措。从开放的水平来看，我国沿海地区的开放水平相对高于沿边地

区和内陆地区，随着我国"一带一路"倡议与打造发达国家与发展中国家并重的全球开放格局的推进，沿边和内陆地区在培育我国对外经济开放新优势中的价值地位将日益凸显出来。因此，优化沿海沿边与内陆协调的开放格局，将东部沿海在高标准开放中的经验向沿边和内陆地区进行复制拓展，提升沿边内陆地区的开放发展水平，将是顺应新时代发展新形势、新要求的重要举措。

二、"一带一路"倡议为形成内陆沿边地区综合交通开放格局塑造了新优势

要适应"一带一路"倡议下的对外开放新需求和国内综合交通运输格局的新变革及区域开放功能布局区位优势的新演变，当前及今后一个时期成为调整和优化我国区域开放功能布局的重要历史时期。从区域开放功能更替的历史来看，改革开放之初，由于中国周边内陆国家发展水平相对较低，为引进外来资本与技术，我国主要是面向西方发达国家进行开放，主要发挥的是我国东部沿海的区位优势，依靠航运港口腹地的模式推动塑造了以东部沿海地区为核心、中西部为外围的对外开放格局。随着铁路的修建和信息技术的发展、"一带一路"沿线内陆国家的发展、我国综合交通新格局的塑造与我国产业由东部向中西部的转移，我国中西部内陆地区的区位优势开始凸显，由原先的对外开放末梢地区开始转变为对外开放的前沿区域。结合打造发达国家和发展中国家并重的全球开放格局，面对发达国家和发展中国家在不同层次水平上对我国的需求，需要有所侧重的进行不同区域的开放功能布局，形成东中西联动、南北方协同的区域开放功能布局。

专栏：

综合交通枢纽布局

（一）国际性综合交通枢纽

重点打造北京—天津、上海、广州—深圳、成都—重庆国际性综合交通枢纽，建设昆明、乌鲁木齐、哈尔滨、西安、郑州、武汉、大连、厦门等国际性综合交通枢纽，强化国际人员往来、物流集散、中转服务等综合服务功

能，打造通达全球、衔接高效、功能完善的交通中枢。

（二）全国性综合交通枢纽

全面提升长春、沈阳、石家庄、青岛、济南、南京、合肥、杭州、宁波、福州、海口、太原、长沙、南昌—九江、贵阳、南宁、兰州、呼和浩特、银川、西宁、拉萨、秦皇岛—唐山、连云港、徐州、湛江、大同等综合交通枢纽功能，提升部分重要枢纽的国际服务功能。推进烟台、潍坊、齐齐哈尔、吉林、营口、邯郸、包头、通辽、榆林、宝鸡、泉州、喀什、库尔勒、赣州、上饶、蚌埠、芜湖、洛阳、商丘、无锡、温州、金华—义乌、宜昌、襄阳、岳阳、怀化、泸州—宜宾、攀枝花、酒泉—嘉峪关、格尔木、大理、曲靖、遵义、桂林、柳州、汕头、三亚等综合交通枢纽建设，优化中转设施和集疏运网络，促进各种运输方式协调高效发展，扩大辐射范围。

（三）区域性综合交通枢纽及口岸枢纽

推进一批区域性综合交通枢纽建设，提升对周边的辐射带动能力，加强对综合运输大通道和全国性综合交通枢纽的支撑。推进丹东、珲春、绥芬河、黑河、满洲里、二连浩特、甘其毛都、策克、巴克图、吉木乃、阿拉山口、霍尔果斯、吐尔尕特、红其拉甫、樟木、亚东、瑞丽、磨憨、河口、龙邦、凭祥、东兴等沿边重要口岸枢纽建设。

资料来源：《"十三五"现代综合交通运输体系发展规划》。

三、优化沿海沿边内陆区域开放格局是形成大国空间优势的必然要求

当前及今后一个时期，随着中国经济进入新常态，中国产业发展空间格局的优化以及结构转型升级压力日渐增大，东部沿海地区劳动力、土地以及其他资源等要素成本的上升使企业经营成本提高，资本的边际收益率下降，企业富余的生产产能需要向外部地区进行空间转移。从转移的方向来看，一是中国沿海以出口为导向的产业向国外，比如东南亚的越南、缅甸、老挝、印度尼西亚等国进行转移，以寻求价格较为低廉的劳动力和拓展海外市场资源；二是推进沿海产业向内陆沿边交通枢纽节点地区和劳动力丰裕的地区进

行转移,来实现在国家内部不同空间之间的产能转移,以通过全新的空间实现利润的再造和产业的转型升级。除此之外,外资作为中国开放发展的重要组成部分,在中国已经成为世界第二投资大国的背景下,下一步的发展是依托大国市场提升引进外资的质量水平,发挥外资对产业与技术进步的溢出作用,进而通过利用外资带动内陆和沿边地区的发展,这将成为中国吸收外资政策的空间导向。因此,促进外资从沿海地区向内陆地区转移将成为今后一个时期引进外资的重点。

第五节 优化沿海沿边内陆协调开放格局的战略措施

优化沿海沿边内陆协调开放格局,应围绕国家"一带一路"倡议和塑造全球开放新格局的要求,结合区域自身特点,因地制宜地推进相关开放功能建设与整合,在优化沿海沿边内陆协调开放的总格局中,实现开放功能的互补,实现区域经济社会的协调发展。

一、扩展中西部内陆沿边地区的开放功能

加大西部开放力度,在以开放促开发的思路下,根据"一带一路"沿线国家和地区的不同特点,完善口岸、跨境运输等开放基础设施,实施更加灵活的政策,建设好自贸试验区、国家级开发区、边境经济合作区、跨境经济合作区等开放平台,打造一批贸易投资的新区域枢纽城市,扶持特色产业开放发展,在西部地区形成若干开放型经济新增长极。具体而言,面向东盟、中南半岛,要依托中新通道和渝新欧班列,发挥重庆作为内陆开放高地城市和南宁作为北部湾开放核心枢纽城市的作用,带动整个大西南的开发开放。面向中亚及欧洲,依托陇海兰新铁路大通道,借助郑新欧班列,增强新疆的开放门户功能,提升以西安为核心的关中城市群的开放发展水平,发挥好郑州在国家区域新格局中的辐射带动作用。面向蒙古、俄罗斯等,依托二连浩

特、满洲里等城市的口岸功能，强化与内陆、沿海腹地的有效衔接，推进中蒙俄经济走廊相关地区的发展与功能重塑。

二、提升东部沿海地区的高标准开放水平

东部地区开放经济较为发达，应聚焦质量上的系统性提高，形成在更广领域的开放和更深层次的试验拓展，以适应国际经贸新规则的发展要求和提升我国对外开放的层次和质量。具体到地区上，着眼于提高自贸试验区建设质量，对标国际先进规则，强化改革举措系统集成，要赋予上海、广东和天津、福建等东部沿海自贸试验区更大改革自主权，鼓励上述这些地方大胆试、大胆闯、自主改，形成更多制度创新成果，然后将成功的经验在周边和中西部内陆地区进行复制，进一步彰显东部沿海地区在全面深化改革和扩大开放中作为试验田的引领作用。要加大对海南探索建设自由贸易港的系统性支持，探索建设中国特色的自由贸易港，打造开放层次更高、营商环境更优、辐射作用更强的开放新高地，这对于促进开放型经济创新发展具有重要意义。支持沿海地区全面参与全球经济合作和竞争，推动中国产能、装备、技术、标准、服务"走出去"，鼓励中资企业深度融入全球产业链、价值链、物流链，在国外建设一批大宗商品境外生产基地，培育一批属于中国的跨国企业，打造服务中国内需市场的国家价值链。

三、形成东中西联动，南北方协调的对外开放新格局

完善对外开放区域布局，依托重要交通干线，加强内陆沿边地区和东部沿海地区在开放经济上的合作，开辟跨境多式联运交通走廊，推进东部沿海地区劳动密集型产业向中西部沿边沿海地区转移，积极推进内陆沿边地区外向型产业集群建设，形成东中西联动和南北方协调的、各有侧重的对外开放基地。具体到区域上，一是要加大对珠江西江经济带的建设，促进北部湾城市群与粤港澳大湾区功能的整合；二是要加强长江经济带的建设，发挥好上海自贸区和长三角城市群的引领作用，推动沿江经济的又好又快发展；三是加大对京津冀蒙、辽吉黑蒙经济联动发展的支持力度，发挥好雄安新区、中

关村、天津滨海新区的辐射带动作用，推进北方经济的开放发展与开放功能的有效整合；四是打造京津冀、粤港澳大湾区和长三角三大中国世界级城市群，使之成为吸纳国际高端要素资源和在全球发挥较大控制和影响作用的全球城市区域，在代表国家参与全球竞争和引领区域协调发展中发挥巨大的引领作用。

四、促进区域间软硬件对接以提升区域一体化水平

由于种种历史和文化、中央和地方关系、税收制度与政绩考核等因素，中国在很长时间内广泛存在地区分割、地区封锁、各自为政的诸侯经济，这加大了各区域之间的贸易成本。要解决中国区域发展上的瓶颈问题，还得在体制上有重大突破。一是推进全国跨区域的大型基础设施建设，禁止在省市区设卡收费、检查（必要的安全检查除外）和限行，根除各地政策不相通、人员地域歧视和市场分割的封闭弊端，提升基础设施的互联互通水平，进而降低人员、物资、产业的流通成本。目前我国制造业产品在制造环节耗时仅5%~10%，超过90%的时间耗费在流通环节。二是打破行政地域分割，完善现代市场体系。积极推进区域间地方政府在发展规划、发展政策措施、医疗社会保障、房屋产权、车牌及驾驶证、社会管理等方面的一体化与对接，消除区域政策之间的分歧，减少政策壁垒，取消限购限卖和歧视服务，推动人财物的跨区域流动。

五、推进东部沿海城市群的产业向中西部城市群转移

早在"十一五"时期，中央政府就开始积极推进东部沿海发达地区的产业向中西部地区转移。力图在为东部沿海地区腾出转型空间的同时，推动中西部相对欠发达地区的发展，以实现全国要素的整合，进而提升国家的竞争力。以加工贸易产业为例，广东省与长三角地区是我国加工贸易最为发达的地区，经过40年的发展，其土地、资源、环境承载能力已经接近饱和，随着沿海地区企业经营成本的不断上升，加工贸易应加快向中西部地区转移的步伐。而广大中西部地区，由于内陆开放高地和沿边开放的发展，迫切需要加

工贸易产业来支撑其相关开放功能。例如，随着中新通道的开通和渝新欧班列的启动，广西北部湾城市群面向中南半岛开放和衔接西南地区开放的枢纽前沿优势开始凸显出来。但长期以来，由于受制于内陆开放不足、通道设施建设滞缓等因素的影响，广西的外向型加工贸易产业并没有集聚发展起来，广东的加工贸易产业通过珠江西江经济带的建设，可逐步转移至广西北部湾地区，在获取较低劳动力和土地成本的同时，也可以更加接近"一带一路"沿线国家的市场，为自身的发展赢得新的机遇。

参考文献

[1] 陈秀山, 张可云. 区域经济理论. 北京: 商务印书馆, 2003.

[2] 勃兰特, 洛斯基. 伟大的中国经济转型. 上海: 上海人民出版社, 2016.

[3] 诺顿. 中国经济: 转型与增长. 上海: 上海人民出版社, 2010.

[4] 高国力, 张燕. 我国内陆地区对外开放的总体态势以及推进思路. 区域经济评论, 2014.

[5] 隆国强. 构建开放型经济新体制: 中国对外开放40年. 广州: 广东经济出版社, 2017.

[6] 国家发展和改革委员会对外经济研究所. 中国经济国际化进程. 北京: 人民出版社, 2009.

[7] 哈维. 世界的逻辑. 北京: 中信出版社, 2017.

[8] 哈维. 新帝国主义. 北京: 社会科学文献出版社, 2009.

[9] 阿明. 不平等的发展. 北京: 社会科学文献出版社, 2017.

[10] 王菲, 李善同. 中国区域差距演变趋势及影响因素. 现代经济探讨, 2016 (12).

[11] 夏先良. 构建区域全面开放发展新格局. 国家治理, 2018, 5 (4).

[12] 张学良, 等. 2013中国区域经济发展报告: 中国城市群的崛起与协调发展. 北京: 人民出版社, 2013.

[13] 曹普. 当代中国改革开放史. 北京: 人民出版社, 2016.

[14] 国家发改委经济体制综合改革司, 经济体制与管理研究所. 改革开放三十年: 从历史走向未来. 北京: 人民出版社, 2008.

[15] 王一鸣. 实施区域协调发展战略. (2017-11-16) [2018-12-01] http://www.ce.cn/xwzx/gnsz/gdxw/201711/16/t20171116_26874456.shtml.

[16] 汪洋. 推动形成全面开放新格局. (2017-11-10) [2018-12-01] http://www.ce.cn/xwzx/gnsz/szyw/201711/10/t20171110_26817664.shtml.